트로이 목마를
불태워라

이 시대 경영자라면 버려야 할 7가지 고정관념
그리고 해결책에 관한 깊고 흥미로운 통찰

트로이 목마를 불태워라

초판 발행 2017년 9월 20일
2쇄 발행 2018년 9월 4일

지은이   김용태
발행인   권윤삼
발행처   도서출판 연암사

등록번호   제10-2339호
주소   121-826 서울시 마포구 월드컵로 165-4
전화   02-3142-7594
팩스   02-3142-9784

ISBN 979-11-5558-026-4 03320

연암사의 책은 독자가 만듭니다.
독자 여러분들의 소중한 의견을 기다립니다.
트위터   @yeonamsa
이메일   yeonamsa@gmail.com

이 도서의 국립중앙도서관 출판시도서목록(CIP)은
서지정보유통지원시스템 홈페이지(http://seoji.nl.go.kr)와
국가자료공동목록시스템(http://www.nl.go.kr/kolisnet)에서
이용하실 수 있습니다. (CIP제어번호: CIP2017018558)

트로이 목마를 불태워라

• 김용태 지음 •

이 시대 경영자라면 버려야 할 7가지 고정관념
그리고 해결책에 관한

깊고 흥미로운 통찰

연암사

차례

개정판 머리말

나는 2004년에 쓴 『트로이 목마를 불태워라』 초판에서 비즈니스 생태계가 근원적으로 전환되는 혁명이 일어나고 있다고 주장했다. 시장의 구조가 개인화되고 분산되면서 우리가 알던 시장은 사라지고, 업종 간 경계가 무너지는 융합이 일어나면서 경쟁의 패러다임도 달라지고, 생산자로부터 소비자에게로의 권력이동이 일어나고 있었다. 이렇게 산업시대 형성된 가치사슬을 해체시키는 혁명의 주동자는 인터넷이다. 인터넷 인프라스트럭처 위에 조성된 웹(web) 생태계가 전 세계를 거미줄로 묶고는 연결과 융합을 통해 비즈니스 생태계를 뒤흔들어 버린 것이었다.

당연한 결과로, 기존 경영학과 마케팅 이론으로는 이상한 나라의 현상들을 설명할 수 없었고, 새로운 전략모델도 제공하지 못했다. 상품은 더 이상 공장에서 만들어지는 것이 아니라 디지털, 온라인, 커뮤니티 등과 융합되어 갔고, 가격도 고정되지 않고 가변적으로 변하면서 가격결정의 주도권도 소비자에게 이동했다. 산업시대 생산자와 소비자를 이어주는 파이프라인 역할을 하던 유통과 미디어 역시 인터넷의 융합력을 견뎌내지 못하고 녹슬어 갔다. 마케팅 교과서에 나오는 STP나 4P 모델의 유효기간이 지난 것이다.

이런 내용들을 '마케팅 패러다임의 7가지 이동' 이라는 부제로 초판을 출간한 지 13년이 흘렀다. 그 사이 수많은 사건들이 일어났다. 블로그 생태계(blogsphere)가 활성화되었고, 블로그의 연결성과 연속성을 제고한 SNS(Social Network Service) 스타트업들이 거대플랫폼으로 성장했으며, 2008년 아이폰이 스마트폰 시장을 터뜨리면서 지구인들이 007요원처럼 최첨단무기를 손에 하나씩 들고 다니는 모바일 시대가 시작되었다. 스마트폰은 비즈니스 생태계를 또 한 번 요동치게 만들었다. 스마트폰에 내장되어 있는 각종 센서와 앱이 있으면 디지털 유목민들이 언제 어디서나 어떤 일이건 할 수 있게 되었기 때문이다.

때마침 터진 미국발 금융위기는 변화의 모멘텀을 제공했다. 에어비앤비와 우버 등 공유경제(sharing economy) 모델들이 날개를 달았고, 사토시 나카모토라는 묘령의 인물은 2009년 블록체인(blockchain) 기반의 비트코인이라는 전자화폐시스템을 발표했다. 공유경제와 블록체인은 결코 예사롭게 봐 넘길 일이 아니다. 오프라인을 온라인으로 이동시킨 이전의 웹 기반 기업들과는 달리 산업문명의 가치사슬에 충돌하고 붕괴시키면서 문명의 이동을 획책하고 있는 혁명군들이다.

한편 일단 가속이 붙은 기술의 혁신은 브레이크가 듣지 않았다. 빅데이터, 클라우드, 사물인터넷, 가상현실, 3D 프린팅, 블록체인, 인공지능 등은 무서운 속도로 진화했고, 2011년에는 왓슨이 인간들의 퀴즈쇼에 나와 압도적인 차이로 우승을 하더니 2016년에는 알파고가 이세돌을 이겨버렸다. 다보스 포럼은 2016년의 화두로 '4차 산업혁명'이라는 신생어를 던졌다.

요즘 '4차 산업혁명'이라는 용어가 유행어처럼 되어 버렸다. 이 용어에 대해 논의가 좀 있긴 하나, 중요한 것은 말이 아니라 혁명이 일어나고 있다는 사실이다. 점차 변화가 피부로 느껴진다는 사람들이 많아지고 있다. 심상치 않은 기운이 세상에 감돌고 있다.

흔히 4차 산업혁명하면 사물인터넷, 인공지능, 3D 프린터, 가상현실, 블록체인 등의 기술을 언급하지만 그것은 도구이지 본질이 아니다. 인문이 융합되지 않은 기술은 어떠한 변화도 일으킬 수 없다. 표피적으로 드러나는 현상만 이해하려 해서는 '빠른 추종자(fast follower)'에 그칠 뿐이고 심층에 흐르는 근본 원리를 알아야 미래를 예측할 수 있고, '최초 시도자(first mover)'가 될 수 있는 것이다. 혁명적인 변화에 대한 철학적인 숙고가 선행되어야 한다.

『트로이 목마를 불태워라』는 비즈니스 생태계의 역사와 미래흐름을 추적하면서 변화의 원리를 이론으로 정리한 책이다. 초판을 다시 숙독하고, 거기에 쓰여 있는 내용이 오히려 지금 4차 산업혁명 시대에 뚜렷하게 현실화되었고 딱 맞아떨어진다면서, 또 그 안에 구체적인 사업의 솔루션까지 들어있다고 시의적절하게 권유해 준 연암사 권윤삼 대표가 아니었더라면 개정판 작업을 할 용기를 내지 못했을 것이다. 용기라는 표현을 쓰는 것은 책을 낼 때마다 내가 뻥치는 양치기 소년이 된 듯한 감정에 싸이기 때문이다. 그러나 마케팅연구소를 시작한 이후 내가 보고 깨달은 것을 사람들에게 외치는 것이 나의 업(業)이라고 생각해 왔다.

나는 지난 10~20년간 급부상한 기업들의 사례를 연구해 오면서 무릎을 치지 않을 수 없었다. 이들의 성공비결이 『트로이 목마를 불태워라』에 써놓았던 원리들을 기막히게 실현한 데에 있었기 때문이다. 이들은 시장, 경쟁, 소비자, 상품, 가격, 유통, 광고 등 기존의 비즈니스 명제들을 다른 눈으로 해석했고, 사물과 정보를 분리하고 다시 융합하는 융합마케팅(convergence marketing)이 토네이도 같은 상승기류를 만들어 낼 수 있음을 실제 몸으로 증명해 보였다.

그러나 초판을 낸 후 13년이라는 시간은 짧지 않다. 새로운 용어와 사례들을 담아내려니 개정판이라기보다는 새 책을 쓰는 느낌으로 정리해야 했다. 초판의 틀과 요지는 유지하면서 내용을 대폭 수정 보완했다. '이 시대 경영자들이 버려야 할 7가지 고정관념, 그리고 해결책에 관한 깊고 흥미로운 통찰'을 부제로 하는 이 책은 어떻게 사업모델과 마케팅방식을 전환해야 할 것인가를 기술하면서 세상 변화의 원리를 이론적으로 체계화한 내용이다.

사업경영은 크게 두 가지 국면으로 나눌 수 있다. 인식과 전략이다. 즉, 시장(market), 경쟁(competiton), 소비자(consumer)를 분석해서 상황을 정확히 인식하는 것이 첫째 단계고, 인식을 바탕으로 가장 최적화된 전략을 수립하는 것이 다음 과제다. 전략모델로 흔히 4P를 드는데, 상품

(Product), 가격(Price), 유통(Place), 프로모션(Promotion)을 지칭한다. 이렇게 7가지가 기존 마케팅이론의 명제였다.

그런데, 이 7가지 명제가 흔들리고 있다. 가치사슬이 해체되면서 시장은 플랫폼으로 변하고 있고, 경쟁과 분업의 패러다임이 힘을 잃고 협업의 시대가 되었으며, 마케팅의 대상이었던 소비자들은 마케팅 권력의 주체로 바뀌고 있다.

또 시장, 경쟁, 소비자의 변화는 상품, 가격, 유통, 프로모션 등 4P의 개념을 허물면서 확대해 가고 있고, 선형적이고 단속적이었던 산업시대 비즈니스 방식을 입체적이고 융합화된 사업모델로 전환할 당위성을 요구하고 있다. 마케팅3.0으로 진화해야 하는 것이다. 이 통찰들이 'II부 비즈니스 패러다임의 7가지 전환'의 요지다.

이것은 비즈니스 생태계에 대지진이 일어나면서 세상이 다른 모습으로 전환되고 있는 것이라 할 수 있는데, 변화의 심층에 흐르는 원리는 무엇일까? 한 마디로, 가치이동이라 할 수 있다. 심층에서 가치가 이동하면서 표면에서 변화가 연출된다. 'I부 가치이동'에서는 가치이동의 역사와 미래로의 궤적을 추적하면서 비즈니스 생태계가 어떤 모습으로 변할 것이고, 가치의 원천이 어디로 이동하고 있는지를 정리해 놓았다.

한국경제에 대한 우려의 목소리가 높다. 세계 12위의 경제규모, 최고의 인터넷 인프라를 갖춘 IT강국, 한류 문화의 돌풍, 또 '메이드인 코리아'가 최고 품질의 상징이 되었음에도, 그러나 한국은 오히려 후진하고 있다. 세상의 변화 속도를 따라가지 못하기 때문이다. 2017년

5월 내한한 라피 아밋 와튼스쿨 석좌교수는 삼성이나 LG등 한국의 대기업들이 "빨리 변화하지 않으면 실리콘밸리의 하청업체로 전락할 것"이라는 경고의 메시지를 던졌다. 스마트폰 잘 만들어 봐야 실제 돈을 버는 건 구글이고, 현대기아차도 자동차를 잘 만들지만 기존 방식을 답습하고 있다고 지적한다.

세계의 비즈니스 리더들은 한국의 경쟁력 약화에 우려 섞인 충고를 던지고 있다. 산업 생태계가 플랫폼 차원으로 바뀌고 있는데도, 한국의 경영자들은 예전 생각에 고정되어 있는 것이다. 아직도 산업시대 사물의 경제논리에 갇혀 있고, 기존의 사업방식과 마케팅모델에서 진일보하지 못하고 있는 상황이다.

대기업만의 문제가 아니다. 중소기업 경영자들을 만나 보면 대부분 어려움을 호소한다. 사업하는 사람들은 원래 힘들다고 엄살을 좀 부리지만 요즘은 그런 수준의 문제가 아니다. 일시적인 경기 침체 때문에 어려운 것이 아니라 아예 사업의 판 자체가 근본적으로 달라지면서 게임의 룰이 변하고 있기 때문이다.

더구나 한국은 벤처생태계가 황폐화되어 있다 보니 과거 10여 년간 신흥 스타트업들의 성공사례가 없었던 것은 고사하고 잘하던 벤처와 중소기업들마저 몰락하고 있다. 바깥세상에서는 기존 가치사슬을 해체(unbundling)하는 창의적인 스타트업들이 비즈니스 생태계에 지각변동을 일으키며 선순환 구조를 만들어 가고 있는데, 우리는 대기업과 수출 중심의 경제구조에 안주하며 잠자고 있다.

인터넷이 지각을 흔들기 시작하고 20여 년 동안 웹이 예측불가능하게 진화하면서 세상이 극적으로 변했다. 예전 방식으로는 지금의 어려움을 타개할 묘수를 찾기 어렵고 새로운 프레임으로 세상을 봐야 비로소 길을 발견할 수 있다. 그런데 우리 머릿속에는 트로이 성을 멸망시킨 목마처럼 산업시대의 잔재들이 너무 많이 남아 있다. 그걸 불태우지 않고서는 새로운 비전을 얻을 수 없다.

세상은 무섭게 변했는데, 한국기업들은 무섭게도 안 변했다. 부러운 것은 미국과 중국기업들의 약진이다. 21세기 초반만 하더라도 크게 주목받지 못했던 애플과 구글은 불과 10여 년 만에 기업가치 1, 2위의 세계 최고기업으로 뛰어 올랐고, 트위터, 페이스북 등의 소셜미디어 기업들, 그리고 우버와 에어비앤비 등의 공유경제 모델은 비즈니스 판도를 플랫폼으로 변화시켰다. 이들 신흥벤처들은 녹슬어 가는 미국 전통제조기업들의 러스트 벨트(rust belt)를 대체하면서 몰락하던 미국경제의 버팀목이 되어 주고 있다.

미국만의 얘기가 아니다. 잠자고 있는 줄 알았던 옆 나라 중국의 굴기는 두려움을 느끼게 할 정도다. 중국의 IT 기업들은 이미 세계 탑10의 절반에 육박하고 있는데, 1990년대 중국에 창업열풍이 불 당시 시작해서 세계 1위의 유통업체가 된 알리바바, 미디어와 게임 분야를 장악한 텐센트, 구글의 영역을 넘보는 바이두, 새로운 제조업의 패러다임을 보여 주는 샤오미, 화웨이, 레노버, DJI 등등… 중국은 더 이상만만디 왕서방의 나라가 아니다.

중국기업들을 연구하면서 깜짝 놀란 적이 한두 번이 아니었다. 싸구려 짝퉁이나 만들어 내고 아날로그식 사물의 경제논리에 절어 있는 줄 알았던 중국이 놀랍게도 IT 강국이라 자부했던 우리보다 정보의 경제논리를 앞서 인식하고 있고, 트렌드를 잘 이해하고 있을 뿐 아니라 변화된 비즈니스 게임의 법칙과 원리를 꿰뚫고 있기 때문이다. 20세기 초 청(淸) 왕조의 멸망 이후 도광양회의 시절을 지낸 중국경제가 다시 일어서고 있는 중이다.

반면 우리는 어떤가? 비즈니스 생태계는 오픈 플랫폼으로 진화하고 있는데, 한국기업들은 닫혀 있다. 이제 전략적 우위는 특정제품이나 서비스에 대한 매력도에 있지 않고 생태계 전체에 미치는 파급력에 있는 시대로 변했는데도, 아직도 기업 내부역량과 자원을 확보해서 더 잘 만들고 더 잘 파는 것이 잘하는 경영이라는 믿음에 대한 미련을 버리지 못하고 있다.

우리는 지금 혁명의 시대를 건너가고 있다. 혁명이란 운명(命)이 바뀐다는(革) 의미다. 이 책이 혁명적인 변화를 헤쳐 나가야 하는 이 시대 경영자들에게 시원한 옹달샘이 되었으면 좋겠다. 몰입해서 읽어 간다면 원리뿐 아니라 구체적이고 현실적인 사업의 해결책을 발견해 낼 수 있을 것이다. 또 이 책은 다시 쓰는 마케팅 교과서라고도 정의할 수 있다. 대학에서 기존 마케팅이론을 업그레이드하는 강의 교재로 활용하면 좋을 것이다. 13년 후 또 한 번 개정판을 낼 때는 우리나라 젊은 스타트업들의 흥미진진한 사례들로 가득 채워져야 한다.

2017년 9월 김용태

초판 머리말

얼마 전 가족들과 함께 영화 '트로이'를 보러 갔다. 이 영화에서 트로이의 왕이 두 번 의사결정을 그르치는 장면이 나온다. 첫 번째의 실수로 큰아들 헥토르를 잃게 되고, 두 번째의 실수로 인해 트로이 성을 잃게 된다.

첫 번째의 잘못은 첫날 전투의 참패로 실의에 빠져 있던 그리스 군대를 새벽에 습격할 것인가 말 것인가 하는 것이었는데, 습격을 반대했던 큰아들 헥토르의 건의를 받아들이지 않고 공격을 한 것이 결국 헥토르가 아킬레스에 의해 죽게 되는 결과를 낳게 되었다.

두 번째의 잘못은 '목마(木馬)'에 있었다. 해변가에 진을 치고 있었던 그리스 군대가 보이지 않는다는 보고를 받은 트로이의 왕은 신하들과 함께 그리스 군의 진영으로 나가 본다. 과연 보고대로 그리스 배와 군대는 보이지 않고 커다란 목마만 서 있는 것이다. 거기 갔던 사람들은 이 상황을 해석하기 시작한다. 이들이 내린 결론은 '그리스 군 진영에 열사병이 돌면서 더 이상 버티지 못하고 물러간 것이다' 라는 것이다. 또한 커다란 목마는 아마도 신에게 제사를 드리기 위해 만든 제물일 것이라는 생각을 하게 된다.

이 목마를 어떻게 처리했으면 좋겠는지에 대해 의논하는데. 목마를 불태우자는 둘째 아들의 의견이 받아들여지지 않고 목마를 트로이 성 안으로 끌고 들어간다. 승리의 파티를 열고 기쁨의 밤을 보내고 잠들었을 때 목마 속에 매복해 있던 그리스 군사들이 목마 밖으로 나와 트로이 성문을 열고, 반대편 해변가로 이동해서 숨어 있던 그리스 군대가 트로이 성 안으로 쳐들어오면서 결국 트로이는 멸망하게 된다.

영화를 보면서 '목마를 불태웠어야 하는데' 그렇게 못한 것이 안타깝다는 생각이 자꾸만 들었다. 왕이 왕자의 말을 받아들였으면 트로이 성이 망하지 않았을 텐데, 상황판단을 잘못한 것이다. 리더의 역할이 이렇게도 중요한 것을……. 영화를 보고 집에 와서 이 생각 저 생각하다가 트로이의 당시 상황이 우리가 지금 살고 있는 상황과 비슷하다는 생각을 했다.

첫째, 트로이 사람들은 그리스 군대가 다른 해변가로 이동해 있음을 눈치채지 못했다. 그것을 정탐하지 못하고, 물러간 것으로만 생각했던 상황인식의 오류가 파국을 몰고 온 것이다. 지금 우리는 가치가 이동하는 시기를 살아가고 있다. 전에는 이것이 가치 있는 것이었는데 지금은 다른 것이 가치 있는 것으로 변하고 있으며, 전에는 여기에 가치가 숨겨져 있었는데 지금은 그 가치가 눈에 잘 보이지 않는 다른 곳으로 이동하여 숨어 있는 것이다. 이러한 가치이동을 감지하지 못하는 기업과 개인들은 몰락의 길을 걸을 수밖에 없는 반면, 가치의 이동을 인식하고 대응하는 기업과 개인들은 새로운 리더로 부상하게 될 것이다.

둘째, 트로이 사람들은 목마가 함정이라는 것을 깨닫지 못했다. 그 속에 그리스 군사들이 매복해 있음을 모르고 그것을 성 안으로 끌고 들어온 것이 화근이 된 것이다. 지금까지 산업시대에서 성장을 누려 왔던 많은 기업들은 어쩌면 기존의 비즈니스 방식과 성공 경험 등이 오히려 자신들을 어려운 상황으로 몰고 갈 함정이 될 수도 있다는 것을 깨달아야 한다. 이루어 놓은 성과들은 마치 트로이의 목마와 같은 것이다. 이루어 놓은 성과들에 미련을 가질 것이 아니라 그 속에 숨어 있는 구식 개념과 고정관념이 독(毒)이 될 수 있음을 깨닫고 그것들을 태워 버려야 하는 것이다. 마케팅 패러다임의 7가지 이동을 주제로 한 이 책의 제목을 『트로이의 목마를 불태워라』라고 붙인 것이 이런 연유다.

기업의 마케팅 일선에서 일해 오면서, 또 대학에서 마케팅과 경영을 가르치면서 갈수록 갈증이 심해지는 것을 느끼게 되었다. 그것은 기존의 지식이나 마케팅 개념으로 설명할 수 없는 현상들이 점점 많아지는 것이었다. 또 기존에는 먹혔던 방식이 점차 먹히지 않는 것이었다. 이것이 무얼까 고민하며 다른 분들과 얘기를 나누고, 여러 뛰어난 연구자들의 책을 읽으면서 머리를 탁 치는 생각들을 얻게 되었다. 그 것을 강의를 통하여 나누고 있고, 그 내용을 이 책에 담은 것이다.

필자가 깨달은 것은 변화의 실체이다. 지금 일어나고 있는 변화는 지금까지의 변화와는 본질적으로 다른 것이다. 근본적으로 패러다임이 이동하고 있다. 중세 사람들은 하늘이 돌아간다고 믿고 있었지 자신들이 딛고 있는 땅이 돌고 있다고는 꿈에도 생각하지 못했다. 그러나 천동설로는 각종 현상들이 설명되지 않는다는 한계를 느꼈고, 결국 땅이 돌고 있다는 사실을 발견하게 되었다. 지동설의 관점에서 보니까 전에는 해석되지 않던 것들이 분명해지게 될 수 있었다.

지금 많은 기업들과 조직단체들, 그리고 정부와 기관들, 종교단체 등 대부분이 변화의 필요성을 느끼고 변화를 부르짖고 있다. 그러나 문제는 방향성이 맞는가 하는 것이다. 지금의 변화를 어떻게 해석하고 있으며, 어떤 대응책을 준비하고 있는가 하는 것이다.

기존의 경제이론이나 마케팅 모델만으로 해석되지 않는 현상들이 점차 많아지고 있다. 요즘 대부분의 기업들은 어려움을 느끼고 위기감을 갖고 있다. 투자의 방향을 잡기도 쉽지 않다. 그러면서 경기가 언제나 좀 나아질까, 경제여건이 왜 이리 불투명할까 하며 하늘만 쳐다보고 있다. 땅이 돌고 있음을 생각하지 못하는 것이다. 딛고 있는 땅 자체가 흔들리고 갈라지고 있는데, 그것은 느끼지 못하고 천둥번개가 치는 것만 보고 있는 형국이다.

지금의 변화의 실체를 이해하기 위해서는 코페르니쿠스적인 전환이 필요하다. 기존의 사고방식, 비즈니스 방식 등을 불태워 버리지 않고서는 지금의 변화를 이해할 수 없을 뿐만 아니라 대응방향을 잡을 수도 없다. 우리들 대부분은 현재 살아가고 일하고 생각하고 비즈니스

하는 방식을 너무나도 당연하다고만 생각한다. 옛날부터 비즈니스는 이렇게 해왔지, 세상이 변한다고 해서 비즈니스하는 방법이 이것 말고 다른 것이 있을 수 있겠는가 반문할 수도 있을 것이다. 그러나 역사의 긴 시간에 비추어 볼 때 우리가 살아오고 있는 몇 십 년이라는 시간은 한 점에 불과하지 않은가? 그러면서도 현재의 관점으로 역사를 해석하고 지금의 것이 만고의 진리라고 생각하는 우를 범하고 있는지도 모르는 일이다.

필자는 그것을 말하고 싶었다. 과거의 성공방식과 경험을 계속 끌고 가서는 절대로 안 된다고, 목마를 불태워 버려야 한다고, 그리고 가치가 다른 해변가로 이동해서 눈에 안 띄는 곳에 숨어 있다고, 이것 모르면 정말 큰일 난다고 외치고 싶다.

지금 어떤 일들이 일어나고 있는지, 그러한 변화의 원인이 무엇이며 변화에 어떻게 대응해야 할지를 알리고 싶었다. 또한 미래에는 어떤 모습이 될 것이며, 어떤 준비를 해야 미래의 리더로 부상할 수 있을지에 대한 생각도 나누고 싶었다.

변화의 근저에 흐르는 중심축은 '가치(value)'다. 역사적으로 사람들은 가치를 추구해 왔으며, 가치관, 가치의 원천, 가치를 창출하는 방식 등에 따라 경제시스템이 변해 왔다. 그러므로 변화라는 현상의 표피구조(surface structure)가 아닌 심층구조(deep structure)를 분석해 보면 변화의 원인은 가치의 이동에 있으며, 지금 변화의 모습은 가치사슬의 해체와 재편으로 해석할 수 있다. 또한 변화에 대응하는 경영전략은 비즈니스 모델을 업그레이드하는 데에 초점이 맞추어져야 할 것이다.

그리스 군대의 이동을 감지하지 못했던 트로이가 멸망했듯이 가치의 이동을 감지하지 못하는 기업과 개인은 쇠락의 길을 걸을 수밖에 없게 될 것이다. 반면, 가치이동을 눈치채고 새로운 패러다임으로 무장하고 비즈니스 모델을 업그레이드하는 기업과 개인은 차세대의 리더로 부상할 것이다. 현재의 모습은 중요하지 않다. 모두들 부러워하는 대기업도, 또 지금은 조그만 차고에서 한두 명이 하고 있는 벤처도, 이 변화 앞에서는 평등하다.

이 책은 마케팅 패러다임이 어떻게 이동하고 있는가를 주로 기업의 관점에서 다루고 있다. 기존의 마케팅 이론들이 설명력을 잃어가고 있으며, 마케팅전략 모델들도 점차 힘을 잃고 있다. 변화를 이해하고 새로운 패러다임으로 무장해야 한다. 요즘 왜 이렇게 사업이 어려울까, 어떻게 해야 돌파구를 찾을 수 있을까 하는 경영자들의 고민을 해결할 수 있는 길은 바로 여기에 있다. 어떤 방식과 비즈니스 모델로 새로운 사업을 할까 구상하는 창업준비자들 역시 마찬가지다.

마케팅에 대한 오해와는 달리, 마케팅이란 제품이나 서비스를 파는 것을 의미하지 않는다. 환경변화의 본질(core)을 통찰하고 적합성을 가질 수 있도록 구조(structure)를 바꾸어감으로써 가치(value)를 높이는 경영활동이 마케팅이라고 정의내릴 수 있다.

그러므로 마케팅은 기업만의 일이 아니다. 국가경영에도 마케팅이 필요하다. 국가경제의 신성장엔진을 찾고, 경제를 발전시키기 위해서는 정치인들이나 정부가 먼저 가치의 이동을 감지하고 목마를 불태워야 한다. 기업들에게 비전과 투자의 방향을 제시할 수 있는 실력을 갖추어야 한다. 그러기 위해서는 정치논리로서가 아니라 비즈니스 문법을 이해하고, 지금의 변화를 읽을 수 있어야 한다. 또, 'KOREA' 브랜드의 가치를 높일 수 있는 마케팅전략을 생각해야 한다.

이 책이 많은 사람들에게 안 보이던 것을 볼 수 있는 새로운 비전을 제시해 주고, 사업의 어려움을 겪고 있는 사업체들에게는 새로운 꿈을, 또 한 번의 도약을 모색하고 있는 기업들에게는 새로운 콘셉트를, 또 변화의 방향을 찾고 있는 조직체들에게는 새로운 아이디어를 제공해 주는 도우미로 쓰였으면 하는 바람이 있다.

뛰어난 연구자들의 책에서 정말 많은 도움을 받았다. 그들의 샤프한 생각에는 감동이 있고, 나는 그들의 예지력과 통찰력을 사랑한다. 그들은 분명 선각자들이다. 이 책에 인용한 참고문헌은 꼭 한번 읽어보기를 권하고 싶다.

2004년 7월
김용태

I부

가치이동

혁명의 서곡

변화의 속성

변화의 양상이 심상치 않다. 원래 '변화'라는 것의 속성은 변하는 듯 변하지 않는 듯하다가 어느 날 갑자기 손 쓸 겨를도 주지 않고 다른 국면으로 전환되는 속성을 가지고 있다. 이것이 우리를 당황하게 만든다. 더구나 21세기는 복잡성과 불확실성이 가중되면서 변화의 법칙과 방향을 예측하기가 더 어려워지는 상황이다. 거기다 속도가 빨라지고 강도와 빈도까지 높아지고 있다.

모든 사람들이 세상이 크게 변화하고 있다는 것을 느끼고 있다. 변하고는 있는 것 같은데 그러나, 구체적으로 무엇이 어떻게 변하고 있는지 말하는 것은 쉬운 일이 아니다. 변화를 정확히 이해하면 대응방안을 강구할 수 있을 텐데, 그러지 못하다 보니 어떻게 대비하고 무엇을 준비해야 할지 갈피를 잡지 못한다. 대개는 피상적으로 무언가 변하고 있다고 얘기한다. 그러나 그 심각성에 대해서는 간과하고 있다.

지금 우리를 둘러싸고 있는 환경의 변화는 과거의 변화와는 질적으로 다른 양상을 보이고 있다. 변화는 늘 있어 온 것이지 지금만 일어나고 있는 것은 아니다. 그러나 지금 일어나고 있는 변화는 우리가 딛고 있는 땅을 뒤흔드는 근원적이라는 점에 그 심각성이 있다. 즉, 달라지고 변하는 정도가 아니라 본질적으로 패러다임이 전환되고 있는 것이다. 산업문명이 몰락하고 새로운 문명이 도래하는 것일까? 아니면 유발 하라리가 예견하는 호모 사피엔스의 변종 과정일까?

혁명이다. 우리 대부분은 혁명을 실제로 경험하지 못한 세대들이다 보니 혁명이라는 것이 얼마나 무서운 것인지, 반면 얼마나 엄청난 기회를 가져다주는 것인지를 뼛속까지 절절하게 느끼는 것이 쉽지 않으며, 우리들이 지금까지 경험했던 변화의 진도 정도로 지금의 변화를 가늠하고 있다. 우리들이 살아온 몇 십 년의 시간은 긴 역사의 시간에 대비해 보면 한 점에 불과한 정도 밖에 안 될 텐데도 우리는 우리들이 생각하는 방식, 살고 일하는 방식을 당연한 것으로 치부하는 우를 범하고 있는지도 모른다. 실제로 우리의 사고방식, 생활방식, 사업방식 등은 불과 몇 년 되지 않는 짧은 시간에만 통했던 관념일 뿐이다.

역사의 교훈은 어떠한 시기에는 패러다임의 이동(paradigm shift), 즉 역사의 한 획이 그어지고, 그 이후 한동안은 그 패러다임 안에서 변하다가 또 어느 순간에 가서는 새로운 패러다임으로 전환하는 순환을 반복한다는 사실이다. 그런데 요즘 일어나고 있는 사건들을 들여다보면 지금의 시점은 극명하게 패러다임이 이동되는 혁명기라는 생각을 지울 수 없다.

혁명의 결과

지금의 환경변화는 경기의 침체나 경제여건의 변화 정도로 해석할 수 없다. 기존 경제학의 지식으로 설명하기에 한계에 부딪히고 있다는 말이다. 작금의 변화를 생태적 환경에 비유하자면 기온이 달라지고 날씨가 불규칙해지거나 태풍이 부는 일시적인 현상이 아니라 땅이 흔들리고 지각판이 갈라지면서 속에 있던 것이 분출되고 새로운 힘에 따라 지각구조가 재편되는 근원적인 생태계의 변화라고 할 수 있는 수준이다. 어쩌면 지구 전체를 덮치는 빙하기나 산과 바다가 뒤바뀌는 대격변에 비유할 수도 있다. 그런데도 우리가 딛고 있는 땅이 움직이는 것은 느끼지 못하고 먼 산만 쳐다보면서, 사업이 힘들어지는 것이 불경기 때문이라든지 둘러싸고 있는 기업 환경이 불투명해서라든지 생각하고 있는 것은 변화의 심층을 보지 못하고 표피만 보고 있는 형국이라고 할 수 있으며, 인지 장애(cognitive blindness) 상태라고도 할 수 있다.

200여 년 전의 산업혁명에 비견되는 혁명이 일어나고 있다. 미래학자 앨빈 토플러는 정보혁명을 제3의 물결이라 표현했는데, 불과 30년도 지나지 않아 제4차 산업혁명이라는 용어까지 회자되고 있을 정도다.

18세기의 산업혁명은 경제시스템뿐만 아니라 정치권력의 구조와 형태에서부터 사람들이 살아가는 방식에 이르기까지 모든 것을 송두리째 바꾸어 놓았었다. 몰락과 역전 그리고 이동, 이것이 혁명의 결과

24

다. 레빗(T. Levitt) 교수는 유명한 논문 「마케팅 근시안(Marketing Myopia)」에서 새겨들을 만한 흥미로운 일화를 소개했다.

"판단력이 아주 뛰어난 사업가일지라도 자신이 근시안이 될 수도 있다는 점은 조금도 깨닫지 못했다. 보스턴의 유명한 백만장자가 50년 전에 '자신의 전 재산을 도시전차 회사의 주식에 영원히 투자하라'고 유서를 남겨 결국 후손을 망하게 했듯이… 그는 유서 속에 '효율화된 도시 교통수단인 전차는 높은 수요가 항상 있을 것이다'라고 기술했지만, 현재 주유소에서 기름 넣는 일을 하면서 생계를 유지하는 그의 상속인에게 그런 예언은 아무런 위안이 못 되었다." (마케팅 상상력, 154쪽)

현재 잘나가고 있는 기업이 갑자기 파산의 길을 걸을 수도 있다고 생각하는 것은 쉽지 않다. 많은 돈을 보유하고 있고 남들이 모두 부러워하는 위치에 있는 사람이 노숙자로 전락할 수도 있다는 것을 상상하는 것은 더더욱 쉽지 않다. 그러나 레빗 교수의 논문에서 소개된 일화는 실화이며, 우리가 상상하지 못하는 변수를 통해 역전과 이동이 누구에게나 현실로 다가올 수도 있다는 사실을 간과해서는 안 된다.

혁명의 조짐들이 곳곳에서 일어나고 있다. 지금의 정치시스템이 국민의 지지를 잃어가고 있는 것도 혁명의 조짐이며, 산업시대 번영을 누리던 기업이 무너져 내리고 전에는 주목받지 못했던 기업들이 새로운 리더 그룹으로 떠오르고 있는 것도 혁명의 조짐이다. 시장의 구조가 달라지고 소비자들의 의식이 바뀌고 행동양식이 달라지는 양태가 지금까지 산업시대에 보여 왔던 변화와는 본질적으로 다른 차원으로 가고 있다.

많은 기업들, 특히 제조업체들은 고민에 빠져 있다. 지금까지 시장 리더십을 누리던 대기업들도 향후 자신들이 공룡과 같이 생태환경에 적응하지 못하고 사라질 지도 모른다는 위기감을 갖고 돌파구 찾기에 분주하다. 이러한 고민은 기업들만의 문제가 아니다. 정부 부처나 기관들, 사회단체, 종교계, 그리고 개인들도 마찬가지다. 점점 자신들의 존재의 이유가 없어지며, 혁명의 결과 상황이 급변한다면 새로 재편되는 사회시스템과 경제시스템 내에서 존재가치를 인정받기 어렵게 되어 기존시스템으로부터 떨어져 나가고 소외될 수밖에 없게 될 것이라는 위기의식이 팽배해지고 있다. 마치 혁명 전야와 같은 징조들이 곳곳에서 분출되고 있는 것이다.

브리태니커 몰락의 교훈

사실 혁명은 1990년대 이미 잉태되어 있었다. 진원지는 인터넷이다. 하이퍼텍스트(hyper text)를 전송 프로토콜로 채택하면서 전 세계의 사람들과 컴퓨터들이 네트워크로 연결되기 시작했고, 디지털화의 물결이 거세졌다. 그러면서 0과 1로 전환될 수 있는 텍스트, 사진, 음원, 영상 등의 업종들은 직격탄을 맞았다.

미국 브리태니커는 1995년에 무너졌다. 5월에 매각을 결정하고, 1년 6개월 후에 개인투자가에게 헐값에 매각된 것이다. 250년의 역사를 가지고 있고, 매각 결정 불과 5년 전인 1990년까지도 매출 6.5억 달러의 겉으로는 잘나가던 회사의 갑작스런 몰락은 미국 재계에서도 쇼킹한 사건으로 다루어졌다. 언론들에서 이 사실을 특집으로 다루면서 비상한 관심을 보였고, 이 사건 이후에 발간된 책들에서 브리태니커의 몰락을 상징적인 사례로 연구하면서 교훈으로 삼았다.

주지하다시피 브리태니커는 백과사전 시장을 석권한 브랜드였다. 콘텐츠의 방대함이나 퀄리티, 그리고 내용의 권위 측면에서 압도적인 우위를 가지고 있었을 뿐 아니라, 세일즈 사관학교라 불렸던 브리태니커의 영업매뉴얼은 타 회사 영업교육의 교과서가 될 만큼 뛰어난 영업 인력과 노하우를 가지고 있었던 넘사벽이었다. 그뿐인가? 브리태니커는 좋은 브랜드 자산도 가지고 있었다. 고가의 브리태니커는 상류층 신분과 최고지성의 상징이었다.

이렇게 최고의 상품력(product)과 영업력(sales)을 자랑하고 있었고, 좋은 브랜드(brand) 이미지까지 쌓고 있었으며, 또 불과 몇 년 전까지만 해도 상당한 실적을 보이던 회사가 무슨 문제가 있었기에 순식간에 무너지게 되었을까? 생각해 보라. 기존의 비즈니스 상식으로 볼 때 좋은 상품을, 잘 팔고, 거기에 좋은 브랜드 이미지까지 보유하고 있다면 성공의 3박자를 모두 갖추고 있는 것 아닌가? 지금까지 모든 회사들의 경영 초점이 이 세 가지에 맞춰져 있지 않았던가?

브리태니커 몰락의 원인은 혁명의 조짐을 무시한 데에 있었다. 브리태니커에 밀어닥친 혁명의 주체는 마이크로소프트 등과 같은 소프트웨어 회사들이 만든 CD-ROM 보급판 백과사전이었다. 1980년대

27

이 회사들은 CD에 백과사전 내용을 담아서 50~70달러에 판매를 하고 있었다. MS의 '엔카르타'의 제조원가는 1.5달러에 불과하며, 경우에 따라서는 컴퓨터 운영체계를 팔 때 사은품으로 끼워 줄 정도로 콘텐츠의 퀄리티는 브리태니커와 비교가 되지 않았던 짝퉁이다.

브리태니커의 사례를 다루는 글들에서 브리태니커가 급속도로 몰락하게 된 원인은 브리태니커 경영진들이 CD-ROM 보급판 백과사전을 자신들의 경쟁 상품으로 생각하지 않았던 인식의 근시안(myopia)과 인터넷의 보급 등과 같은 세상의 변화를 제대로 인식하지 못했던 인지장애에 있었다고 결론을 내리고 있다. 원자(atom)가 최소단위인 아날로그 문서 텍스트와 사진 등을 0과 1의 비트(bit)로 쉽게 전환될 수 있는 디지털 기술이 발달했고, 90년대 들어 인터넷이 확산되면서 백과사전 이외에 정보를 얻을 수 있는 방법이 많아졌다. 검색어만 치면 수많은 정보를 접할 수 있게 된 환경변화 속에서 종이에 인쇄된 책 형태의 백과사전은 더 이상 존재의 이유를 인정받지 못하게 되어 버린 것이다.

그러나 나는 경영학자들의 정죄에 100%는 동의할 수 없다. 드러나는 사례의 결과만 놓고 당시 브리태니커 경영진들에게 변화에 둔감했었다고 돌을 던질 수 있을까? 만약 이 책을 읽는 당신이 브리태니커 경영진이었다면 어떻게 대응했겠는가?

브리태니커와 보급판 CD는 첫째, 상품의 형태나 카테고리가 달랐다. 브리태니커는 책 세트였고, 보급판 CD는 말 그대로 CD-ROM이었다. 둘째, 소비층 즉, 타깃이 달랐다. 브리태니커 백과사전은 주로 사회적으로 성공하고 안정된 경제력을 가진 사람이 타깃이며, 보급판

CD는 대학생들이나 PC를 많이 사용하는 젊은층이 주 고객이었다. 셋째, 브리태니커와 CD 백과사전은 유통채널도 달랐다. 브리태니커는 영업직원을 통한 인적판매였고, CD 백과사전은 컴퓨터 숍이나 문구점 등으로 유통되던, 경우에 따라서는 거리에서 무상으로 나누어 주던 것이었다. 즉, 두 상품은 상품의 유형이 달랐고, 시장도 전혀 달랐다. 타깃도 다르고 유통채널도 다르고 시장논리도 다른 상품을 다른 시장으로 인식하는 것은 전통적인 마케팅의 관념으로 본다면 당연한 것 아니겠는가? 누구라도 당시의 브리태니커 경영진들을 쉽게 정죄할 수는 없다. 지금 우리 주위에 있는 경영자들 중에도 마케팅 근시안(marketing myopia)에 빠져서 다가오는 혁명을 감지하지 못하고 대비하지 않고 있는 경우들이 많다. 이것은 지금 나의 상황에 대입하여 심각하게 생각해 봐야 할 문제다.

브리태니커 몰락이 주는 또 하나의 교훈은 이젠 상품 잘 만들어서 잘 팔고, 광고와 프로모션을 잘 해서 좋은 브랜드 이미지를 쌓으면 성공할 수 있었던 기존의 가치방정식이 먹히지 않는 시대로 변했다는 점이다. 변화하는 비즈니스 생태계에 적합성을 가질 수 있도록 근원적인 마케팅구조와 프로세스를 혁신하지 않으면 생존할 수 없다.

소비자들이 원하는 것은 상품 자체(product itself)가 아니다. 자신의 문제를 해결(problem solution)해 줄 수 있는 대안이 생기면 언제든지 등을 돌릴 수 있다. 즉, 소비자들이 구매하는 것은 '종이에 인쇄된 백과사전 책'이 아니라 '정보'를 사는 것이다. 많은 경영자들이 여기에 속고 있으며, 브랜드 이미지는 영원할 것이라는 환상을 가지고 있다. 지금이 시간에도 어디에선가 혁명이 일어나고 있다. 이와 같은 심상치 않은 움직임을 알아채지 못하고서는 어느 날 갑자기 지각변동이 일어나서 자신이 딛고 서 있던 땅이 없어져 버린 결과에 어리둥절하게 될 것이다.

대마불사(大馬不死)의 신화는 깨진 지 오래다. 뉴스에 오르내리는 대기업들의 이름을 보면서 저런 회사도 남들이 모르는 문제들을 안고 있었구나 하는 생각이 드는 적이 많다. 우리가 알게 모르게 수많은 기업들이 몰락하고 있다. 아직 결과로 나타나지는 않았지만 위태한 구조를 가지고 있는 기업들이 부지기수다. 즉, 살아 있다는 이름은 있으나 실제로는 죽어 있는 상태라고 할 수 있다. 이것은 기업들의 문제만은 아니다. 정부의 많은 부처나 기관, 단체들에게도 들이닥친 문제다.

기존의 사업을 성공시켰던 방식, 경영에 대한 지식, 마케팅에 대한 전통적인 관념을 불태워버리지 않고서는 지금 일어나고 있는 혁명을 이해할 수 없다. 지금의 변화는 과거의 지식과 경험으로는 해석되지 않는다. 무서운 것은 고정관념이다. "내가 과거에 이렇게 해서 성공했는데", "이 방법이 지금도 먹히는 것 같은데" 하며 과거를 지향하고 있는 것이다. 『중용(中庸)』에 세상이 바뀐 줄 모르고 옛날 방식만 고집하는 사람에게는 재앙이 미친다는 뜨끔한 구절이 있다. 지금까지 학교에서 배우고 성공적으로 실행했던 많은 것들이 더 이상 쓸모가 없어지고 있다. 기존의 방식, 기존의 지식 등은 트로이 목마 속에 매복해 있던 병사들처럼 우리에게 재앙을 몰고 올 수 있음을 명심해야 한다.

변화된 세상의 작동원리 : 융합과 연결

디지털 기술과 인터넷은 세상의 작동 원리를 변화시켰다. 원리는 융합과 연결이다. 물리적인 분자구조가 다른 아날로그 물건들은 물리적으로 서로 융합될 수 없지만, 디지털 세계에서는 0과 1의 조합인 비트(bit)로 전환될 수 있는 것들은 무엇이든지 합쳐질 수 있다. 정보텍스트와 이미지, 동영상, 소리 등 0과 1의 동일한 DNA를 가지고 있는 것들은 모두 융합될 수 있다는 얘기다. 한술 더 떠서 인터넷은 그것들을 모두 연결시켜 버렸다.

실제로 1980년대 PC시대가 열리고 1990년대 인터넷이 급속히 확산되면서 비즈니스 생태계의 지각변동은 본격화되었다. 1990년대 들면서 '디지털 상품'이라는 용어가 쓰이기 시작했다. 그것은 기존의 아날로그 상품에 대비되는 개념인데, 원재료를 구매해서 가공하는 방식으로 공장에서 생산하는 아날로그 상품과는 달리, 디지털 상품은 0과 1의 비트로 만들어진 상품을 의미한다. 예를 들어, 정보텍스트, 음악, 영상, 소프트웨어 등은 원재료가 필요 없이 비트로만 구성되어 있다.

디지털 상품이 아날로그 상품과 다른 점은 변형, 복제, 확산이 매우 쉽다는 점이다. 이것은 변형, 복제, 확산하려면 많은 비용이 들고 시간과 공간의 제약이 있는 아날로그 상품에 비해 엄청난 경제효율성의 향상을 가져오는 것이다. 마치 산업혁명 당시 기계의 발달로 수백 명의 사람이 붙어서 해야 할 일을 기계가 순식간에 해치울 수 있었고, 이러한 생산성의 향상이 산업시대를 열 수 있었듯이, 디지털과 인터넷이 가져다준 생산성의 향상은 새로운 시대를 열기에 충분한 것이다.

그렇기 때문에 디지털화가 용이한 책, 신문, 잡지, 음악, 사진이나 동영상, 미디어 등의 산업은 직격탄을 맞을 수밖에 없었다. 브리태니커의 몰락도 이런 연유다. 아날로그 백과사전이 인터넷이라는 쓰나미를 견뎌낼 방도가 없었다. 종이신문, 종이책도 마찬가지다.

2000년 또 하나의 쇼킹한 뉴스가 나왔었다. 그것은 미국의 AOL과 타임워너사와의 합병 사건이었다. M&A는 이미 일반화되었기에 놀라운 일이 아니지만 이 사건에서 혁명을 느꼈던 것은 두 회사가 합병되면서 AOL이 메이저가 되었다는 점 때문이었다. AOL(America On Line)은 미국 내에서 가장 많은 회원을 확보하고 있으면서 온라인 콘텐츠를 제공하는 실력 있는 온라인기업이었다. 그러나 타임지와 워너브라더스 영화사, 그리고 뉴스전문방송 CNN, 홈 케이블TV인 HBO, 그리고 음반사, 출판사, 오락산업 등을 거느린 미디어 제국이라 불리는 타임워너(Time Warner)에 비하면 역사나 기업규모 면에서 작은 회사 정도로 인식되던 회사였다. 실제 대차대조표 상 자산 가치로 따져도 타임워너의 약 1/4밖에 안 되었다. 그러한 AOL이 오히려 메이저로 합병한다는 것은 충격적인 뉴스가 아닐 수 없었다. 이것은 몇 년 전만 하더라도 상상하기 어려웠던 사건이다.

물론 두 회사는 기업문화의 갈등을 이겨내지 못하고 2009년 다시 분리되었지만, 이렇게 1990년대는 비즈니스 생태계가 요동치면서 역전과 가치이동이 일어나던 시기였다. 야후 등과 같은 포털 사이트들이 오픈했고, 웹(web)이라는 신대륙에 기회가 숨어 있음을 재빨리 알아챈 이베이, 아마존 등과 같은 전자상거래 업체들이 생겨났다.

아마존이 한창 주가를 올리던 21세기 초에 아마존의 기업가치가 미국에서 가장 큰 서적회사 기업가치의 10배가 넘는다는 보도가 있었다. 또 아마존은 2013년 미디어 거인 워싱턴 포스트를 인수한다. 기존의 책이나 신문 등과 같은 아날로그 미디어들이 디지털의 융합력을 이길 수 없었기 때문이다.

이렇게 전 세계를 거미줄처럼 묶어놓고 인터넷은 아날로그 영역을 조여 오기 시작했다. 사진 필름 역시 디지털화의 압박을 벗어날 수 없었다. 후지필름, 아그파 필름 등은 일찌감치 업종을 바꾸어갔고 마지막까지 남아 있던 코닥 역시 아날로그 필름과 인화사업은 포기하고 디지털 이미지 프로세싱으로 방향을 틀었다. 1970년대 중반 세계에서 가장 먼저 디지털 카메라를 개발했던 코닥이었지만 커다란 공룡의 변신은 쉽지 않았던 모양이다. 2012년 미국에서 법정관리를 신청하면서 재기를 노리는 신세가 된 것이다. 이제 사진 관련 시장은 10~20년 전과는 전혀 다른 판도로 바뀌어 버렸다.

카메라와 캠코더 시장도 이젠 다른 세상이 되어 버렸다. 디지털화된 것은 말할 것도 없고 개인들이 들고 다니는 스마트기기에 고성능 카메라와 캠코더가 장착되고, 또 SNS를 통해 다른 사람들과 연결되는 소셜화(socialization)가 가능해지면서 누구나 콘텐츠 생산자가 될 수 있을 뿐 아니라 1인 방송도 가능해지는 미디어 민주주의 시대가 열린 것이다. 즉, 전에는 전문가들이나 방송국에서 생산한 콘텐츠를 일방적으로 받아 소비만 하던 개인들이 첨단기기로 무장하면서 콘텐츠 시장의 주인공으로 이동한다. 이것이 인터넷과 모바일이 일으킨 혁명이다.

음악은 어떤가? 이미지나 동영상과 마찬가지로 음악은 디지털과 궁합이 잘 맞는다. 맞아도 너무 잘 맞는다. 음의 디지털화 역시 음악시장의 판도를 뒤흔들어 놓았다. 1980년대는 소니의 시대였다 해도 과언이 아니다. 카세트 플레이어 워크맨은 1980년대 전 세계의 문화코드로 자리 잡았다. 집에서 LP판을 전축으로 듣다가 음악이 녹음된 카세트를 옆구리에 차고 다니면서 들을 수 있었던 것은 당시 획기적인 일이었다.

그러다가 1980년대 후반부터 음악이 디지털화되기 시작한다. 그러면서 나온 것이 CD였다. 아날로그 카세트 플레이어의 강자였던 워크맨도 CD 플레이어로의 변신을 도모한다. 그런데, 인터넷의 영향으로 갑자기 음반시장이 음원 중심의 시장으로 변질되어 버린다. CD 플레이어는 수명이 얼마 가지 않아 mp3 플레이어에게 자리를 내주게 된 것이다.

mp3 플레이어로의 변신에 늦었던 공룡 소니는 워크맨의 명성을 잃을 수밖에 없었다. 한국의 레인콤은 아이리버라는 브랜드로 한때 전 세계 mp3 플레이어 시장의 25%를 점하는 기염을 토하게 되고, 아이튠즈(iTunes) 뮤직스토어라는 음원 장터와의 융합 모델을 들고 나오면서 애플 아이팟은 2000년대 초 마켓 리더로 등극하게 되었다.

이제 LP판이나 전축은 일부 애호가들이나 보유하고 있는 희귀품으로 변하게 되었고, 음악제작사들도 CD 음반을 내지 않고 음원 형태로의 상품을 출시하겠다고 선언했다. 10~20년 사이에 음악시장이 거미줄의 소용돌이에 휘말린 셈이다.

이렇듯 디지털에 근접해 있는 영역, 다른 말로 해서 0과 1의 비트 단위로 쉽게 바꿀 수 있는 문자, 이미지, 영상과 음원 관련시장은 요동 치고 있다. 상품의 형태가 달라지고 업종 간 경계가 무너지면서 지각이 변화하는 현상들이 나타나고 있는 것이다. 이것은 미디어의 진화와도 깊은 연관을 가질 수밖에 없다.

제조업의 고민

혁명의 조짐은 뚜렷하다. 그런데 여기서 한 가지 의문이 생길 수 있다. 디지털 혁명의 사정권 안에 있는 업종들은 그렇다 쳐도 0과 1로 변환될 수 없는 아날로그 상품을 제조하는 기업들은 거리가 멀리 떨어져 있지 않은가?

이렇게 반론을 펼 수 있다. "그거야 IT 업계나 온라인 기업에나 적용되는 일이지, 사람들이 안 먹고 안 입고 안 쓰고 살 수 있나? 브리태니커야 IT가 발전되면서 대체될 수 있는 업종이었고 AOL이나 아마존도 정보산업이니까 그렇지만, 우리 업종이야 컴퓨터나 인터넷이 생산할 수 있는 것도 아니고, 결국 공장에서 만들어야 하는 건데……."

실제로 전통산업의 경영자들 가운데에는 이렇게 생각하고 있는 사람들이 많다. 또 2000년대 초반 '묻지 마' 벤처투자 열풍이 가라앉으면서 전통 오프라인 제조업은 온라인과는 경제논리가 다르다고 하는 생각이 더욱 강화된 적도 있었다. 그러나 결론부터 말하자면, 그것은 근시안적 생각이고 제조업도 안전지대가 절대 아니다. 오히려 더 위험하고 심각한 결과가 올 수 있다. 이렇게 단언하는 근거는 두 가지다.

첫째, 사물의 가치가 하락하고 있다. 산업시대는 인류 역사상 가장 풍요로운 시절이었다. 산업혁명의 결과 공장에서는 물자들이 대량생산되었고 시장에는 상품으로 넘쳐났다. 과학기술이 발달한 20세기는 신문물의 시대였다고 해도 과언이 아니다. 그러나 점점 과잉상태로 변했고, 공장은 잉여설비로 골머리를 앓고 있고, 넘쳐나는 물자들은 쓰레기통과 거리로 흘러나면서 잉여자원/역량은 사회문제가 되고 있다. 점차 새로운 사물에서 얻는 한계효용은 줄어들고, 사물의 이동보다는 정보의 이동에서 가치가 창출되는 변화가 일어나고 있다. 공유경제 스타트업들은 이 점을 통찰했다.

실제로 제조업체들의 부가가치 하락은 심각한 수준이다. 겉으로 볼 때는 브랜드 파워도 있고 잘나가는 것 같지만 벙어리 냉가슴 앓는 기업이 90% 이상이다. 경쟁이 점점 치열해지다 보니 수익성은 점점 나빠지는데 상품의 수명주기까지 갈수록 짧아지니 손익분기점 맞추기도 힘들어진다. 그러다 어느 순간 악순환 사이클에 휘말리게 된다. 〈도표 1-1〉에 있듯이 경쟁이 치열해지다 보면 가격은 인하해야 하는데 영업비는 더 늘게 되고, 원가는 상승하고, 그러다 보니 수익성은 점점 악화되고, 수익성이 안 좋으니 R&D 투자가 줄고 직원들도 이탈하게 되고, 그러다 보니 제품의 품질은 떨어지고 신제품 내는 것도 어렵고, 그러니 당연히 매출은 줄고 재고/반품/미수금은 늘어나고, 그런데 갈수록 경쟁은 치열해져 가고, 이것은 수익성 악화로 다시 이어지고, 이러한 고리는 계속 돌고돌고… 이와 같은 악순환 사이클에 휘말려 빠져 나오지 못하게 되는 것이다. 일단 악순환 사이클에 들어간 기업은 실타래처럼 엉겨 있어서 쉽게 빠져나오지 못한다. 악순환 사이클에 휘말리기 전에 마케팅 구조와 프로세스를 혁신하지 않으면 안 된다. 악순환 사이클에 접어든 다음에는 어려워진다.

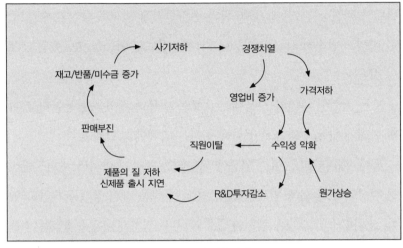

〈도표 1-1〉 악순환 사이클

이렇게 제조업체들의 부가가치가 하락하고 있는 것은 가치가 사물에서 정보로 이동하고 있다는 반증이다. 가치관이 변하고 가치가 이동한 것이다. 근원적인 지각변동과 혁명에 적합성을 갖기 위해서는 혁신이 필요하다.

전통적인 제조업체인 GE는 소프트웨어 회사로의 전환을 선언했다. 사업자등록증의 업종을 바꾸겠다는 의미가 아니라 사물인터넷(IoT)과 빅데이터, 인공지능 등을 자신들의 상품에 융합하겠다는 의지다. 컴퓨터 제조사였던 애플은 2008년 회사명에서 '컴퓨터' 글자를 떼어내면서 자신들은 디바이스를 만드는 회사가 아니라 미디어기업이라 천명했다. 처음에는 애플의 짝퉁을 만드는 줄만 알았던 중국의 샤오미는 하드웨어 제조업체가 아니다. 그들의 노림수는 사물인터넷과 인공지능을 통해 플랫폼의 맹주가 되겠다는 야심이다. 1999년 창업한 알리바바가 빠른 시간 안에 세계1위의 전자상거래 회사로 등극할 수 있었던 비결도 단순히 사물의 이동이 아니라 정보의 이동을 수반했던 데에 있었다.

모든 기업이 가치가 사물에서 정보로 이동하고 있음을 통찰하고 혁명 시대에 맞는 전략으로 전환해야 하는 과제에 직면해 있다.

둘째, 패러다임은 일부 업종에 국한되는 문제가 아니라 사회전반적인 현상이다. 융합과 연결은 산업 업종 간 상품 간의 경계를 허물고 있다. 코카콜라의 경쟁은 펩시콜라가 아니다. 전자제품이나 의약품이 콜라의 경쟁이 될 수도 있고, 콜라회사의 가치를 빼앗는 것은 엉뚱하게도 미디어회사가 될 수도 있다. 이 말이 이해되지 않는다면 우버(Uber)가 어떻게 택시회사의 가치를 빼앗았는지, 배달의 민족이 어떻게 중국집과 치킨집의 가치를 이동시켰는지를 생각해 보면 알 수 있다.

단순히 상품을 품질 좋고 차별화되게 만들고 영업을 잘하면 성공하던 시대는 지나갔다. 사물인 상품에 시각을 한정시키는 '공장 안 시야'에서 플랫폼을 보는 '광장 시야'로 전환해야 하고, 무슨 무슨 시장이라는 좁은 관점에서 생각하지 말고 비즈니스 생태계 전반을 통찰해야 하는 당위성이 여기에 있다. 경영 컨설턴트인 제임스 무어는 "어떻게 해야 우리 회사가 안고 있는 문제를 해결할 수 있는가"라는 질문에 대해 이렇게 대답한다.

"이러한 질문은 대부분의 경영자들이 아직 시장점유율을 차지하려고 산업에서 접근전을 벌이는 구태의연한 방식으로 문제들을 해결하려고 하기 때문에 풀리지 않은 채 남아 있다."

(James F. Moore, '약탈자와 먹이 : 새로운 경쟁의 생태학', 넷경제의 가치, 200쪽)

역전의 기회

이처럼 IT와 밀접한 관련이 없는 것처럼 보이는 제조업이라 해서 혁명의 사각지대가 될 수 있는 것이 아니다. 오히려 더 꼼짝할 수 없는 상황에 처하게 될 것이다. 또한 이것은 기업들의 문제만이 아니다. 정부나 다른 단체들의 문제가 될 수도 있다. 또 모든 개인의 문제이기도 하다. 어느 누구도 이러한 혁명으로부터 자유로울 수 없다.

전통 사업방식에서 창출되는 부가가치가 점진적으로 하락하고 있으며, 제로(zero)로 수렴하고 있다. 이것은 엔진이 고장 난 자동차의 속도계가 점점 제로로 가고 있는 것에 비유할 수 있다. 엔진이 멈추더라도 변속기를 중립상태에 놓으면 어느 정도는 간다. 또 내리막이라면 엔진이상이 있다는 것을 모를 수도 있다. 그러나 오르막을 만나거나 갑자기 돌발 상황을 만나게 된다면 차는 멈추게 될 것이다. 그때 가서 엔진이 고장 난 것을 안다면 이미 늦은 것이다.

지금까지 기업의 경영자들은 운전만 잘하면 됐었다. 잘 만들어 잘 팔면 성공했다. 그런데, 웹과 모바일이 새로운 길을 만들어 내면서 지도가 바뀌고 교통법규가 달라졌을 뿐 아니라, 기업이라는 노후된 자동차도 이상 징후를 보이고 있다. 작동 방식도 변했다. 예전 방식대로 운전하다가는 대형사고로 이어진다.

원인은 융합이 일어나고 모든 것이 연결되면서 다른 패러다임으로 바뀌고 있기 때문이다. 지금 이 순간에도 쉴 새 없이 융합이 일어나고 있다. 그러면서 점점 기존의 물리법칙으로는 설명이 되지 않는 이상한 나라로 바뀌어가고 있는 중이다.

혁명은 시작되었다. 몇 차례의 예고편이 있었다. 1997년에 우리에게 들이닥쳤던 IMF 사태, 2008년 미국발 금융위기 등이 그것이다. 이것은 우리기업들에게 예방주사의 역할을 하기도 했다. 그 당시 기업들은 구조(structure)의 중요성을 깨닫고 구조조정에 힘을 기울였다. 그러나 표피적인 구조조정에 그친 경우가 대부분이다. 심층구조의 전환에 노력하고 있는 기업들을 발견하기가 쉽지 않다.

기업들 대부분은 아직도 매출액, 시장점유율, 이익 등에 경영의 초점을 맞추고 있다. 시장세분화, 타깃 설정, 포지셔닝 등을 어떻게 할 것인가 등 기존의 마케팅 패러다임으로 시장을 보고, 경쟁을 인식하고, 소비자를 분석하는 데서 맴돌고 있다. 어떤 상품을, 어느 가격 선으로 만들어서, 어떤 유통채널을 통해, 어떻게 판촉과 광고를 해서 매출을 증대시키고 시장점유를 넓히고, 각종 비용절감과 효율성 증가를 통해 이익을 높일 것인가 하는 기존의 사업방식에서 진일보하지 못하는 경우가 많다. 그렇게 경영하고 마케팅 하는 것이 옳다는 믿음을 붙잡고 있는 것이다.

이와 같이 과거의 경영방식에 대한 맹신에 사로잡혀 있는 경영자들은 지금 일어나고 있는 지각변동을 읽지 못한다. 그리고 자신의 회사에 곧 혁명군이 들이닥칠 것이며 악순환 사이클에 휘말려가고 있다는 사실조차 인지하지 못한다. 어쩌면 이미 악순환 사이클에 접어들고 있는데 느끼지 못하는지도 모른다. 이러한 상황에서 잠복하고 있는 예기치 못한 변수가 돌출된다면 걷잡을 수 없는 혁명적인 사태로 휘말릴 수 있는 것이다. 예고편은 끝나고 본 영화가 곧 상영될 것이다. 무서운 재난영화다.

새로운 것을 볼 수 있으려면, 과거의 성공방식, 과거의 사업하고 경영하던 방식, 기존의 시장을 분석하고 경쟁을 이해하던 마케팅개념으로부터 돌아서야 한다. 즉, 머릿속을 포맷하고 재부팅해야 한다. 그렇지 않고서는 세상의 변화를 읽을 수 없고, 혁명의 조짐을 느낄 수 없다.

반면 이와 같은 변화는 새로운 비즈니스 리더를 꿈꾸는 사람들에게는 도전의 기회가 된다. 지금까지는 꽉 짜인 가치사슬을 뚫고 들어간다는 것이 쉬운 일이 아니었다. 그러나 지금과 같이 기존의 가치사슬이 느슨해지고 해체의 조짐이 있는 혁명의 시대에서는 새로운 리더로 부상할 수 있는 기회를 발견할 수도 있다. 즉, 역전의 기회가 되는 것이다.

대기업일수록 산업에 대한 전통적인 관점에 얽매일 수밖에 없다. 이런 상황에서 고정관념을 깨뜨리고 관점을 전환하고 시야를 넓히면 중소기업이나 개인이 오히려 새로운 기회를 포착할 수 있다. 역전은 혁명기에 일어나기 때문이다. 우리나라 1950년대에 100대 기업 중에서 현재 생존해 있는 회사는 5개도 안 된다. 이것은 우리 경제가 산업화되면서 리더십이 역전되었었다는 것을 의미한다. 산업화 이전의 리더들이 과거의 성공방식, 과거의 경영지식에서 벗어나지 못하고 있을 때, 새로운 리더들은 산업화라는 새로운 물결을 이해하고 새로운 패러다임을 수용함으로써 역전의 기회를 잡았던 것이다. 그것이 혁명이었다.

손에 쥐고 있는 것을 놓기가 어렵다. 과거의 지식과 경험을 버린다는 것은 결코 쉬운 일이 아니다. 그러나 손에 쥔 것을 놓지 않고서는 새로운 것을 붙잡을 수 없는 것이 세상의 이치다. 이제 누가 새로운 리더가 될 수 있을 것인가 하는 것은 누가 잘 놓고 잘 버릴 수 있는가 하는 데에 달려 있다고 할 수 있다.

사업하는 방식이 달라져야 한다. 시장(market), 경쟁(competition), 소비자(consumer), 상품(product), 가격(price), 유통(place), 프로모션(promotion)에 대한 인식의 일대 전환이 필요하다. 과거에 보았던 눈으로 보아서는 새로운 변화가 보이지 않는다. 과거의 지식과 경험만으로는 지각변동을 이해할 수 없다.

새로운 생각을 가지고, 새로운 눈으로 보고, 새로운 방법으로 사업해야 한다. 그래야 변화가 이해되고, 가치가 움직이고 있는 것을 볼 수 있고, 혁명을 눈치챌 수 있다. 새로운 시대 리더의 조건은 열린 마음과 넓은 시야, 그리고 깊은 통찰력이다.

가치이동의 궤적

변화의 동인

변화는 왜 일어나는 것일까? 일련의 변화들은 어떠한 원리와 법칙을 따르고 있는가? 이것을 알 수 있다면 변화에 어떻게 대응해야 할 것인지에 대한 통찰력을 얻을 수 있을 것이다. 변화의 원인은 가치이동(value shift)에 있다. 변화의 심층구조를 분석해 보면 가치(value)를 발견할 수 있다. 즉, 변화의 본질은 가치이며, 가치의 움직임에 따라 변화가 일어나는 것이다.

인류의 역사, 특히 경제시스템의 변천을 살펴보면 그 밑바닥에 흐르는 변화의 동인은 가치라는 사실을 알 수 있다. 인간이 동물과 다른 점은 가치를 추구한다는 점이며, 가치라는 단어를 경제에 대입할 때 경제성이라고 표현된다. 인간은 끊임없이 가치를 추구하며, 또 가치를 만들어 냄으로써 자신의 가치를 인정받으려 한다.

경제의 변천사는 가치의 업그레이드 과정이었다고 할 수 있다. 인류 초기의 수렵/채취 경제시스템에서 농업경제, 산업 경제시스템으로 전환되어 온 변화의 중심축에는 가치라는 명제가 깔려 있다. 사람들은 가치를 추구해 왔고, 지속적으로 가치 높은 것을 찾아간다. 가치이동이 변화를 만들어 가는 원인이 되는 것이다. 가치관이 달라지고 가치의 체계가 달라지고 가치를 창출하는 방식이 달라져 왔으며, 그러한 변화는 지금도 계속되고 있다.

우리는 경제시스템이 혁명적으로 전환되는 시기를 살아가고 있다. 200년 전 산업혁명 때의 가치이동이 재연되는 또 한 번의 혁명이 일어나고 있는 것이다. 다른 말로 하면, 과거 산업혁명처럼 이전과 이후를 극명하게 구분시키는 즉, 패러다임 이동(paradigm shift)이 일어나는 시점을 살아가고 있다. 그렇기 때문에 지금 일어나고 있는 혁명을 이해하기 위해서는 가치라는 명제에 천착해야 한다. 가치가 어디로 이동하고 있는지, 그리고 가치를 창출하는 방식이 어떻게 달라지고 있는지를 통찰해야 한다는 말이다. 이것이 이 책의 핵심주제다.

가치 창출 기제의 변천 : 노동에서 이동으로

산업혁명 이야기부터 시작해 보자. 산업혁명은 그 이전과 이후 사이에 획을 긋는 가치의 이동이 일어났던 분수령이었고, 경제시스템의 일대 전환을 가져왔으며 사회구조를 변혁시키면서 사람들이 생각하고 살아가고 일하는 방식을 바꾸어 놓았던 대사건이었다.

증기, 전기와 같은 새로운 동력의 발명은 기계의 발달로 이어졌고,

기계의 발달은 생산력을 폭발적으로 향상시킴으로써 대량생산(mass production)을 가능하게 할 수 있었다. 또한 새로운 동력이 배나 기차와 같은 운송/교통수단에 적용되면서 대량유통(mass distribution)이 가능해지고, 인쇄술/전기/전화/전파 등 커뮤니케이션 수단이 발달되면서 대량 커뮤니케이션(mass communication)이 가능해지게 된다. 매스 패러다임은 경제시스템을 완전히 뒤집어 놓는 효과를 가져왔다. 과거 가내수공업이나 도제 방식으로는 매스 패러다임을 감당할 수 없기 때문에 기업이라는 전문생산조직이 생겨났고, 필연적으로 자본(capital)을 필요로 하게 되면서 자본이 경제시스템의 중심에 서는 자본주의 시대가 본격화되었다. 매스 패러다임과 기업의 탄생, 그리고 자본주의가 산업혁명의 세 가지 결과라 요약할 수 있는데 서로 삼위일체의 관계를 맺고 있다.

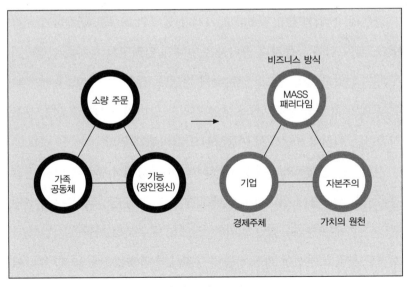

〈도표 1-2〉 산업혁명의 세 가지 결과

또 산업시대에 들어서면서 인류의 라이프스타일도 변하기 시작했다. 기업이 생겨나면서 사람들은 시간을 정해 출퇴근하고 자녀들은 대량교육시스템인 학교에 다니기 시작했다. 시간의 개념이 생겨난 것도, 사람들이 하루 세 끼를 먹기 시작한 것도 산업화 이후의 일이다.

자, 그렇다면 산업혁명이 일어나면서 가치는 어디로 이동했는가? 산업혁명 이전 농경시대의 부는 노동(勞動)을 통해 창출되었다. 수렵과 채취, 그리고 농경과 목축은 사람들이 먹고사는 문제를 해결할 수 있는 유일한 방안, 즉 경제의 작동원리였다. 자연에서 먹을거리, 입을거리, 쓸거리를 구하는 것 말고 큰돈을 벌 수 있는 방법이란 전쟁을 통해 남의 땅을 뺏든지, 왕이나 사제가 되든지, 아니면 공부를 해서 왕 밑에서 일하면서 신분이 상승되는 수밖엔 없었다. 그렇다고 해도 실질적인 부는 인간의 노동을 통해 창출되었다.

그런데, 산업혁명이 일어나고 기계가 인간의 노동을 대체하기 시작했다. 과거 힘센 노동자나 숙련공은 기계에 밀리면서 가치를 인정받지 못하게 되었고 일용직으로 전락하게 되었다. 점차 가치는 노동에서 나오지 않았다. 그러면? 경제의 운영 원리가 달라지기 시작했는데, 부를 창출하는 원천이 노동에서 이동(移動)으로 바뀌게 된다.

기업들은 원재료와 부품을 구입해 와서 공장에서 만들고 발달된 교통운송수단을 통해 멀리까지 판매하기 시작했다. 생산과 유통은 산업혁명 이전에는 불가능했던 일이다. 전에는 대부분의 사람들은 멀리 가보지도 못하고 자신이 태어난 동네 주위에서 평생을 살았을 것이다. 이동이 힘들었기 때문이다. 그러다가 과학기술과 이동수단의 발달로 사람들의 교류가 잦아지고 물동량도 늘어난다. 원재료와 부품을 가져다가 가공을 하고 상품으로 만들어서 판매하는 행위가 대량생산, 대량유통체계와 맞물리면서 이동이 새로운 가치방정식으로 변하게 되었다.

이렇게 산업혁명은 사물의 이동성을 획기적으로 높임으로써 생산성을 폭발하게 만든 사건이다. 기계와 새로운 동력의 발명으로 제조(make)를 생산(production)으로, 교통과 운송수단의 발달로 교역(exchange)을 유통(distribution)의 수준으로 업그레이드시킴으로써 큰 부를 창출할 수 있게 된 것이다. 떼돈의 경제시스템이 본격적으로 작동하기 시작하면서 19세기 유럽경제는 수직상승했다.

20세기 들어서는 본격적으로 미디어가 발달하기 시작했다. 전화, 전기, 전파가 활용되면서 라디오, TV 등의 미디어산업이 생겨났고 가치의 원천은 사물의 이동에서 정보의 이동으로 또 한 번 옮겨간다. 정보의 이동은 엄청난 부가가치를 창출할 수 있다. 사람들 간에 정보나 지식과 도구들이 교류되면서 생산성이 더욱 높아질 수 있었고, 거기서 창출되는 가치는 차츰 노동이나 사물의 이동에서 만들어지는 가치를 능가하게 된 것이다.

정보의 이동에 기름을 부은 것이 20세기 말 확산된 인터넷이다. 상호 연결된 네트워크를 타고 빛의 속도를 흐르는 정보들은 마치 도선에 전자가 흐르면서 전기장을 만들어 내듯 새로운 패러다임을 만들어 냈다. 그때부터 우리가 살고 있는 세상이 이상한 나라로 변했다. 인류의 생활양식, 즉 라이프스타일이 또 다시 달라졌고, 생산양식도 달라지면서 비즈니스 생태계가 요동쳤다.

가치 창출 기제의 미래 : 이동에서 융합으로

인터넷은 웹 생태계를 낳았다. 웹 생태계의 특징은 연결과 융합이다. 세상의 모든 것을 연결하면서 경계를 허물고 0과 1의 공통유전자로 융합시켜 버린다. 여기서 우리가 놓치지 말아야 할 사실은 가치의 원천이 이동에서 융합으로 이동하고 있다는 점이다. 이젠 단순히 사물이나 정보를 이동시키는 것만으로 비교우위를 갖기 어렵게 되었고 부를 창출하지도 못한다. 그 정도는 깔려 있는 인프라를 활용하면 누구나 할 수 있는 일이기 때문이다. 이젠 융합이 핵심역량이 되고 있다.

혁명의 요체도 융합에 있다. 산업시대에는 '노동'에서 '이동'으로의 가치이동을 이해하지 못하고는 기업을 이룰 수 없었듯이, 지식정보시대에는 '융합'의 문법을 모르고서는 성공할 수도 없고 새로운 성장동력을 발굴해 낼 수도 없다.

상품을 품질 좋게, 또 경쟁사와 차별화되게 만들어서 광고 잘하고 잘 팔면 기업이 성장하던 시대는 지나갔다(이 책에서 이 말을 반복적으로 강조할 것이다). 지금부터는 차별화(differentiated)가 성공의 법칙이 아니라 융합을 통해 차등화(differential)된 사업모델을 기획해야 한다. 일방적으로 홍보하던 방식도 더 이상 먹히지 않는다. 이동이 아니라 융합이 중요해졌기 때문이다. 이동이 평면적(2D)이라면 융합은 입체적인(3D) 것이다.

정리하자면, 부를 창출하는 가치의 원천이 노동에서 이동으로, 그리고 융합으로 옮겨지고 있다. 생산양식은 어떻게 변할까? 노동이 가치의 원천이었던 시절 '획득과 제조(procure & make)' 수준이었던 것이 산업혁명이 일어나면서 '생산(produce)'으로 변했다. 이제 융합이 가치의 원천이 되면서 생산양식이 달라지고 있는데, 앞으로 '프린트(print)' 방식이 될 것이다.

이미 3D 프린터가 활용되고 있지만 3D 프린터가 한 차원 더 진화하면 프린팅은 지금과는 전혀 다른 개념이 될 것이고, 고객들은 공장에서 대량으로 생산해서 유통되는 상품을 구매하는 것이 아니라 집이나 3D프린터가 구비된 가까운 공방에 가서 필요한 물건을 프린트해 오게 될 것이다.

3D 프린팅은 일부 부품이나 공산품에 국한되는 사례가 아닌가 의문을 품을 수 있을 것이다. 그것은 현재의 관념에 얽매어 있기 때문에 드는 생각이다. 식품이나 음료에도 해당될 수 있다. 요즘 식품이나 음료를 직접 만들어 먹는 사람들이 늘어나고 있다. 인터넷이 보급되기 전 일반소비자들은 정보를 구할 방법이 없었다. 정보는 기업들이 독점했고, 제조에 대한 노하우를 가지고 있는 생산자가 돈을 벌 수 있었다. 정보의 비대칭에서 사업기회가 생겨나는 법이다. 즉, 나는 아는 데 상대방이 모르면 그것을 알려 주거나 만들어 주는 데서 가치가 창출되는 것이다.

그러나 인터넷은 정보의 비대칭 문제를 해결했고, 이제는 오히려 일반인들이 기업의 실력을 능가하는 노하우를 가질 수 있는 시대가 되었다. 식품이나 음료가 과거처럼 계속 생산기업의 독점물일 수 있을까? 전혀 아니다. 지금도 인터넷에는 더 맛있고 색다른 레시피들이 떠돌고 있고, 많은 사람들이 정보를 공유하고 있다. 곧 얼마 지나지 않아 어느 음식 블로거의 레시피를 3D 프린터에 입력하면 그 음식이 나오고, 또 다른 레시피를 입력하면 원하는 대로 나오는 방식이 현실화될 것이다.

이미 커피 프린터가 판매되고 있다. 카푸치노 크림 위에 하트 그림 대신 고객의 사진이나 원하는 캐릭터가 그려진 개인화된 커피가 만들어진다. 생산자의 브랜드가 아니라 개인의 브랜드가 새겨진 개인맞춤화된 상품이다.

의식주 모두 해당된다. 의류나 용품은 더 쉽다. 집은 어떠한가? 요즘은 집도 모듈화되고 있으며 중국에서는 6층 건물을 3D 프린터로 지었다고 해서 화제가 되었다. 이젠 자동차도 일반인들이 만든다. 미국의 로컬 모터스(Local Motors)는 크라우드 소싱 방식으로 일반인들이 자동차 제조에 참여할 수 있게 한다. 스마트폰도 프린트 방식으로 일반인들이 만들 것이다. 구글의 '아라(Ara) 프로젝트'가 그것인데, 레고 블록을 조립하듯 자신이 원하는 스펙의 부품을 툭툭 끼워서 스마트폰을 완성하는 방식이다.

프린트의 개념은 지금 우리가 생각하고 있는 범위보다 훨씬 확대될 것이다. 'procure & make'에서 'produce'로, 또 다시 'print'로 생산양식이 변하고 있다. 생산양식의 변화는 사업모델의 전환과 동의어다. 기업들이 사업모델을 혁신해야 하는 당위성이 여기에 있다.

생산양식이 변하면 유통은 어떻게 될까? 산업혁명 이전 '교환(exchange)' 수준이었던 것이 '유통(distribution)'으로 달라졌었는데, 생산양식이 프린트 방식으로 변하면 유통은 '온디맨드(on demand)' 방식이 될 것이다. 즉, 소비자가 필요로 하는 시점과 장소에 개인맞춤화된 형태로 공급되는 것이다.

예를 들어, 아마존의 대시(Dash)가 전주곡이다. 떨어진 물품에 대시를 갖다 대면 아마존의 장바구니로 들어가고 주문한 품목은 30분 후 드론이 배달해 준다. 아마존은 향후 물류센터를 개조해서 인공지능 3D 프린터가 구비된 공방을 만들 것이다. 아마존 서점(Amazon Books)과 아마존고(Amazon Go)가 미래를 대비한 포석일 수도 있다.

넷플릭스(Netflix)의 창업자 리드 헤이스팅스는 "앞으로 10~20년 뒤에 사람들은 '리니어 채널(linear channel)'이 있었다는 사실에 매우 놀랄 것이다"라는 말을 했다. 리니어 채널이란 방송 스케줄이 정해진 보통의 TV방송을 의미하는데, 이 말의 진의는 지금 우리는 TV방송국이 편성해 놓은 시간표에 따라 리니어하게, 즉 순차적으로 보고 있지만, 앞으로는 내가 편성표를 짜면 넷플릭스가 내가 원하는 시간에 내 눈 앞에 갖다 바치는 시나리오다. 왜 시청자가 방송국의 시간에 맞추어야 하는가? 꼭 리모컨을 돌려가며 프로그램을 찾아다녀야 하겠는가? 내가 보고 싶은 시간에 나의 편성표에 따라 볼 수 있게 될 것이다.

이 얘기는 지금까지는 드라마나 방송을 보는 플랫폼이 방송국이 제공하는 TV채널인데 그 무대를 넷플릭스로 옮기겠다는 얘기다. 그게 현실이 된다면 방송국들은 넷플릭스라는 플랫폼에 영상을 제공하는 일개 콘텐츠 공급업자의 지위로 전락할 수도 있게 된다.

인공지능이 우리 생활공간 속으로 들어온다고 상상해 보라. 인공지능 비서는 내가 필요로 하는 것을 알아서 만들거나 구해다 내 눈 앞에 갖다 바칠 것이다. 마치 검색엔진이 나오기 전에는 우리가 웹에서 정보를 찾기 위해 서핑(surfing)했었지만 검색어만 치면 검색로봇이 돌아다니면서 내가 원하는 정보를 눈앞에 갖다 바치는 검색(search)으로의 변화가 일어났듯이. 인공지능은 당장 우리 코앞에 와있다.

유통에서 온디멘드로 거래양식이 달라지는 것은 시장의 구조변화와 깊은 관련이 있다. 산업시대 시장은 판매자 중심 시장(seller's market)이었다. 백화점이나 시장에 가보면 판매자들이 상주하고 있고, 소비자들은 그들의 시간과 공간에 맞춰 구매했다. 입맛에 맞는 상품을 찾으려고 여기저기 발품을 팔기도 한다. 그런데 시장이 구매자 중심(buyer's market)으로 변하고 있다. 시장에는 구매자들이 있고, 이젠 판매자들이 구매자를 찾아다니며 주문에 따라 원하는 시간에 원하는 장소로, 또 3D 프린터를 활용해 개인맞춤화된 형태로 제공해 주는 근원적인 전환이 일어나고 있다. 판매자로부터 구매자에게로 권력(power)이 이동하고 있고 우리가 알던 시장이 사라지고 플랫폼으로 진화하고 있는 것이다.

가치가 무서운 속도로 이동하고 있다. 고객들이 가치를 느끼는 포인트가 달라지고 있고, 가치의 원천(source)도 이동하고 있다. 경영에 있어서 가치는 핵심적인 명제다. 혁명이 일어나고 있는 지금의 상황에서 가치가 어떻게 달라지고 있는지, 어디로 이동할 것인지를 볼 수 있는 통찰력을 가지고 가치를 전략화하고 경영에 접목시키는 조직과 개인만이 새로운 리더로 부상할 수 있을 것이다. 반면 가치를 못 본다면 그 미래는 단언하건대, 없다.

가치창출 주체의 변화 : 조직에서 네트워크로

산업혁명 이야기로 다시 돌아가 보자. 산업혁명은 노동에서 이동으로 가치이동을 일으킨 사건이었고, '제조'를 '생산'으로, '교환'을 '유통' 수준으로 업그레이드했다. 이것은 매스(mass) 패러다임이 경제시스템을 대형화, 다변화시키면서 비즈니스 방식을 변화시킨 것과 맞물려 돌아간다.

이를 위해 '기업'이라는 전문생산조직이 생겨났음을 앞에서 얘기했다. 이전의 가족 중심의 가내수공업 형태로는 대량이라는 패러다임을 소화해 낼 수 없었기에 매스 패러다임을 감당하기 위해서는 각 분야의 전문가들이 모여 조직(organization)을 갖춘 기업이라는 형태가 필요할 수밖에 없었고, 기업이라는 시스템은 당시의 상황에서 부를 생산하고 축적하기에 가장 이상적인 형태였다. 즉, 기업은 산업화 토양에서 환경적합성을 가지면서 대형화되고 성장을 누릴 수 있었던 것이다. 지금의 기업이라고 하는 조직시스템은 산업혁명의 산물이다.

그런데 산업시대 패러다임이 수명을 다해 가고 정보혁명이 일어나면서 기업이라는 시스템의 작동에 이상이 생기고 있다. 기업이 창출하는 부가가치가 갈수록 하락하고 있고, 산업시대 엔진 역할을 하면서 경제성장을 견인하던 기업은 이젠 오히려 경제혁신의 걸림돌이 되고 있는 것이다.

기업의 가치창출력이 현격하게 떨어지는 원인은 기업이라는 조직의 구조와 체질이 변화하는 환경에 적합성을 잃어가기 때문이다. 수직적이고 분업화된 기업의 조직은 수평적으로 오픈되어 있고 경계가 없어지는 연결과 융합 패러다임에 전혀 어울리지 않는다.

전통적인 기업들이 어려움에 처하고 몰락하는 원인이 여기에 있다. 경영자들은 권위와 규칙을 중시하고 스펙화된 직원들은 매뉴얼에 따라 일을 하고 관료화되어 간다. 부서 간의 업무칸막이는 창의성과 융합의 저해 요인이다. 또 이들은 사회 기득권층으로 굳어져 개혁을 가로막는다.

반면 실리콘밸리의 스타트업 벤처들은 회사를 놀이터처럼 만들고, 직급이나 부서 구분을 없애며, 직원들의 자율을 중시해 준다. 전통산업들이 러스트 벨트(rust belt)화되면서 몰락하는 미국경제를 받치는 신흥벤처들의 힘이 여기서 나오는 것이다.

한국 경제는 대기업 위주로 쏠려 있는 구조적 문제를 안고 있다. 대기업들이 나서서 창업생태계를 조성하고 스타트업을 후원하는 혁명을 스스로 일으키지 않는다면 곧 한국의 경제시스템은 녹슬게 된다. 영원한 것은 없다. 산업시대 전성기를 맞았던 기업이라는 조직시스템의 수명주기는 쇠퇴기에 접어들었고, 기업은 네트워크 모델로 대체되고 있다.

가치창출의 주체가 이동하고 있는 것이다. 산업혁명 이전 대가족이나 부족 형태의 공동체(family)가 경제단위, 즉 가치창출의 주체였다면 산업시대에 들면서 기업이라는 조직(organization)이 가치창출의 주체로 대체되었고, 그러면서 대가족은 핵가족화되었다. 그런데 또 다시 가치창출의 주체는 기업에서 네트워크(network) 모델로 이동하고 있다.

앞으로 사람들은 9시부터 6시까지 사무실에 모여 일하지 않을 것이다. 조직을 이루고 일하는 형태가 아니라 네트워크에 접속해서 일하게 되리라는 얘기다. 요즘은 핵(核)가족도 분해되고 있다. 1인 가구가 많아지고 혼밥족 혼술족도 늘어나는데, 이와 같은 개(個)가족화 트렌드는 가치이동과 깊은 관련이 있다. 곧 기업이나 직업도 사라질 것이다. 개인브랜드 시대가 되면서 "내가 곧 기업"인 1인 기업, 개인블로그와 개인방송이 매스미디어를 능가하는 1인 미디어 시대로 변해 가고 있다. 이는 조직을 이루어 분업 형태로 일하는 것이 아니라 네트워크상에서 협업하는 방식이다.

구체적으로 네트워크 모델이란 어떤 모습일까? 서비스업은 그렇다 쳐도 제조업에도 적용 가능할까? 돈 탭스콧은 앞으로 제조업이 어떤 형태로 변하게 될 것인지를 보잉사의 경우를 예를 들어 다음과 같은 시나리오를 상정했다.

"신경제에 있어 '제조' 회사는 무슨 의미가 있을까? 보잉 777기 비용의 3분의 1은 소프트웨어 비용이다. 그래서 보잉사도 분명히 소프트웨어 사업에 있으며, 항공기 제조의 새로운 가치 리더는 마이크로소프트, EDS, 앤더슨 컨설팅, IBM과 같은 첨단기술 소프트웨어 개발역량을 갖춘 회사가 될 것이다. 정교한 항공기는 그들이 말하듯이 '정보 내에서 비행하는 부분들의 집합'이 될 것이다. 명세서는 모든 관련 당사자들과 함께 넷상에서 공유될 것이고, 비행기는 새로운 세대의 젊은 지식노동자들에 의해 네트워크를 바탕으로 제조될 것이다. 보잉사는 사이버 공간에서 항공기를 설계하기 위해 공급자와 소비자와 함께 일

하는 설계, 네트워킹, 프로젝트 관리, 마케팅 회사가 될 것이다." (넷경제의 가치, 27쪽)

이 짧은 예측 속에는 몇 가지의 시사점을 함축하고 있다. 첫째는 기존 업종 분류의 경계가 희석되며 산업 간의 융합(convergence)이 일어나리라는 것이다. 즉, 앞으로는 '우리 회사는 이런 업종이다'라고 하는 좁은 시야에서 벗어나지 않으면 안 된다는 말이다. 제조업체들도 "우리는 ○○를 만드는 회사"라는 정체성을 버리고 업(業)을 재정의해야 한다. 사물을 만드는 단순 제조업은 절대 살아남을 수 없다. 사물 제조에 정보의 경제논리를 융합하는 새로운 문법을 익혀야 한다. 앞에서 언급한 애플이나 GE의 사례에서 교훈을 얻을 수 있다.

둘째는 기업에서 일하는 방법이 달라지리라는 것이다. 이제는 다른 기업들이나 고객들과의 제휴(alliance)와 협업(collaboration)이 중요한 경영전략이 되고 있다. 기업의 문을 열고 고객들에게도 정보를 오픈하고 공유함으로써 마케팅 과정에 참여시키는 오픈 이노베이션(open innovation) 전략이 위닝샷이 될 수 있다. P&G가 2000년대 들어 오픈 이노베이션을 통해 침몰하던 회사를 재도약시켰던 사례를 생각해 보라. 또한 예전처럼 같은 시간, 같은 공간에서 조직을 이루어 일하는 형태가 아니라 네트워크상에서 커뮤니케이션하는 형태로 일하는 방식이 달라질 것이다.

셋째, 고객의 커뮤니티 형성이 마케팅전략에 있어 가장 핵심적인 요소가 될 것이라는 점이다. 지금까지 마케팅은 소비자를 인식하는 데에 있어 시장에 산재해 있는 군집(cluster)으로만 인식하였지만, 앞으로는 점차 고객들이 서로 커뮤니케이션할 수 있도록 커뮤니티를 형성해주고 네트워킹을 통해 커뮤니케이션하는 전략이 힘을 발휘하게 된다. 커뮤니티로부터 가치가 나오게 되며, 커뮤니티가 가치사슬의 중심에 자리 잡게 될 것이다.

인터넷은 온라인 커뮤니티를 가능하게 했는데, 1990년대 전자게시판이나 동호인 카페 등으로 시작했다가 21세기 들어 블로그 생태계가 조성되었고 이것이 SNS, 그리고 모바일 메신저 등으로 진화해 왔다. 이러한 플랫폼들에 사물인터넷, 빅데이터, 인공지능 등이 융합되면 커뮤니티는 폭발력을 갖게 될 것이고 기업을 대체하고 시장도 사라지게 만들 것은 명약관화한 일이다.

조직은 해체되고 네트워크로 연결된다. 기업들이 스스로 해체하지 않으면 해체당할 것이다. 패러다임을 이길 자는 아무도 없기 때문이다. 혁명은 그렇게 오는 것이다.

가치의 원천 : 자본에서 지식으로

산업혁명은 자본주의를 본격 가동시켰다. 매스 패러다임과 기업은 필연적으로 자본(capital)을 필요로 하게 되었다. 과거 가족공동체 중심일 때는 큰돈이 필요하지 않았지만, 매스 패러다임을 감당하고 기업이라는 조직체를 운영하기 위해서는 자본력이 중요할 수밖에 없었기 때문이다. 즉, 여러 사람들의 돈을 모아서 자본화하고, 자본을 중심으로 경제시스템이 재편되는 자본주의를 낳았다. 이렇게 매스 패러다임과 기업과 자본주의는 삼위일체로서 불가분의 관계라고 할 수 있다.

그런데, 자본주의 역시 수명을 다해 가고 있다. 이미 '자본주의의 종언'이라든지, '자본주의 이후' 등의 용어가 거론되고 있다. 자본의 힘이 약해지고 있음은 매스 패러다임과 기업시스템이 쇠락하고 있는 것과 밀접한 연관이 있다. 매스 패러다임과 기업과 자본주의는 서로 연관되어 있어서 이 중 어느 하나에 문제가 생기기 시작하면 연쇄적으로 영향을 미칠 수밖에 없는 것이다.

산업혁명 이전 돈(자본)이란 가치를 만들어 내는 것이라기보다는 가치를 증명하고 경제를 원활하게 하는 화폐의 기능을 수행했다. 그러나 산업혁명의 결과 생산자와 소비자가 분리되고, 대량생산, 대량유통이 이루어지면서 장인이나 숙련공들의 노동이 창출해 내는 가치보다는 자본이 만들어 내는 가치가 더 커지게 되면서 자본의 가치가 부각되었고, 화폐도 가치를 증명하고 가치를 유통시키는 단순한 기능으로부터 가치를 창출하는 기능으로까지 확대되었던 것이다. 즉, 자본이 가치의 원천으로 변한 것이 산업혁명이다.

자본으로의 가치 이동은 금융 산업을 부상시켰고 자본주의 시스템에서는 금융이 경제의 중심 역할을 할 수밖에 없었다. 은행, 증권, 보험사 등 금융회사들이 현재의 변화에 있어서 긴장하고 정보혁명에 촉각을 곤두세우고 있는 이유가 바로 이러한 가치 이동에 있는 것이다. 앞으로는 자본이 창출해 내는 가치의 양보다는 지식이나 정보가 창출해 내는 가치의 양이 더 커질 것이며, 그렇게 된다면 금융업을 중심으로 구성되어 있는 현재의 가치사슬(value chain)이 해체되며, 가치의 주역

이 되는 지식과 정보를 가진 기업과 개인들을 중심으로 하는 가치사슬로 재편될 것이기 때문이다. 이러한 예측들은 이미 많은 미래연구자들의 책에서 거론되었었다.

"디지털 현금과 날로 분화되는 금융서비스가 있는 세상에서 '금융서비스' 회사는 무엇을 의미하게 될 것인가? 돈은 종이에 인쇄된 숫자들이다. 돈이 디지털화되면 디스크 드라이버나 디지털 지갑, 그리고 스마트카드 속으로 암호화된 형식으로 발행될 것이다. 당신의 소비자가자신의 디지털지갑에서 당신 기업의 시스템으로 숫자들을 전송시킬때, 은행이나 신용카드 회사는 전혀 개입할 필요가 없다. 거래 당사자간에 예전에는 은행에서 다루던 기능을 수행하고 있다는 의미에서 당사자들은 금융서비스 조직이 되는 것이다." (돈 탭스콧, 넷경제의 가치, 26쪽)

"보잉은 비행기를 사는데 드는 자금을 고객을 통해 조달한다. 즉, 은행의 일을 뺏은 것이다. 반대로 은행가들은 주식과 보험 상품을 팔고있다. 주식중개인들은 금융 어드바이저가 되었으며, 보험업자들은 의료비 절감유지를 위한 꾸준한 노력을 통해 이제 의료산업에까지 진입했다." (프레드 비어세마, 새로운 시장의 리더, 68쪽)

이들의 예측은 정확했다. 요즘은 은행이라는 공간이 필요 없어졌다. 지하철 안이건 휴가지 건 내가 있는 곳이 곧 은행이 되었고, 돈은 숫자에 불과하다. 아직까지는 송금이나 대출, 투자 등의 금융거래를 할 때 은행의 시스템을 활용하지만, 이미 그것을 대체하는 소프트웨어와 어플들이 출시되었고 수수료나 이자를 절약하려는 고객들이 그리로 이동해 간다면 은행은 존재의 이유가 없어질 수 있다.

앞으로의 환경은 금융회사들이 가치를 창출하지 못하는 상황으로 변하게 될 수 있다는 말이다. 갈수록 변화는 더 구체화되고 있다. IT나 인터넷 업종의 회사들이 금융업에 뛰어들었고, 금융 관련 스타트업들에 의해 기존 금융업의 가치사슬이 해체되고 있으며, 자본을 대중으로부터 구하는 크라우드 펀딩 플랫폼들이 늘어나고, 블록체인 알고리즘을 활용하는 비트코인 등과 같은 가상화폐(crypto currency)들은 기존 화폐 체계를 위협하고 있고, 빅데이터와 인공지능이 결합된 로보 어드바이저(robo advisor)는 금융전문가들의 일자리를 대체해 가고 있다. 자본주의의 쇠퇴는 금융업의 존재기반을 더욱 흔들 수도 있다. 존재의 이유가 없어지면 존재할 수 없다.

점점 자본이 가치사슬의 중심 위치에서 내려오고 있다. 산업시대 비즈니스 모델은 먼저 자본을 투자해서 상품과 서비스를 생산하고, 그것을 시장에 유통시키고 광고나 판촉 등을 통해 판매하는 순차적이고 일방적인 방식이었지만, 네트워크로 연결되는 시대의 비즈니스 모델은 동(同)시간 다(多)방향적으로 융합하는 방식이기 때문이다.

숙박업소 공유서비스인 에어비앤비는 단 한 채의 방도 자체적으로 건설한 적이 없지만 대자본이 투자된 기존 호텔 체인들의 기업 가치를 순식간에 뛰어넘었다. 우버는 어떤가? 우버의 대차대조표에는 단 한 대의 영업용 택시 자산이 없어도 세계 최고의 운송회사로 성장하고 있다. 또 미국의 퀄키(Quirky)는 자본이 없는 일반인들도 아이디어와 재능만 있으면 자신이 구상했던 상품을 생산할 수 있는 플랫폼을 제공했다. 채택된 아이디어를 생산 공장과 연결해 상품화하고 유통과 판매까지 대행해서 판매수익을 아이디어 제공자와 배분하는 방식이 었다. 비록 퀄키는 자금력의 부족으로 파산했지만 유사한 크라우드 소싱 플랫폼이 계속 늘어나고 있는 중이다. 한번 터진 봇물은 거스를 수 없다.

이제는 자본이 만들어 내는 가치보다 정보와 지식이 창출하는 가치가 커지고 있다. 인터넷과 모바일, 그리고 소프트웨어 등의 인프라가 구축되어 있고 그것을 활용하는 지식만 있다면 사업할 수 있기 때문이다.

자본에서 지식으로 가치가 이동하고 있다. 가치를 창출하는 원천이 며느리에게도 가르쳐주지 않는 노하우, 즉 장인의 기능(skill)이었던 것이 산업혁명이 일어나면서 자본(capital)으로 이동했고, 이것이 또 다시 지식(knowledge)으로 이동하고 있다. 물론 지식이란 학력이나 스펙을 의미하는 것이 아니다. 지식의 핵심은 상상력과 창의성, 융합능력, 그리고 커뮤니케이션 능력에 있다.

산업혁명 때에는 자본이 큰 가치를 창출해 낼 수 있는 원천이라는 사실을 깨닫고, 기능이나 장인정신에만 집착하지 않고 자본을 기계화했던 기업이 산업화 사회에서 새로운 리더가 될 수 있었듯이, 이제는 자본에서 창출될 수 있는 가치보다는 지식이 가져다주는 가치가 엄청나다는 것을 깨닫고 지식에 투자하는 기업과 개인이 혁명의 리더가 될 수 있는 것이다.

가치이동은 기회다

이 대목에서 이렇게 반문할 수 있다. "산업혁명 이후에도 기업 방식의 비즈니스만 있었던 것이 아니라 가족공동체 방식의 비즈니스도 계속 혼재되어 왔다. 새로운 비즈니스 모델이 등장한다고 해서 지금의 기업들이 없어지는 것은 아니다. 새로운 비즈니스 모델은 일부 업종에서 나타날 것이고, 산업시대 비즈니스 모델은 같이 혼재될 것이다. 특히 먹고 입고 생활하는 제품의 경우에는 소비자를 참여시키고 커뮤니티를 만들고 하는 것은 비용 대비 효율성 측면에서 볼 때 의미가 없다."

기존의 관념에서 본다면 일리 있는 견해라고 생각될 수도 있다. 그러나 이는 앞에서 얘기한 패러다임의 속성을 잘못 이해하고 있는 것이다. 패러다임은 모든 사회분야, 즉 정치, 경제, 문화, 종교 등의 심층구조로 스며들어 간다. 어느 누구도 예외일 수 없고, 모든 조직체와 개인들에게 적용되는 문제다.

또 산업시대에 가족공동체 방식과 기업 방식, 두 가지 중에서 누가 큰 가치를 누렸는가를 생각해 본다면 그 답은 자명해진다. 예를 들어, 동네빵집과 기업형 베이커리가 만들어 낸 가치의 차이를 생각해 보라. 하청업체가 얻는 부가가치와 자신의 브랜드를 가지고 마케팅하는 회사가 누리는 부가가치를 비교해 보라. 똑같은 논리가 앞으로 변화되는 사회에서 재연될 것이다. 기존 방식으로 만들어 내는 부가가치(value added)는 새로운 패러다임에 맞는 방식이 창출해 내는 융합가치(value converged)와는 비교가 되지 않을 것이다. 이상에서 논의한 가치이동의 궤적을 정리하면 〈도표 1-3〉과 같다.

	산업혁명 이전	산업혁명 이후 (19-20세기)	정보혁명 이후 (21세기)
가치창출기제	노동(labor)	이동(migration)	융합(convergence)
생산양식	제조(make)	생산(produce)	프린트(print)
거래양식	교환(exchange)	유통(distribution)	온디멘드(on demand)
가치 창출 주체	가족공동체(family)	조직(organization)	네트워크(network)
가치의 원천	기술(skill)	자본(capital)	지식(knowledge)
가치방정식	가치직조 방식 (value crafted)	가치부가방식 (value added)	가치융합 방식 (value converged)

〈도표 1-3〉 가치이동의 궤적

급변하는 혁명기, 가치이동에서 눈을 떼어서는 안 된다. 경영의 초점도 가치에 맞춰야 한다. 비즈니스 성공의 척도를 매출이나 시장점유율에 두는 세일즈적 사고방식, 상품을 잘 만들어서 잘 판매하겠다는 구태의연한 사업방식으로는 도태되고 말 것이다. 가치를 보고, 가치가 어디로 이동하는지를 깨닫고, 그러한 변화에 맞추어 인식의 틀을 바꾸고 비즈니스 모델을 업그레이드시키는 것만이 해결책이 될 수 있다.

가치가 어디로 이동하고 있는가? 어디에 가치가 숨겨져 있는가? 소비자들은 무엇에서 가치를 느끼는가? 이것을 먼저 알아차리고 그것에 경영의 초점을 맞추고 마케팅전략을 세우는 기업들이 혁명의 시대 새로운 리더로 떠오를 것이다. 지금까지 리더였건 추격자였건 그것은 중요하지 않다. 오히려 리더들의 자만심과 안주함은 트로이 목마가 될 수도 있다. 위기와 기회는 공존하는 법이다. 지금은 부각되지 않았던

숨어 있는 기업이나 개인이 혁명을 일으킬 수도 있다. 지금도 지하실
이나 차고 속에서 혁명을 준비하고 있는지도 모르는 일이다.

가치의 새로운 원천 : 정보와 관계

보이지 않는 가치이동을 본 사람들

눈에 보이지 않는 가치가 어디로 이동하고 있는지를 추적하는 것은
쉽지 않은 작업이다. 그러나 역사를 볼 때 그것을 보고 찾아낸 사람들
만이 가치의 리더십을 누릴 수 있었다. 대부분의 사람들은 자신들이
살고 있는 곳이 이 세상의 전부라고 생각하고 있었을 때 미지의 대륙
을 발견하고 더 넓은 세상을 보고 항해해 갔던 사람들은 엄청난 기회
를 가질 수 있었다. 그것이 비전(vision)의 힘이다. 비전은 보는(view) 눈을
의미한다.

1980년대 대형컴퓨터가 소형화되면서 PC시장으로 전환될 당시 트
렌드를 읽었던 빌 게이츠는 일반인들의 눈에는 보이지 않았던 사이버
라는 새로운 대륙을 발견하고는 하버드도 포기하고 자신의 젊음을 그
곳으로 항해하는 데에 바쳤다. 그가 그렇게 할 수 있었던 것은 거기에

새로운 가치가 숨겨져 있음을 확신했기 때문이다. 즉, 기존의 땅에서 만들어지는 가치는 점점 줄어들고, 새로운 땅에 감추어져 있는 보물이 가치의 새로운 원천이었음을 통찰했던 것이다. 그 결과 상상을 초월하는 성공을 거둘 수 있었다.

인터넷이 확산되면서 온라인이라는 개념이 생겨났던 1990년대 역시 눈이 좋은 사람들은 기회를 놓치지 않았다. 재빨리 웹브라우저를 만든 넷스케이프(Netscape)는 1994년 상장하면서 단숨에 백만장자의 대열에 오를 수 있었고, 전자게시판을 포털로 전환한 야후(Yahoo), 온라인 상거래의 잠재성을 확신한 이베이(eBay)와 아마존(Amazon) 등의 창업도 90년대 중반이었다.

서핑에서 서치로의 인터넷 사용행태의 변화를 감지한 구글은 1998년 창업 이후 10년도 지나지 않아 애플과 세계 1, 2위를 다투는 기업으로 성장했고, 2000년대 들어 웹 생태계가 2.0환경으로 변하면서 커뮤니티가 비즈니스의 중심이 되어 가고 있음을 간파한 트위터, 페이스북, 유튜브 등은 SNS 권좌를 차지하면서 플랫폼 전쟁의 맹주가 되었다.

앨빈 토플러는 『권력 이동(Power Shift)』에서 과거에는 보이는 것에서 파워가 나왔지만, 앞으로는 보이지 않는 것에서 파워가 나오리라고 지적했었다. 예를 들어 국가의 힘이 과거에는 군사력, 물리적인 힘 등에서 나오고, 그것이 국가의 경쟁력을 말해 주는 것이었지만, 점점 경제력, 교육과 지식의 힘 등이 국가의 경쟁력을 좌우하는 요인이 되고 있다. 산업혁명 당시 가치는 자본, 기계 등과 같은 유형의 것에서 나왔지만, 지금의 혁명은 정보, 관계 등과 같은 무형의 것에 가치가 숨겨져 있음을 암시해 준다. 정보와 관계가 새로운 가치의 원천으로 부상하고 있는 것이다.

산업혁명 당시 자본의 가치를 깨닫고 과감히 기계 등에 투자한 기업과 개인이 산업사회의 리더로 부상할 수 있는 기회를 잡았듯이, 지금의 혁명기에는 지식의 가치를 깨닫고 정보와 관계에 투자하는 기업과 개인이 새로운 리더로 역전할 수 있는 기회를 붙잡을 수 있다는 말이다. 토플러는 『권력이동』에서 다음과 같이 언급하고 있다.

"지금부터는 모든 단계에서 가치를 구현하고 부가해 주는 것이 값싼 노동이 아니라 지식, 원자재가 아니라 기호들이 될 것이다. – 이 같은 높은 차원의 조정이 없다면, 그리고 이를 위해 필요한 정신노동이 없다면 경제는 아무런 부가가치도, 아무런 부도 창출해 낼 수 없다. 그러므로 가치는 단순히 토지, 노동, 자본의 결합에만 의존하지 않는다. 이 세상의 모든 토지, 노동, 자본을 합치더라도 그것들이 종전보다 훨씬 높은 차원에서 통합되지 않는다면 소비자 욕구를 충족시키지 못할 것이다. 그리고 이에 따라 가치의 개념이 전면적으로 달라진다. (권력이동, 115쪽)

이 말은 산업시대 생산의 3요소였던 토지, 노동, 자본의 조합이 가치를 만들어 왔던 원천이었는데, 이제는 이러한 요소들만으로는 가치를 만들거나 돈을 벌지 못하게 될 것이며, '높은 차원의 조정', '정신노동' 등이 높은 가치를 창출해 내는 새로운 가치의 원천으로 부각되리라는 것이다. 높은 차원의 조정이라는 것은 정보와 관계를 전략화하는 마케팅활동을 의미하는 것이다.

정보

사물과 정보를 분리하라

정보는 경영의 중요한 자원이다. 그래서 기업들은 시장과 소비자 정보, 그리고 경쟁사와 업계 관련 정보를 얻기 위해 자료(data)를 수집하고 분석하는 마케팅 조사에 많은 노력을 들였다. 산업시대 정보라고 하면 비밀스런 첩보를 연상하는 경우가 많았지만, 첩보는 정보라는 개념의 일부일 뿐이다.

그런데, 인터넷 혁명이 일어나면서 '정보'의 개념이 달라졌고, '지식', '기호(symbol)', '콘텐츠' 등과 유사한 의미로 확장되었다. 즉, 무형의 지적 자산이라 정의할 수 있다. 자산(asset)이란 미래가치를 창출할 수 있는 경영자원을 의미한다.

정보의 자산 가치는 다이너마이트와 같다. 산업화 초기에는 사물의 이동에서 가치가 창출되었지만 20세기 들어 전화, 라디오, TV 등의 미디어가 발달하면서 정보의 이동에서 창출되는 가치가 증가하다가 20세기 말 인터넷의 확산으로 정보의 이동성은 획기적으로 향상되었다. 그러면서 정보의 개념과 중요도가 달라지고, 정보의 이동에서 창출되는 가치가 폭증한 것이다. 이제 사물의 시대는 가고 정보의 시대가 왔다고 해도 과언이 아니다.

정보의 시대 핵심적인 경영 포인트는 정보의 가치창출력을 활용하는 것에 맞춰져야 한다. 그러기 위해서는 먼저 정보가 가치를 창출하는 원리를 이해할 필요가 있다. 보스턴 컨설팅그룹의 부사장이었던 에반스(Phillip Evans)와 워스터(Thomas S. Wurster)는 『기업해체와 인터넷 혁명』에서 '정보의 경제논리'와 '사물의 경제논리'의 개념을 대비하면서 과거에는 정보의 경제논리와 사물의 경제논리가 근본적으로 다른데도 불구하고 2인3각 경주 선수 다리처럼 묶여 있었기 때문에 함께 움직여야 했지만, 인터넷 혁명으로 둘은 분리될 수 있게 되었고 각각의 경제논리를 따르게 되는 변화가 일어났다는 점을 강조했다.

"누구나 정보에 접속할 수 있게 되는 이러한 커다란 변화의 물결은 각종 물리적 경제활동들을 묶어 주는 고리를 해체시키고 있다. 또한 이러한 변화의 물결로 인해 정보의 흐름과 사물의 흐름이 구분되어 각각의 흐름이 독립적인 경제논리를 따르게 되었다. … 이제 각각의 논리를 따를 수 있게 됨에 따라 억압된 경제적 가치를 창출할 수 있게 되었다. 이처럼 새롭게 창출되는 가치는 엄청날 것이다." (기업해체와 인터넷 혁명, 28쪽, 34쪽)

한 마디로, 정보(情報)과 사물(事物)을 구분해서 인식해야 새로운 가치방정식을 적용할 수 있다는 얘기다. 정보와 사물이 어떻게 다른가를 이해하기 위해 브랜드와 제품의 차이점을 생각해 보자. 브랜드와 제품은 전혀 다른 것이다. 브랜드(brand)는 정보이고, 제품(product)은 사물이다. 산업화 초기에는 제품과 브랜드가 분리되지 않고 붙어 있었다. 아기가 태어나면 작명을 하듯이 제품을 만들면서 그냥 이름을 붙이는 수준이었다.

그러다 정보를 이동시키는 미디어가 발달하면서 이 둘은 분리되기 시작하고, 제품과 브랜드는 각각의 길로 움직이게 된다. 즉, 〈도표 1-4〉에서 보듯이 제품은 공장에서 생산되어 시장으로 유통되고, 궁극적으로 소비자들의 손으로 들어가는 길을 걷는다. 그러나 제품과 분리된 브랜드는 매스미디어를 통해서, 또는 사람들의 입을 통해서, 이제는 인터넷과 모바일 등을 통해서 소비자들의 머리(인식)로 들어가는 길을 걸어간다.

이렇게 브랜드와 제품은 가는 길이 다르고 노는 물도 다르다. 브랜드와 제품의 차이점을 이해하고, 브랜드의 잠재력을 간파한 기업들은 공장에서 생산되는 제품의 품질경영과는 별도로 브랜드 파워를 키우기 위한 마케팅전략을 펼쳐 왔으며, 그러한 기업들은 현재 높은 브랜드 가치를 누리고 있다. 반면 브랜드 마인드가 없는 기업들은 제품이라는 사물의 품질을 높이고 차별화하는 데에만 시야가 국한되면서 가치를 만들어 내지 못했다. 이것이 정보와 사물의 차이점을 인식했을 때와 못했을 때 벌어지는 차이다. 정보와 사물을 분리해서 인식해야 가치를 창출할 수 있다는 것이 이런 의미다.

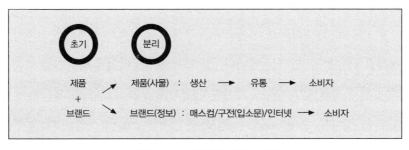

〈도표 1-4〉 브랜드와 제품의 차이

산업시대는 사물의 경제논리가 득세하던 때였다. 그러나 인터넷 혁명이 일어나면서 사물이 창출하는 가치가 갈수록 하락하고 있다. 소비자들은 하드웨어로서의 상품/서비스 자체에서 가치를 느끼는 것이 아니라 색다른 경험, 스토리, 문화, 콘텐츠 등에서 가치를 느끼는 변화가 일어나고 있다. 이젠 기업 간 기술력이나 품질 등은 크게 차이나지 않는다. 물론 지금까지 못 보던 새로운 발명품으로 대박칠 수도 있다. 그러나 조금 지나면 경쟁사가 금방 따라잡아 지속가능(sustainable)이 어려운 상황으로 변했다. 이제 나올 만한 물건들은 대개 발명되어 있고, 해 아래 새로운 것은 없다.

사물에서 정보로 가치가 급속하게 이동하고 있다. 그러므로 정보의 경제논리와 사물의 경제논리의 차이를 인식하고 분리해 내서 별도의 경영 노력을 기울여야 한다. 산업시대의 비즈니스 방식은 사물의 경제논리를 따랐다. 품질 좋고 기능이 차별화된 상품을 생산해서 유통으로 내보내고, 광고와 판촉을 통해 소비자에게 판매하는 방식이었다. 상품력만 좋으면 사업에서 성공할 수 있다는 순진한 믿음은 극단적인 사물의 경제논리다. 사물에는 규모의 경제나 한계수확체감의 법칙, 분업 등과 같은 경제논리가 적용된다. 그러나 인터넷과 모바일의 발달은 기존과는 전혀 다른 경제논리를 만들어 가고 있다. 그리고 사물의 경제논리를 통해서 얻어질 수 있는 가치가 점차 줄어들고, 정보의 경제논리가 더 큰 가치를 만들어 내게 되는 가치의 이동이 일어나고 있는 것이다.

애플이 보여 준 정보의 경제학

에반스와 워스터는 정보와 사물을 구분하는 통찰력을 주었지만 여기서 한걸음 더 치고나가야 한다. 가치는 분리에서 나오는 것이 아니라 분리된 정보와 사물을 다시 융합할 때 창출되기 때문이다. 마치 원자핵들이 충돌하면서 핵반응을 일으키고 이때 폭발적인 에너지가 발생하듯이 정보와 사물이 융합되어야 비로소 가치가 생성된다.

이 말을 몸으로 보여 준 회사가 애플이다. 애플이 21세기 들어 급부상하면서 구글과 함께 기업가치 1, 2위를 다투는 세계 최고의 기업으로 성장할 수 있었던 힘이 바로 여기에서 나왔다. 애플은 아이팟, 아이폰, 아이패드를 연달아 성공시키면서 기적을 만들어 냈다. 첫 신호탄은 2001년 출시된 mp3 플레이어 아이팟(iPot)이었다. 아이팟은 세계최초의 mp3 플레이어가 아니다. 이미 mp3 플레이어 시장은 포화상태였고, 당시 1위 브랜드는 한국의 아이리버였다.

그럼 아이팟은 어떻게 역전을 만들어 낸 걸까? 사물의 경제논리에 의하자면 아이팟은 아이리버에 비해 월등한 품질과 성능을 가지고 있고 가격이나 기능 측면에서도 전혀 새로운 차별화 포인트가 있어야 했다. 그러나 아이팟의 위닝샷은 하드웨어에 있지 않았다. 출시 후 1년 이상 매출이 저조했었다는 사실이 이를 말해 준다. 아이팟이 떠오른 것은 아이튠즈 뮤직스토어(iTunes music store)를 오픈하고 나서다.

아이튠즈는 클라우드 서비스의 효시라 할 수 있는데, 콘텐츠를 구름(cloud) 위에 올려놓고 필요할 때 다운받는 방식이다. 애플은 사물(아이팟)과 정보(아이튠즈)를 분리한 것이다. 그리고는 많은 음원사들을 쫓아다니며 제휴를 맺고 소비자들에게 개인맞춤화된 음악 라이브러리를 제공했다.

그럼 어떤 차이가 생기는가? 아이리버를 가지고 있는 소비자는 하드웨어 기기 안에 음원을 일일이 저장해야 하는 반면 아이팟 소비자는 아이튠즈에 보관해 둔다. 그리고 냅스터나 소리바다 등과 같은 음원 공유사이트를 돌아다니는 수고를 하지 않고 아이튠즈 뮤직 스토어에서 음원을 쉽게 구매할 수 있다. 또 아이리버는 기기를 새로 교체하면 모두 옮겨야 하지만 아이팟은 그럴 필요가 없다. 기기에 상관없이 아이튠즈에 개인 라이브러리가 상존하기 때문이다.

아이폰이 좀처럼 열리지 않던 스마트폰 시장을 열면서 모바일 시대를 열 수 있었던 비결도 아이튠즈 뮤직 스토어가 진화된 앱 스토어(App Store)에 있었다. 아이패드의 성공 역시 같은 맥락이다. 애플은 이처럼 사물과 정보를 분리해 관리하고, 정보적 요소들을 사물과 융합했다. 이것이 융합마케팅(convergence marketing)의 핵심이다. 여기에서 엄청난 가치가 창출되었고, 융합마케팅의 진수를 보여 준 애플은 불과 10년 사이에 기업가치 1위로 발돋움할 수 있었던 것이다.

가치를 창출하는 정보적 요소들

산업시대 비즈니스 방식이었던 사물의 경제논리에 함몰되어 있어서는 안 된다. 품질경영과 상품의 성능이나 기능을 개선하고 차별화하는 노력을 하지 않아도 된다는 의미가 결코 아니다. 그건 이제 기본이 되어 버렸다. 즉, 기본생산품(underlying product)을 개선하는 정도로는 기업들이 안고 있는 문제를 해결할 수 없고 악순환 사이클의 레드오션에서 절대 빠져나올 수 없다는 점을 강조하고 있는 것이다.

가치의 원천이 정보로 이동하고 있고, 정보적 요소들을 발굴하고 발전시켜서 물리적 상품에 융합하는 융합마케팅이 블루오션으로 가는 유일한 길이다. 다른 말로 표현하면, 물리적 상품은 컨테이너, 정보적 요소는 콘텐츠라 할 수 있는데, 핵융합의 원리처럼 이 둘이 유기적으로 융합되어야 폭발적인 가치가 창출될 수 있다.

그러면 융합해야 할 정보적 요소들은 어떤 것이 있을까? 고객에게 주는 통제권(control), 참신함(novelty), 오락성(entertainment), 브랜드를 강화하는 경험(experience), 신속성(speed), 고객의 교육 제공 등을 들 수 있다.

이제 상품을 파는 시대는 지났다. 단순히 하드웨어로서의 상품/서비스를 팔지 말고 경험, 문화, 스토리, 콘텐츠, 시간, 재미와 감성 등이 융합된 솔루션(solution)을 제공해야 한다. 소비자가 원하는 것은 물리적 상품이 아니라 문제의 해결책이다. 상품에서 솔루션으로의 전환, 그것이 사물의 경제논리에서 정보의 경제논리로 갈아타는 작업이고, 단순히 상품을 파는 것이 아니라 제휴와 네트워킹을 통해 융합화된 솔루션을 제공하는 융합마케팅의 개념이다.

정보적 요소들을 자신의 사업모델에 접목시키는 데에 경영의 초점을 맞추어야 한다. 즉, 상품을 어떻게 차별화되게 생산해서 유통채널을 통해 내보내고, 어떤 판촉 아이디어로 매출을 올리고 시장점유율을 높일 것인가 하는 전통적인 마케팅방식을 버리고 어떻게 가치와 부의 창출의 원동력인 정보를 활용하는 새롭고 혁신적인 사업모델(business model)을 만들 것인가로 옮겨가야 하는 것이다. 이것이 '지식경영'의 요체다. 사물의 경제논리와 정보의 경제논리의 차이는 II부의 핵심주제이기도 한데, 〈도표 1–5〉와 같이 정리할 수 있다.

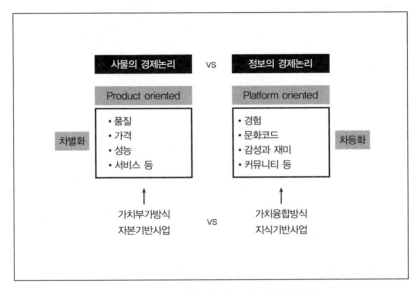

〈도표 1–5〉 사물의 경제논리 vs 정보의 경제논리

정보를 수익으로 전환하는 지식기반사업

정보가 가치의 새로운 원천이 된다는 첫 번째 의미는 정보와 사물을 분리하고 다시 융합할 때 가치가 만들어지는 융합마케팅의 원리이고, 두 번째는 가치사슬이 해체되고 재편되는 과정에서 '정보'가 가치의 중심에 서면서 수익원이 될 것이라는 점이다. 앨드리치는 『디지털 시장의 지배』에서 이렇게 설명하고 있다.

"제조업자는 제조 기술 경쟁보다는 공급자와 소비자의 전자적 연결과 능동적인 프로세스를 위한 정보기술 이행에 더 노력을 기울인다. 물류업자들은 일군의 트럭 관리보다는, 모든 화물이 어디로 수송 중인지를 알고 통신과 정보기술의 효과적인 사용을 통해 선적과 발송을 최적화하는데 더 경쟁력을 기울인다. 소매업자들은 점포의 위치나 상품 진열보다 어떻게 소비패턴을 따라잡을 것인지, 또한 공급자와의 긴밀한 유대를 위하여 판매정보를 어떻게 이용할 것인지에 대해 더욱더 노력을 한다." (디지털 시장의 지배, 27쪽)

이 말은 현실에서 실행되고 있다. GE나 메르세데스 벤츠 등의 전통 제조업체들이 자신을 소프트웨어 업이라 재정의한 이유가 여기에 있다. 하드웨어만으로는 경쟁력이 갖기 어려운 환경으로 변했고, 이제 중요한 것은 정보의 이동이다. 그것을 위해 빅데이터, 사물인터넷, 인공지능 등을 적극 활용하는 것이다. 애플의 수익에서 앱 스토어의 매출 비중이 갈수록 늘어나고 있다. 조만간 PC나 스마트폰에서 얻어지는 수익을 역전시킬 수도 있다. 애플이 디바이스를 만드는 회사가 아니라 미디어회사가 되겠다고 했던 말의 의미가 이것이다.

운송물류회사 UPS도 정보시스템 개발에 더 큰 투자를 하고 있다. 요즘 물류회사들의 주 수익은 기존의 비즈니스 모델에서 나오지 않는다. 즉, 고객사와 계약을 맺고 운송해 주는 것으로는 거의 이익이 제로로 가고 있다. 경쟁사들이 서로 가격을 낮추는데, 인건비나 유류비는 올라가다보니 현상유지하기도 빠듯한 실정일 수밖에 없기 때문이다.

소매점 등 유통업체들도 정보를 수익원으로 만들고 있다. 예를 들어, 할인점이나 편의점들은 제조공급업체들에게 마케팅정보를 판매한다. 그들이 보유하고 있는 고객 데이터, 판매 추세 데이터 등은 과거 A.C. 닐슨의 소매점 조사(retail index)가 제공하던 자료보다 정확하고 실시간 업데이트되기 때문에 제조사들 입장에서도 활용가치가 큰 것이다. 미래학자들의 공통된 예측은 경제성장의 다음 물결은 지식기반사업에서 올 것이라는 점이다. 기업들이 가장 중점을 두어야 할 과제는 자본기반사업모델에서 지식기반사업모델로 전환하는 일이다.

그러면 지식기반사업이란 어떤 것인가? 지식의 의미를 파악하기 위해 자료(data)와 정보(information)와 지식(knowledge)의 차이를 생각해 보고 가야겠다. 예를 들어 보자. 어떤 고객이 할인점에 가서 상품을 구매했을 때, 구매명세표나 영수증 등은 자료다. 빅데이터 시대라 일컫는 요즘은 이런 데이터를 얻을 수 있는 인프라가 구축되면서 데이터가 넘쳐나는 시대가 되었다. 하지만 빅데이터 자체로는 아무 효용도 창출하지 못한다.

고객의 몇 개월간의 구매명세표와 영수증을 분석해 보면 이 고객의 구매성향, 항목별 지출비, 라이프스타일 등을 알아낼 수 있다. 이것이 정보다. 즉, 자료를 가공하여 의미 있게 변환시킨 것이 정보의 개념이다. 그러므로 자료는 "정리되지 않은 진흙탕"이라고 비유할 수 있고, 정보는 "의미 있는 패턴으로 정리한 데이터"라고 정의할 수 있다.

지식은 한 걸음 더 나가서 정보를 더욱 구체화시키고 상품/서비스에 적용시키는 것이다. 기업이 고객에 대한 정보를 가지고 있다는 것과 고객을 알아준다는 것(고객에 대한 지식)은 다른 의미다. 정보가 지식으로 전환되어야 비로소 가치가 창출될 수 있다. 고객의 소비성향이나 라이프스타일을 알고 있는 것 자체로는 고객에게 가치를 느끼게 해 줄 수 없는 것이다. 그것을 구체적으로 실제화했을 때 고객이 가치를 느낀다. 예를 들어, 이 고객이 할인점에 갔더니 많이 구매하는 항목에 대해서는 특별할인을 해 준다든지, 식당에 갔더니 이 고객이 당뇨 증상이 있다는 것을 미리 알아서 특별조리를 해 준다든지, 호텔에 투숙할 때 알레르기 방지용 베개를 미리 알고 제공해 준다든지 해야 가치로 전환될 수 있다. 이것이 고객에 대한 지식의 개념이다.

지식기반사업이란 정보를 효과적으로 분석하고 조작하여 지식으로 전환하는 것인데, 이를 위해 클라우드, 빅데이터 분석, 사물인터넷, 인공지능 기술 등의 활용은 필수적이다. 4차 산업혁명을 언급할 때 이 기술들이 빠지지 않는 이유가 여기에 있다.

지식기반사업은 상품/서비스를 파는 모델이 아니라 정보의 제공이 중심이고 사물은 덤이 된다. 소비자들이 상품/서비스는 공짜로 받고 대신 정보 이용료를 지불하는 시대가 오고 있다는 말이다. 공짜경제학과 공유경제가 이런 맥락에서 태동한 것이다. 그렇기 때문에 정보 이용료를 과금할 수 있는 시스템을 구축하지 못하는 기업은 생존조차 어렵게 될 수도 있다. GE, 메르세데스 벤츠, UPS, 그리고 유통회사들이 정보시스템 구축에 투자하는 이유가 여기에 있다. 기업들이 정보를 활용해서 수익으로 전환하는 사업모델을 만들어야 하는 새로운 과제를 안게 된 셈이다.

에반스와 워스터도 사물의 가치와 정보의 가치가 역전되면서 비즈니스의 중심이 물리적 힘이 아니라 정보로 이동하고 있다는 것을 다음과 같이 설명하고 있다.

"우리는 가치사슬이나 공급체인을 말할 때 대개 물리적 행동의 수직적 흐름만을 떠올리곤 한다. 그러나 넓은 의미에서 보면 이러한 행동들을 결합시켜 주는 것은 바로 '정보'이고, 궁극적으로 정보의 흐름에 의해서 조직, 가치사슬, 공급체인, 소비자 프랜차이즈 등 전반적인 기업 활동의 핵심적, 주변적 요소가 결정지어진다." (기업해체와 인터넷혁명, 25쪽)

과거에는 상품이나 자본 등 '사물'이 가치사슬의 중심이었지만, 인터넷과 모바일, 그리고 디지털 기술이 정보를 경계선에 구애받지 않고 시공간을 넘어 다니게 하고 동(同)시간적 융합을 가능하게 하면서 가치 이동을 일으켰고, '정보'가 비즈니스의 핵(核)이 된 것이다.

이러한 트렌드를 감지하고 정보 사업을 함으로써 큰 성공을 거둔 회사가 구글이다. 구글은 아예 사물의 경제논리를 무시한 회사다. 1998년 시작된 구글은 검색엔진을 판매하지도 않았고, 다른 포털 사이트들처럼 배너광고를 붙이지도 않았다. 검색창만 하나 달랑 있다. 기존 관념으로 볼 때는 사업의 '사' 자도 모르는 대학원생들의 취미생활로 보일 수도 있을 정도다. 그런데 지금 구글의 위상은 어떠한가?

구글과 애플은 정보가 가치의 새로운 원천임을 증명해 준 대표적인 사례다. 애플이 사물에 정보를 융합하는 융합마케팅의 진수를 보여 줬다면, 구글은 정보를 수익으로 전환하는 지식기반사업모델의 본보기라 할 수 있다. 이 두 회사가 21세기 들어 순식간에 기업가치 1, 2위를 다투는 플랫폼 맹주로 폭풍 성장한 것은 절대 우연이 아니다. 이것이 다이너마이트 같은 정보의 가치창출력이다.

경영 관점을 플랫폼으로 돌려라

이제 눈을 상품 내부, 기업 내부에서 바깥으로 돌려야 한다. 사물로서의 상품 내부에서 나올 수 있는 가치는 한정적이다. 원재료를 싸게 구입하고 원가는 최대한 낮추고, 가능한 한 높은 가격으로 판매해서 얻을 수 있는 마진은 앞으로 점점 더 줄어들 수밖에 없다. 가치사슬 내에서 각 단계 별로 가치를 부가해 가는 가치부가 방정식은 변화되는 환경 속에서 점점 힘을 잃어가고 있다. 대량생산 패러다임 하에서는 유효했다. 즉, 상품 한 개 팔 때 마진의 폭이 크지 않다고 하더라도 대량으로 판매된다면 전체 수익은 상당한 것이었다. 규모의 경제논리가 적용되었었다. 그러나 이제는 대량시장이 실종되고 고객의 욕구는 다양화되면서 시장은 분화되고, 수요는 더 이상 늘어나지 않는데 상품수명주기는 계속적으로 짧아지면서 기업들은 딜레마에 빠질 수밖에 없게 된 것이다.

어떻게 하면 원가와 비용을 더 낮출 수 있을까, 매출을 더 올리기 위한 방안은 어떤 것이 있을까 등을 생각하고 실행하면 할수록 기업은 더 어려운 상황으로 몰릴 것이다. 이제는 어쩌면 상품 내부, 기업 내부에서 가치를 끄집어내려는 노력을 포기해야 할지도 모른다.

가치의 잠재력은 외부에 있다. 외부란 플랫폼(platform)을 의미한다. 시야를 넓히고 경계를 허물어야 한다. 그리고 정보의 잠재가치를 깨닫고, 사업모델을 업그레이드시키는 데에 경영의 초점을 맞추고 기업의 핵심역량을 집중해야 한다. 사물의 경제논리에서 정보의 경제논리로, 가치부가 방식에서 가치융합 방식으로, 이것이 이 시대 경영자가 통찰해야 할 가치이동이다.

관계

관계가 창출하는 가치

정보와 더불어 또 하나의 중요한 가치의 원천은 관계(relations)다. 사실 관계는 이전부터 오랜 기간 기업의 필수 경영요소였다. 기업을 둘러싸고 있는 이익집단들과 좋은 관계를 유지하는 것이 비즈니스에 있어서 반드시 필요하다는 인식이 생기면서 언론, 정부, 시민단체 등과의 PR(Public Relations) 활동에 주력했고, 주주들과의 관계노력인 IR(Invester Relations), 또 고객과의 관계관리 CRM(Customer Relations Management)에 노력을 기울여 왔다. 기업은 사회적 유기체이기 때문이다.

또, 공급자와 구매자, 협력업체들과의 관계는 수익에 직접적인 영향을 미치기 때문에 공급체인관리(SCM : Supply Chain Management) 역시 기업의 중요한 과제였다. 〈도표 1-6〉은 단계적으로 가치를 부가시켜 가는 비즈니스 관계를 보여 주는 가치사슬(value chain)의 모습이다.

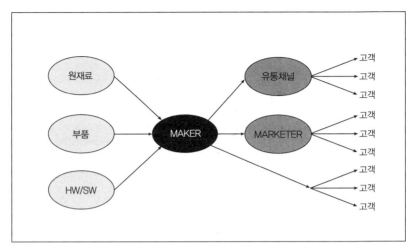

〈도표 1-6〉 기존 가치사슬의 형태

　동서고금을 막론하고 관계는 경영의 핵심요소이며, 관계에서 가치가 창출된다. 그런데, 지금까지의 관계관리가 벽에 부딪히고 있다. 인터넷과 모바일의 정보혁명이 일어나면서 기존의 물리적 가치사슬에서 만들어지는 부가가치가 갈수록 줄어들고, 가치사슬의 해체와 재편 현상이 뚜렷해지고 있기 때문이다.

　이러한 현상은 새로운 관계 시스템으로의 전환을 요구하고 있다. 관계의 개념을 확대 재정립해야 하고, 관계를 맺는 방식도 달라져야 한다. 가치를 만들어 가는 방법도 단계적으로 부가하는 것만이 아니라는 사실을 깨달아야 하고, 다양한 형태의 비즈니스 모델이 가능해졌으며, 거래업체와의 관계, 고객과의 관계를 어떻게 관리하는가에 따라 가치창출력이 달라지게 된 것이다.

하이퍼텍스트와 연결의 중요성

이와 같은 변화의 주범 역시 인터넷이다. 1990년대 확산된 인터넷은 전 세계를 연결시키면서 융합을 일으킨 일대 사건이다. 인터넷이 세상을 거미줄(web)처럼 묶어버리면서 시간과 공간의 개념을 재구성하고 세상의 구조를 바꿔 놓은 것이다. 그때부터 인류의 생활양식, 즉 라이프스타일도 바뀌었고, 사업의 문법도 달라지면서 비즈니스 생태계가 요동쳤다.

도대체 인터넷이 뭐길래 세상을 이토록 뒤집어 놓은 것일까? 인터넷은 90년대 갑자기 튀어나온 것이 아니다. 그런데 엄밀히 얘기하자면 세상을 바꾼 것은 인터넷이 아니라 웹(web)이라는 개념이다. 흔히는 인터넷과 웹을 같은 개념으로 생각하지만, 인터넷은 사물(hardware)이고 웹은 정보(software)다. 인터넷은 상호 간을 의미하는 'inter'와 네트워크 'net'의 합성어인데, 서비스를 제공하는 중심이 되는 호스트 컴퓨터도 없고 이를 관리하는 조직도 없기 때문에 붙여진 일반명사다. 즉, 자율적이고 오픈되어 있는 시스템인 셈이다. 인터넷 인프라 위에 웹 생태계가 조성된 것이다.

인터넷은 웹이라는 개념이 생기기 이전부터 발전되어 왔다. 1969년 군사 목적으로 만들어진 알파넷(ARPANET)이 진화한 것이 오늘날의 인터넷인데, 처음엔 군사목적으로 그리고 연구목적으로 발전되어 온 인터넷을 PC의 보급이 많아짐에 따라 일반인들도 사용할 수 있도록 불을 붙인 사람이 CERN(유럽입자물리학연구소)의 연구원이었던 팀 버너스 리(Tim Berners Lee)다.

1989년 팀 버너스 리가 "링크로 연결된 문서조각들의 거미줄(web)이 고정된 계층구조보다 한층 더 유용하다"라며 하이퍼텍스트를 문서를 주고받을 때 사용하는 통신규약으로 채택할 것을 주창하면서 HTTP(Hyper Text Transfer Protocol)가 표준 프로토콜로 채택되었고, 그는 이것을 세계를 잇는 거미줄이라는 의미로 월드 와이드 웹(world wide web)이라 명명한 것이다. 웹이라는 용어는 여기서 나왔다.

웹의 원리는 '문서들을 중첩시킨다', '마구 연결한다'는 의미의 하이퍼텍스트(hyper-text)에 기반한다. 하이퍼텍스트는 정보분류학에서 나온 개념인데, 정보의 생산량이 엄청난 속도로 늘어나고 있는 상황에서 기존의 선형적이고 순차적, 계층적 구조를 가진 분류(indexing) 시스템으로는 그것을 감당하기엔 역부족이기 때문에 아예 주도권을 사용자에게 넘겨주어 텍스트들을 모두 링크시켜 서로 넘나들 수 있게 만드는 것으로, 쉽게 말해서 체계적이고 순차적이 아니라 마구잡이로 여기저기 이동할 수 있도록 텍스트들을 링크시켜 놓은 것이 하이퍼텍스트다.

이렇게 하이퍼텍스트가 웹을 가능하게 했고, 웹이 일으킨 패러다임의 변화는 연결(link)과 융합(convergence)이다. 연결과 융합이 비즈니스의 새로운 원리로 떠오른 맥락이 여기에 있다. 즉, 가치사슬의 재편, 업종 간의 융합화 추세가 가속되면서 변화된 환경적합성을 갖기 위해서 연결의 중요성이 대두되는 것이다. 연결되어야 융합이 일어나 가치가 만들어진다는 얘기다.

창의적인 제휴와 네트워킹이 만들어 내는 가치고리

기업들이 제휴마케팅에 적극 나서야 하는 당위성이 여기에 있다. 이제는 단순히 상품을 파는 것이 아니라 고객의 문제를 해결할 수 있는 토털 솔루션을 제공하는 사업모델로 전환해야 하는데, 이를 위해서는 여러 업종들과의 제휴와 네트워킹이 반드시 필요하다.

이 원리를 기막히게 이해하고 적용한 기업이 앞에서 언급한 애플이었다. 애플은 아이튠즈 뮤직 스토어를 만들 때 음반사, 저작자들과의 제휴마케팅에 온갖 노력을 쏟았고, 영화사, 방송/신문사, 출판사, 온라인 콘텐츠, 한술 더 떠 일반인들까지 끌어들이면서 아이튠즈 뮤직 스토어는 앱 스토어로 진화하게 되고, 아이폰의 대성공으로 이어질 수 있었다.

단순히 품질 좋고 기능이 차별화된 상품을 만들어야겠다는 좁은 시야가 아니라 제휴와 네트워킹을 통해 콘텐츠 생태계를 조성함으로써 플랫폼으로 승화시킨 것이 21세기 초만 하더라도 일개 컴퓨터 제조사에 불과했던 애플을 10년도 안 되는 짧은 시간에 세계 최고의 기업으로 도약시킨 한칼이 된 것이다.

상품(product)은 사물의 경제논리, 플랫폼(platform)은 정보의 경제논리를 따른다. 경쟁사들이 사물의 경제논리에서 벗어나지 못하고 있을 때 세상의 변화 원리를 통찰한 애플은 정보의 경제논리를 이해했고, 제휴와 네트워킹이 상품을 플랫폼으로 전환하는 비밀병기임을 눈치챘던 셈이다.

이렇게 제휴와 네트워킹의 '관계'가 만들어 내는 가치는 기존의 비즈니스 방식으로 만들어 내는 가치와는 비교가 되지 않을 정도로 엄청나다. 그런데 제휴와 네트워킹 전략에 있어 중요한 것은 다른 업종이나 분야로까지 확대해야 한다는 점이다. 업종 간의 벽을 허무는 융합이 필요하다는 얘기다.

스티브 잡스는 새로운 아이디어를 얻기 위해서는 컴퓨터시장이라는 한정된 공간에서 벗어나야 한다는 말을 했는데, 전혀 상관없어 보이는 업종이나 일반인들과도 제휴와 네트워킹을 시도했다. 그는 애플이 성공할 수 있었던 가장 큰 이유를 묻는 질문에 "세계 최고의 컴퓨터 전문가로 거듭난 음악가, 화가, 시인, 동물학자, 역사가들이 함께 참여했기 때문"이라 답변했다. 기술과 인문의 융합, 관련업체나 개인들과의 연결의 중요성을 간파했던 것이다.

스티브 잡스를 창의성의 아이콘으로 꼽는 이유가 여기에 있다. 하버드대는 한 연구 프로젝트 보고서에서 혁신가들의 특징을 '자유로운 상상을 통해 외형상 서로 관련이 없어 보이는 사물을 연관(associating) 짓는 능력'이라 규정했다. 창의성이란 이 세상에 없던 사물을 만들어 내는 능력이 아니라 전혀 관련 없어 보이는 사물들을 연관 짓고, 엉뚱한 조합을 만들어 내는 정보화 능력이다. 생각해 보라. 스타벅스는 커피를 발명하지 않았다. 수많은 제휴와 네트워킹을 통해 커피와 관련된 문화를 융합해 냈고, 그것을 스타벅스 경험(Starbucks Experience)이라 불렀다.

이제 관계마케팅의 대상과 방식의 전환이 필요하다. 새로운 패러다임에 맞는 창의적인 제휴와 네트워킹 전략은 선형적인 가치사슬(value chain)을 해체시키고 순환적인 가치고리(value loop)를 만들어 낼 수 있다.

가치고리는 끊임없이 흘러나오는 가치의 화수분이 될 것이다. 가치사슬에서 가치고리로 가치의 원천이 이동하고 있는 중이다.

커뮤니티가 부상하고 있다

인터넷혁명이 일으킨 또 하나의 변화는 커뮤니티(community)의 활성화다. 그런데 커뮤니티가 비즈니스의 길목을 잡아가고 있다. 커뮤니티를 놓치고서는 사업을 더 이상 영위할 수 없고, 커뮤니티와의 관계설정에 실패하는 기업은 도태될 수밖에 없게 된 환경변화가 일어난 것이다.

커뮤니티(community)는 모임, 집단, 공동체 등으로 번역할 수 있는데, 백과사전에는 '사회집단의 특성을 많이 갖고 있지만 훨씬 규모가 작고 그들의 공통적 관심이 비교적 밀착되어 있는 하위집단'이라고 서술되어 있다. 즉, 인종이나 종교, 또는 개인적 관심사나 라이프스타일, 감정과 태도 등을 기준으로 소그룹화된 것을 커뮤니티라고 할 수 있다.

커뮤니티의 중요성이 커지게 된 것 역시 1990년대 인터넷이 촉발한 웹(web) 생태계 때문이다. 전 세계가 연결되면서 누구와도 시공간을 뛰어넘어 실시간으로 커뮤니케이션할 수 있는 인프라가 형성되었고, 이는 커뮤니티가 활성화되는 결과를 낳았다.

초기의 온라인 커뮤니티는 포털 사이트들이 제공하는 게시판과 카페들, 동호회, 포럼 등의 형태였다. 우리나라에서도 90년대 말부터 이러한 커뮤니티들이 만들어지기 시작했고, 2000년도에는 싸이월드나 아이러브스쿨 등과 같은 선도적인 커뮤니티에 사람들이 몰려들었다.

21세기에 들면서 블로그(blog) 생태계가 형성되면서 웹2.0 환경으로 변해 갔고, 블로그의 연결성과 확산성을 높인 것이 트위터, 페이스북, 유튜브 등과 같은 SNS(Social Network Service)다. 2000년대 중반부터 등장한 SNS 스타트업들이 사람들이 커뮤니티로 이동하는 트렌드를 읽고 뛰어든 것이다. 이제 SNS는 한편으로는 분화되고 한편으로는 모바일 인스턴트 메신저 등과도 융합되면서 진화를 거듭하고 있다.

여기에 가상현실, 인공지능, 사물인터넷 등의 기술까지 접목되면 커뮤니티는 전혀 색다른 차원으로 돌변할 수 있다. 즉, 기존 산업시대의 기업, 시장, 미디어 등을 모두 잡아먹는 블랙홀로 변할 수 있다는 말이다. 기업과 시장, 그리고 미디어가 하던 역할을 커뮤니티가 대체하면서 앞으로 커뮤니티와 제휴하고 연결함으로써 힘을 빌리지 않고서는 기업은 아무 일도 할 수 없게 될 것이다. 많은 미래학자들이 커뮤니티의 부상을 주목하고 있는데, 커뮤니티들이 경제시스템의 중심으로 자리매김하는 상황에서 커뮤니티들과 연결되고 소통하지 못하는 기업들은 소비자로부터 멀어지게 될 것이라는 점을 강조하고 있다.

산업문명의 쇠퇴

그렇다면, 산업시대에는 커뮤니티가 없었는가? 아니, 있었다. 커뮤니티는 인간의 본능이다. 사람들은 누구나 소속감을 느끼기 원하고, 생각과 감정을 공유하고 커뮤니케이션하고자 하는 본능을 가지고 있다. 인류 역사 이래 커뮤니티는 여러 형태로 이어져 왔다. 즉, 씨족, 부족, 가족 등이 그것이다. 산업사회에서도 수많은 커뮤니티들이 존재했다. 기업, 시장, 미디어 등도 커뮤니티다.

이 말을 이해하기 위해서 잠시 산업혁명으로 다시 돌아가 보자. 산업혁명은 그 이전의 농경사회와는 근본적으로 다른 사회구조와 경제시스템을 낳았다. 산업혁명 이전에는 생산자와 소비자가 확연히 분리되어 있지 않았으며, 거리도 떨어져 있지 않았다. 생산성이 폭발적으로 향상되고 대량생산이 이루어지면서 생산자를 소비자로부터 분리시켰으며, 기업이라는 새로운 대량생산시스템을 만들어 내게 되었다. 기업은 일종의 커뮤니티인 셈인데, 산업사회에서 기업이라는 커뮤니티는 경제시스템의 중심에 자리 잡게 되었고, 부의 창출 주체로 떠오르며 막강한 영향력을 발휘할 수 있었다.

또한 생산자인 기업과 소비자가 분리되면서 그 둘 사이를 연결해주는 파이프라인이 필요하게 되었다. 그것은 두 가지인데, 하나는 사물(事物)의 이동을 연결시켜주는 유통채널이고, 또 하나는 정보(情報)의 이동을 연결시켜주는 미디어채널이다. 산업화가 진행되고 시장(market)이 발전/분화되면서 수많은 유통형태들이 생겨났으며, 미디어(media) 역시 춘추전국시대를 맞이했다. 산업시대 이러한 유통채널과 미디어채널들이 바로 커뮤니티의 역할을 담당해 온 것이다. 예를 들어, 유통업체들은 멤버십 제도를 운영했고, 미디어들도 자신들의 독자층과 시청자들을 커뮤니티화하면서 영향력을 끼쳐왔던 것이다.

정리하자면, 산업시대로 이행되면서 기업, 시장, 미디어 등으로 분화되었고, 이 각각의 경제주체들이 커뮤니티의 역할을 하면서 전체 경제시스템을 구성하게 된 것이다. 그런데, 산업시대 패러다임이 수명을 다해 가고 정보혁명의 물결이 밀려오면서 지금까지의 구도에 근본적인 변화가 일어나고 있다.

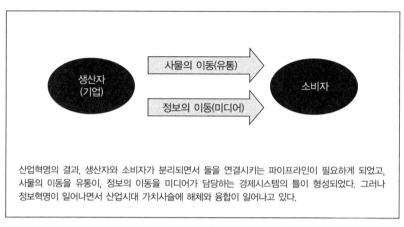

〈도표 1-7〉 산업시대 경제시스템의 틀

첫째, 산업시대의 경제시스템이 붕괴되고 있다. 산업화가 진행되면서 수많은 기업, 유통채널, 미디어채널들이 생겨났는데, 세분화가 심화되면서 경계가 무너지고 이제는 본질적인 구조 자체가 달라지고 있다. 즉, 기업의 업종 간의 경계가 없어지는 현상은 너무나도 흔한 일이 되어 버렸고, TV라는 미디어는 홈쇼핑 방식으로 상품을 직접 판매하면서 유통의 영역을 침범했으며 또 역으로 유통점에 붙어 있는 구매시점(POP) 광고물들은 미디어를 통한 광고의 입지를 빼앗고 있다.

또 미디어채널과 유통채널은 생산자의 영역에도 이미 침범해 있다. 영화, 드라마나 오락프로그램에의 상품협찬(PPL) 등의 영향력은 생산자 광고의 효과를 상회하고 있으며, 유통업들은 스스로 자체브랜드(PB :

Private Brand)를 기획 판매하면서 생산자 상품을 대체하고 있다. 반대로 생산자와 소비자의 경계가 허물어지고 직거래가 일어나면서 중간에서 많은 기능을 담당하던 유통채널과 미디어채널은 자신들의 존재의 이유가 없어질 것에 대해 우려하고 있다. 즉, 고객이 곧 유통이 되고, 고객이 곧 미디어가 되는 지각변동이 일어나고 있는 것이다. 질서도 없어지고 뒤죽박죽 마구잡이로 섞이는 하이퍼텍스트처럼.

이제 생산자, 유통, 미디어를 분리해 놓았던 산업시대 패러다임이 쇠락하고 있고, 그에 따라 기존의 경제시스템이 와해되면서 심층구조가 변하고 있다. 앞으로는 분리되었던 각 경제주체들이 다시 융합되면서 새로운 질서에 따라 재편이 일어날 것이다. 여기에 중심이 되는 것이 커뮤니티다. 즉, 커뮤니티가 생산자, 시장(유통), 미디어가 하던 역할을 대체하게 될 것이라는 뜻이다. 산업문명이 저물고 있는 중이다.

권력이동

지금의 구도를 흔들면서 커뮤니티를 뜨게 만드는 두 번째 변화는 더 본질적인 것인데, 권력의 축이 소비자로 이동한다는 점이다. 산업시대 소비자는 소외되어 왔다. 기업이 생산한 상품을 구매해서 소비하는 대상에 불과했으며, 가치사슬의 끝단에 존재했던 것이다. 그러나 인터넷, 모바일 등 정보기술의 발전은 누구나, 언제, 어디서나 정보에 접속할 수 있고 지식을 얻을 수 있는 유비쿼터스 환경으로 변화시켰으며, 각 개인들이 네트워크로 연결되면서 엄청난 파워를 가지게 되었다. 똑똑한 군중(smart mob)들은 사회변혁을 주도해 가고 있으며, 사회와 비즈니스의 중심으로 이동해 가고 있다.

정보혁명은 일반인들의 커뮤니티 형성과 활성화를 쉽게 만들고 있다. 이것이 우후죽순으로 커뮤니티가 생겨날 수 있는 배경이다. 그리고 곧 더욱 정교해지고 업그레이드된 커뮤니티들은 엄청난 영향력을 행사하게 될 것이다.

이제 소비자들은 더 이상 별도로 분리된 마케팅의 대상이 아니며, 오히려 비즈니스의 주체가 되어 가고 있다. 새로이 재편되는 경제시스템에서 이들은 중심에 자리 잡을 것이다. 중심이동은 이미 시작되었다. 즉, 소비자 커뮤니티가 중심에 서고, 생산자, 유통채널, 미디어채널 등 기존의 중심세력들은 가치사슬의 변방으로 밀려나게 될 것이라는 말이다.

미래 비즈니스의 모습은 지금과는 사뭇 달라질 것이다. 지금은 상품/서비스를 생산해서 유통채널로 보내고 미디어채널을 통해 광고 등의 정보를 쏨으로써 소비자의 구매를 촉진하는 방식이었지만, 미래의 비즈니스에서는 그런 채널을 통해 흐르는 상품/서비스는 별 가치를 인정받지 못하게 된다.

미디어채널 역시 마찬가지다. 커뮤니티들의 신뢰도는 대중매체를 능가해 가고 있으며, 정보기술의 발달로 인해 정보를 확산하는 코스트도 매우 낮아지고 있다. 인기 많은 카페나 블로그, SNS에는 순식간에도 수만 명이 몰리며, 신뢰도를 바탕으로 상당한 영향력을 미칠 수 있게 되었다. 분명 커뮤니티들은 곧 기존 언론미디어들을 경제시스템의 중심으로부터 밀어내면서 권력중심에 서는 혁명을 일으킬 가능성이

크다. 블로거들의 바이블이라 불리는 『우리가 곧 미디어(We the Media)』의 저자 댄 길모어는 커뮤니티가 곧 미디어가 되고 있다고 주장하고 있다.

커뮤니티에 목숨 걸라

지금의 패러다임 이동과 구조 변화는 재빠르게 커뮤니티를 경제시스템의 중심으로 이동시키고 있다. 산업사회로 넘어가면서 소외되었던 소비자들의 반란이 일어나고 있는 것이다. 이들은 자본이 경제의 중심 역할을 했던 자본주의 경제시스템을 붕괴시킬 것이며, 사물로부터 소외되었던 자아를 찾으려는 노력을 가속화할 것이다. 그 결과, 자본주의는 지식주의로 대체될 것이며, 물질만능주의 등은 배척될 것이다. 또한 이들은 기업, 시장, 미디어, 정부 등 객체에 빼앗겼던 자아를 되찾으려 할 것이고, 인간을 노예화하는 현대문명과 제도에 반기를 들 것이다. 이것이 커뮤니티가 부상할 수밖에 없는 이유다.

떠오르는 신대륙 커뮤니티에 엄청난 보물이 숨겨져 있다. 커뮤니티들과의 제휴와 네트워킹을 놓치면 지금 아무리 크고 잘나가는 기업이라 하더라도 순식간에 붕괴될 수 있다. 또 고객 커뮤니티를 만드는 데도 투자해야 한다. 아니 목숨 걸어야 한다.

할리 데이비슨의 고객 커뮤니티인 HOG(Harley Owners Group)의 가치는 본사의 기업 가치를 상회한다. 애플이나 샤오미는 팬덤(fandom)의 힘으로 성장하고 있다. 페이스북은 중국과 인도를 제치고 최대 인구를 자랑하는 국경 없는 국가 플랫폼이 될 수 있다. 곧 세상 사람들은 구글이 만들어 놓은 플랫폼에서 놀고 생활하고 사업도 하는 날이 올 수도 있다. 커뮤니티는 미래 핵심 키워드다.

'관계', 이 속에 가치가 묻혀 있음을 깨닫고 제휴와 네트워킹을 통해서-시장을 독점하거나 점유율을 높이겠다는 패러다임이 아니라-더불어 가치를 융합해 가는 경영방식, 이것이 융합방정식의 요체다.

가치를 창출해 내는 원천이 과거에는 상품과 기업의 내부에 있었지만, 이제는 외부, 즉 플랫폼으로 이동하고 있다. 새로운 가치의 원천은 정보와 관계다. 사물인 상품과 분리되어 별도의 경제논리에 따라 움직이는 정보를 누가 가치 있는 지식으로 전환시킬 수 있는가에 따라, 또 누가 기존의 가치사슬의 해체와 재편의 방향을 읽고 새로운 가치의 관계를 형성해 가는가에 따라 경쟁력의 혁명이 일어날 것이다. 경영의 시야를 내부에서 외부로, 그리고 현재만 보는 시각을 과거의 역사와 미래의 변화로 넓히는 인식의 확대가 어느 때보다도 시급한 시점에 서 있는 것이다.

과거 산업시대로 이행되던 당시에 자본, 토지, 기계 등이 가치를 만들어 내는 원천임을 이해하고, 그것을 선점하고, 이러한 새로운 경영자원을 활용해서 사업하는 방식을 터득한 기업과 개인들이 산업사회에서 리더로 부상할 수 있었듯이, 이제는 정보와 관계에 다이너마이트 같은 가치가 숨겨져 있음을 알아차리고, 이 새로운 경영자원을 핵심축으로 하는 사업모델로 전환하는 기업과 개인들이 정보시대 새로운 리더로 부상할 수 있을 것이다. 트로이 목마를 불태워라. 세상이 바뀌었다.

II부
비즈니스 패러다임의
7가지 전환

전환1.
MARKET :
시장이
사라지고
플랫폼으로
변한다

MARKET

가치사슬의 해체와 재편

가치사슬의 구조

변화의 원인은 가치이동에 있다. 가치가 이동하게 되면 기존의 가치사슬(value chain)이 해체되고 새로운 가치체계에 따라 재편되는 것은 당연한 결과다. 지금 일어나고 있는 변화의 본질은 가치사슬의 해체와 재편이라 요약할 수 있다.

가치사슬이란 가치의 주체들이 서로 가치를 주고받으며 가치를 창출하는 관계를 의미하는데, 체인 형태와 닮아 붙여진 이름이다. 앞 장에 있는 〈도표 1-6〉과 같이 제조업체는 원재료, 부품, 기술 등을 납품받아 거기에 가치를 부가해서 상품과 서비스를 만들고, 유통업체를 통해 최종소비자에게 판매하는 것이 지금까지의 일반적인 프로세스였다.

예를 들어, 자동차회사는 부품과 원재료, 그리고 전장제품들을 협력업체들로부터 공급받아 완성자동차를 조립해서 대리점이나 딜러에게 넘기고 이들은 소비자에게 판매하는 방식으로 가치를 창출해 간다. 이전 단계에서 다음 단계로 이동할 때마다 가치가 부가되는데 그것을 부가가치라 하고 가치사슬 내부를 자동차시장이라고 부른다(자동차산업의 가치사슬 내에서 창출되는 부가가치의 총합이 자동차 시장규모다).

산업혁명이 일어나면서 산업은 가치사슬의 형태와 구조로 진화해 왔고, 이것이 단계별 이동을 통해 가치가 창출되는 산업시대의 전형적인 가치부가(value added) 방식의 모습이다. 자동차산업, 건설업, 전자산업, 중화학산업, 금융업 등등이 합쳐져 전체 국가경제가 형성되고, 이들이 창출하는 부가가치의 총합이 국가의 부(富), 즉 GDP다.

그런데, 이러한 부 창출 기제에 이상 작동이 생기기 시작했다. 가치가 이동함에 따라 가치사슬이 풀리면서 해체(unbundling) 수순을 밟고 있기 때문이다. 이제 과거와 같은 방식으로는 가치를 창출할 수 없는 환경변화가 일어나고 있는 것이다.

가치사슬을 해체하는 것들

기존의 가치사슬을 흔들어 놓은 진원지는 디지털 기술과 인터넷이다. 연결과 융합은 산업의 구조를 송두리째 바꿔버리는 괴력을 발휘했다. 종이책을 예로 들어보자. 80~90년대만 하더라도 식자(植字) 또는 사식(寫植), 조판(組版)과 제판(製版), 원색분해(原色分解) 등의 용어가 사용되었다. 예를 들어, 책을 인쇄하려면 글자 한 자 한 자를 판에다 심어야 했다. 그렇게 판을 만들고는 원색분해라는 과정을 거쳐 인쇄 필름을 뽑고 인쇄판을 구워서 인쇄기에 걸었다. 오타라도 나서 수정하려면 처음부터 다시 해야 했다.

그러나 요즘은 그런 식으로 하지 않는다. 디지털화되어 있어 컴퓨터로 전 과정을 진행할 수 있다. 그러면서 과거 식자집이니 원색분해집이니 하던 업체들은 모두 문을 닫았고, 인쇄업은 대표적인 사양 산업이 되었다. 출판업의 가치사슬을 형성하던 경제주체들이 사라져버린 것이다. 책의 유통은 어떠한가? 서적유통업체들의 부도가 이어지고 서점들의 폐점이 속출되는 현상 역시 가치사슬의 해체다.

브리태니커나 코닥이 무너진 것도, 음악제작사들이 음반 대신 음원을 출시하는 것도 같은 맥락에 있다. 미디어 산업도 위기감에 싸여 있다. 뉴욕 타임즈와 함께 미국 신문의 양대 산맥이었던 워싱턴 포스트는 아마존에 매각되었고, 넷플릭스는 리니어TV 시청 행태를 바꾸겠다는 도전장을 내면서 기존 방송국들을 위협하고 있다.

금융 산업은 어떠한가? 화폐개혁이 일어나고 있는 중이다. 화폐가 디지털화되면서 형태와 유통 방식이 달라졌고, 과거에는 한국은행만 발행하던 화폐를 일반기업들도 발행할 수 있다. 마일리지, 포인트도 화폐다. 또 비트코인과 같은 가상화폐(crypto currency)는 금융의 중심을 은행으로부터 대중에게로 이동시키고 있다. K뱅크나 카카오뱅크 등의 인터넷은행, 그리고 각종 금융 관련 어플(app)들은 기존 은행들의 가치사슬을 허물고 있고, 크라우드 펀딩(crowd funding)이 진화하면서 대출이나 보험도 P2P 형태로 직거래할 수 있는 플랫폼들이 늘어나고 있다. 회사마다 쏟아내는 결제(pay) 방식의 변화도 카드회사들의 존재의 흔적을 지워가고 있다.

제조업의 가치사슬도 결코 안녕하지 못하다. 사물의 가치가 갈수록 하락하면서 이미 악순환 사이클에 접어든 기업들이 부지기수고, 조만간 3D 프린팅 방식이 일반화된다면 제조업의 가치사슬은 완전히 해체된다. 벌써부터 그런 조짐은 예고되었다. 메르세데스 벤츠의 디터 제체 회장은 2011년 CES 기조연설에서 "이제 자동차는 가솔린이 아니라 소프트웨어로 움직인다"라는 화두를 던졌다. 이 말은 자동차 가치사슬의 중심이 과거에는 자동차회사였는데, IT 관련 부품과 기술이 50%를 넘어가면서 자동차산업이 더 이상 엔진 잘 만들고 차체 튼튼하게 만드는 일이 아니라는 얘기다. 이젠 일반인들도 자동차라는 하드웨어를 만들 수 있는 시대가 되었고, 핵심은 소프트웨어로 넘어가고 있는 중이다.

가치사슬의 해체가 초래하는 변화들

기존의 가치사슬이 해체되면 어떠한 변화들이 일어날까? 첫째, 경쟁우위의 탈(脫)평균화현상이 나타난다. 지금까지는 기술력이나 경쟁력이 좀 약한 기업이나 개인이라도 가치사슬이 든든하다 보니 가치사슬 내에서 버틸 수 있었지만, 가치사슬이 해체되면서는 가치창출력이 약한 기업이나 개인은 기존 평균화의 혜택을 누리지 못하고 떨구어져 나갈 수밖에 없게 되는 것이다. 아날로그는 연속선상에 여러 가지가 존재할 수 있으나, 디지털은 1과 0으로 표현되듯이 생존 아니면 도태가 될 것이다.

둘째, 직거래가 더욱 활성화될 것이다. 지금도 기업과 소비자 간의 직거래가 많이 일어나고 있지만, 앞으로는 중간에서 평균화의 혜택을 누리던 기업과 개인이 사라지고 직접 가치를 주고받는 현상이 더 일반화될 것이다. 이것은 인터넷과 모바일의 확산으로 정보가 오픈되고 공유되면서 가능해진 변화다.

마지막으로 네비게이터(navigator)들이 등장하며 이들이 가치의 리더로 떠오르게 된다. 네비게이터는 고객들과 접점을 이루며 고객이 필요로 하는 정보나 상품을 찾아주고 구매해 주는 대리인과 같은 것이다. 고객에 대한 구체적인 지식을 가지고 있고, 고객에게 전문성을 인정받아 신뢰를 얻고 있으며, 고객의 가치를 충족시켜 줄 수 있는 기업과 개인만이 가치의 리더가 될 수 있다. 큐레이션 사업이 부상하는 것도 이러한 맥락이며, 인공지능과 사물인터넷이 접목되면서 네비게이션은 블루오션 사업으로 떠오를 것이다.

사물의 경제논리에 따라 만들어졌던 가치사슬이 요동치고 있다. 지각변동 때문이다. 기존의 가치사슬이 느슨해지고 있으며, 새로운 패러다임에 따라 재편되어 가는 현상들을 곳곳에서 발견할 수 있다. 그것은 가치관의 변화, 가치를 만들어 내는 방식의 변화 등 가치이동에서 파생되는 필연적인 결과다. 한국 경제도 과거 사물의 가치방정식에서 벗어나지 못한다면 더 이상 성장도 어렵고 레드오션의 수렁으로 빠져들 것이다. 대기업 중심의 가치사슬을 해체하고 벤처 스타트업 생태계를 조성해서 경제의 구조를 바꾸는 혁신을 서둘러야 한다.

또한 더 이상 가치를 만들어 내지 못하는 기업과 개인은 가치사슬로부터 떨구어져 나갈 것이며, 누가 더 많은 가치를 만들 수 있는가에 따라 가치사슬 내의 중심으로 부상할 것인가 아니면 구석으로 몰락할 것인지 하는 위치가 달라질 것이다. 즉, 가치리더십의 역전 현상이 일어난다. 이러한 과정을 거쳐 결국 재구성된 가치사슬이 모습을 드러내게 될 것이다.

시장에 대한 인식의 확대

마이클 포터의 5요인 모델과 가치사슬

가치사슬과 시장은 동의어다. 가치사슬이라는 용어는 1980년대 마이클 포터(Michael E. Porter) 하버드대 교수에 의해 본격적으로 쓰이기 시작했는데, 그의 '산업구조분석 모델(Five Forces Model)'에서 계승된 개념이다.

5요인 모델은 1980년 하버드 비즈니스 리뷰에 게재된 〈경쟁전략(Competitive Strategy)〉에서 소개된 개념으로 시장에 대한 시야를 넓히는 데에 큰 공헌을 했다. 이전까지 기업들은 경영환경을 분석하고, 경쟁사들의 동향은 어떠하며 소비자들의 구매패턴은 어떻게 변하고 있는지 등을 시장조사를 통해 모니터링하면서 전략을 수립했다.

그러나 이와 같은 시야는 필요조건이지 충분조건이 못 된다. 경영환경이나 시장과 소비자의 움직임을 놓치지 않고 있더라도 그것만으로 마케팅 성과와 비즈니스의 미래를 보장받을 수 없다. 비즈니스의 판도 자체가 바뀌는 상황에서 이건 좁은 시야에 갇히는 것이다. 포터 교수는 이 글에서 시장(market)을 좁은 시야로 한정짓지 말고 더 넓은 관점, 즉 산업(industry)이라는 시야에서 전반적인 구조 요인들을 분석할 필요성을 제기했다.

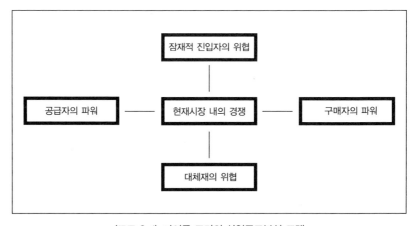

〈도표 2-1〉 마이클 포터의 산업구조분석 모델

그가 말한 구조분석의 요인은 잠재적 진입자의 위협, 구매자의 파워, 공급자의 파워, 대체재의 위협, 현재 시장 내의 경쟁, 이렇게 5가지 요인이다. 대부분의 기업들이 현재 시장 내에서의 경쟁에 시야가 고정되어 있는데, 그래서는 전반적인 구조를 파악하기 어렵고 시장의 변화와 기회/위협요인을 파악할 수 없다.

기업들이 시장을 볼 때 전방(前方)-유통, 경쟁사, 소비자 등-만 바라볼 것이 아니라 후방(後方)-공급자 등-도 봐야 하며, 언제 어디서 날아들지 모르는 잠재해 있는 변수-잠재적 진입자, 대체재 등-도 고려해야 한다. 즉, 이와 같이 시장을 단지 경쟁사들과 소비자의 집합이라는 좁은 시야로 보지 아니하고 전체적인 산업이라는 스펙트럼으로 보는 인식의 확대가 필요하다. 시장에 대한 인식 역시 마이오피아로부터 탈피해야 하는 것이다.

이와 같이 시장을 전반적인 산업의 맥락 속에서 인식해야 한다는 포터 교수의 논지에서 가치사슬(value chain)의 개념이 나왔다. 5요인 모델이 가치사슬의 구조와 닮아 있는 것을 알 수 있는데, 시장의 개념을 가치사슬로 해석한 것이다.

가치사슬 모델이 가져다주는 통찰력

이와 같은 인식의 확대는 두 가지 측면에서 기업에게 유익을 가져다줄 수 있다. 첫째는, 그 기업이 속해 있는 산업계의 게임의 법칙(rule of the game)을 발견할 수 있는 통찰력을 제공해 줄 수 있다는 점이다. 많은 기업들이 갖고 있는 신화는 제품 좋고, 시장경쟁력이 있으면 성공할 수 있다는 순진한 믿음이다. 이러한 함정에는 마케팅 실력이 꽤 있는 회사들도 빠져들곤 한다. 마케팅에서 성공하기 위해서는 그 업종, 그 산업의 비즈니스 게임의 법칙을 간파해야만 한다.

마케팅에 대한 노하우를 가지고 있는 유명 외국기업들이 우리나라에 와서 실패를 보는 사례들이 많았던 것은 한국에서의 게임의 법칙을 잘 파악하지 못하고 들어온 데에 대부분의 원인이 있었다. 유통망의 독특한 생리가 게임의 법칙일 수도 있고, 정부와 '짜고 치는 고스톱'

이 게임의 법칙일 수도 있는 것이다. 그러므로 기업의 입장에서 소비자나 시장만 보아서는 이러한 게임의 법칙을 발견해 내기 어렵고, 360도 전후좌우, 또 과거와 미래를 볼 수 있는 시야를 가져야 가능해지는 것이다. 터널 시야(tunnel vision)에서 레이더 스크린 시야(radar screen vision)로의 전환은 비즈니스 성공에 있어 핵심요소인 게임의 법칙을 볼 수 있는 통찰력을 가져다줄 수 있다.

두 번째 유익은 가치의 이동을 미리 감지할 수 있다는 점이다. 미국의 상징적인 기업이었던 IBM은 1980년대에 들어 급속히 가치가 떨어지기 시작했다. IBM의 가치가 떨어지고 있었다는 것은 다른 말로 하면 다른 곳으로 가치가 이동하고 있었다는 얘기다. 슬라이워츠키는 『가치이동』에서 당시의 상황을 이렇게 언급하고 있다.

"IBM은 컴퓨터 업계 가치사슬의 핵심적 사업들을 그 납품업체인 마이크로소프트와 인텔에게 빼앗겼음을 뒤늦게 깨달았다. 대규모의 가치가 상류부문인 납품업체들로 이동해 갈 동안, EDS와 휴렛패커드 같은 회사들은 최종사용자들에게 컴퓨터사업 해결책을 인도하는 방법으로 하류부문으로의 '가치이동'을 일으키고 있었다." (가치이동, 327쪽)

대형컴퓨터에서 개인컴퓨터(PC)로 컴퓨터시장의 지각변동이 일어나고 있을 때 IBM은 컴퓨터 산업계의 전반적인 변화를 읽지 못했다. 시야가 컴퓨터 만드는 애플이나 DEC, WANG 등과 같은 다른 경쟁사들에 국한되어 있었고, PC를 구입하는 소비자들의 구매패턴 등에만 고정되어 있었던 것이 결국 IBM이 다른 회사에게 가치를 빼앗기는 결과를 낳았다는 말이다.

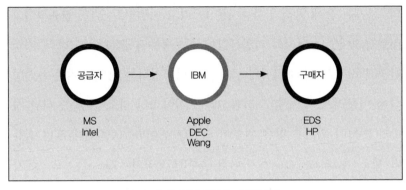

〈도표 2-2〉 IBM 인식의 마이오피아

자존심 강한 IBM은 마이크로소프트나 인텔을 한갓 부품납품업체 정도로만 인식했었다. 컴퓨터 운영체계와 CPU를 이 회사들에게 아웃소싱(outsourcing)한 것은 대표적인 아웃소싱의 실패사례로 언급되곤 한다. IBM은 자신들의 사업을 컴퓨터 만드는 것으로 생각하는 마이오피아에 빠져 있었던 셈이다. 그러다보니 최종사용자인 고객사에 시스템 솔루션을 설계해 주고 구축해 주는 EDS나 휴렛패커드로 자신들의 가치가 이동하고 있는 것을 볼 수 없었던 것이다.

이렇게 공급자(MS나 인텔), 그리고 구매자(EDS나 휴렛패커드 등)들을 산업 전체의 가치사슬이라는 관점으로 보지 않고, 자신들의 경쟁자, 시장, 소비자로만 보는 좁은 시야로는 업계전반적인 지각변동과 가치의 이동을 감지할 수 없다. 결국 가치의 리더십을 빼앗기는 결과를 낳게 되는 것이다.

1993년에 IBM의 CEO가 되어 IBM의 부활을 주도했던 루 거스너가 쓴 『코끼리를 춤추게 하라』에서 노쇠한 IBM을 처음 만났을 때 IBM의 "문제는 틀에 박혀 있다는 것이다"라고 지적하고 있다. 관료적이고 비현장적이었던 당시의 기업문화에서는 제품지향적인 사고방식, 경영환경과 시장/경쟁/소비자의 변화를 모니터링하는 정도의 기존 분석방식에 머물러 있었으며, 그러한 마이오피아적인 사고방식, 즉 터널 시야가 IBM이 위기를 맞은 원인이 되었던 셈이다. 1990년대 후반 컴퓨터 제조사(computer maker)가 아니라 솔루션 제공자(e-solution provider)로 자신의 정체성을 바꾸면서 코끼리가 다시 춤을 출 수 있었다.

이와 같이 인식은 무서운 힘을 가지고 있다. 인식의 범위를 넓히고, 전반적인 비즈니스 생태계 구조의 변화를 읽어서 가치의 이동을 감지하는 것은 비즈니스 성공에 있어서 필수적인 요소인 것이다. 넓은 비전을 가지고 있고 근본을 통찰할 수 있는 기업과 개인만이 가치의 이동을 볼 수 있고 가치의 리더가 될 수 있다.

시장이 사라지는 이유

시장의 형성과 변천사

가치사슬이 해체된다는 것은 시장이 사라짐을 의미한다. 가치사슬의 해체와 재편은 시장 구조를 변화시키기 때문이다. 진원지는 디지털 기술과 인터넷이다.

시장은 교환경제 시스템의 산물이다. 생산과 소비가 분리되면서 생산자와 소비자가 만나는 장소가 필요해졌고, 그 장소가 시장이었다. 교환경제 시스템이 발달하면서 시장의 역할은 더욱 중요해졌고, 도시를 중심으로 시장이 발달되면서 경제의 중심으로 자리매김하게 된다.

대량생산, 대량유통, 대량소비를 촉진시킨 산업혁명은 이 둘을 이어 주는 시장의 중요성을 더욱 부각시켰다. 즉, 과거와 같은 단순한 중계 기능－시간과 공간의 격차(gap)를 보완하는 보관과 운송 기능－뿐만 아니라, 주문, 협상, 촉진, 대금 결제, 위험 부담 등의 기능이 유통에 더해지면서 시장의 기능은 더욱 다양해졌다. 시장이 발달되면서 시장의 형태는 다양화되고, 전문성이 가미되면서 분화(segmentation)되는 변화를 밟아 온 것이다.

인류 역사에 따라 시장은 지속적으로 변화되어 왔다. 그런데 21세기 들어 시장이 본질적인 변화를 겪고 있다. 인터넷과 모바일, IT의 급속한 발달이 시장이라는 개념을 송두리째 바꾸어 놓고 있는 것이다. 기존의 시장은 유형의 공간(market-place)이었다. 그러나 이제는 유형의 물리적인 시장공간만 존재하는 것이 아니라, 무형의 가상시장(market-space)도 같이 존재한다. 또한 기존에는 시장은 공간이나 시간에 있어 한정적인 것이었다. 그러나 이제는 언제 어디서나 거래가 이루어질 수 있다. 즉, 한밤중에도 안방에서, 또 지하철을 타고 가다가도 상품을 구매할 수 있는 상황으로 변한 것이다. 또 기존의 시장은 군집으로 이해되어 왔다. 그리고 세분시장이니 틈새시장이니 하는 용어를 사용했다. 그러나 이제는 모든 고객 한 사람 한 사람이 곧 시장이다.

이러한 변화는 유비쿼터스(ubiquitous) 환경, 즉 모든 개인(anybody)들이 언제(anytime), 어디서나(anywhere) 네트워크로 연결될 수 있게 됨으로써 더욱 가속화되었다. 첨단 스마트기기로 무장한 일반 개인들이 네트워크를 통해 실시간 커뮤니케이션하면서 힘의 주도권을 잡아가고 있는데, 이것이 시장구조의 급속한 변질로 이어지고 있다. 대전환이다.

시장구조의 근본적인 변화
그러면서 시장의 구조가 근본적으로 변하고 있다. 산업시대 초기에는 대량시장(mass market)이었다가 점차 분화된 시장(segmented market)으로 변하게 되었고, 이제는 세분시장 자체가 더 나누어지고 산발적으로 변하면서 개인화된 시장(individualized market)으로 그 근본구조 자체가 달라지고 있는 것이다.

전에는 시장이 눈에 보이고 예측할 수 있는 것이었지만, 점차 상황은 어디에서 총알이 날아올지 알 수 없는 전쟁터처럼 변해 가고 있다. 소비자 개인과 생산자와의 직거래가 이루어지다 보면 중간 유통이 사라질 수도 있고, 기존의 유통이 담당하던 기능들이 분화되기도 하고 통합되기도 하면서 새로운 질서로 재편되어 가고 있는 중이다.

긴장해야 하는 것은 유통업체뿐만은 아니다. 제조업체에게도 마찬가지의 상황이 닥칠 수 있다. 소비자와 소비자 간(P2P)의 직접적인 시장이 생길 수도 있고, 자신들은 지금껏 경쟁이라고 생각하지 못했던 다른 업종의 기업이나 개인, 또는 전혀 이질적인 조직이 자신들의 상품과 서비스를 대체할 수도 있다. 시장이 보이다가도 없어지고, 전혀 뜻밖의 곳에서 시장이 생겨나기도 한다. 꼬리가 길어지다(long-tail) 보니 어디에 시선을 맞춰야 할지, 어디에 겨냥을 해야 할지 혼란스러운 상황이 되어 가고 있다. 기존의 시장이라는 질서가 파괴되고, 한마디로 예측불허다.

이와 같은 시장 구조의 본질적인 변화는 기업들을 당황하게 한다. 대중시장(mass market)에서 세분화된 시장(segmented market)으로의 변화는 그래도 감당하기가 어려운 것은 아니었다. 기업들은 이러한 변화에 시장세분화(segmentation), 타깃팅(targeting), 포지셔닝(positioning) 등의 STP 전략으로 대처해 왔다. 그런데 세분화된 시장은 더 나누어져 산발적인 시장(scattered market), 개인화된 시장(individualized market)으로 변하고 있으며, 이것은 질적인 시장 구조의 변화를 의미한다. 이제는 더 이상 기존의 마케팅 개념과 전략만으로는 이러한 변화에 대처할 수 없는 상황으로 달라진 것이다.

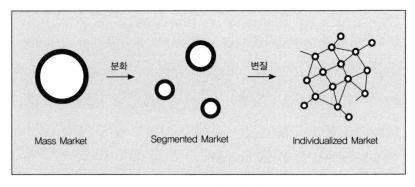

〈도표 2-3〉 시장구조의 변화

멀지 않은 미래에 기존의 시장은 없어질 가능성이 높다. 돈 탭스콧의 다음과 같은 예견은 분명 일리가 있다.

"5년 후 넷상에는 수십억의 사람들이 있고, 그들 대다수는 성숙된 디지털 마인드를 가지고 있는 미디어에 박식한 젊은이들일 때, '소매' 회사는 무엇을 의미하게 될 것인가? 아마도 모든 회사는 회사가 소비자에게 직접적으로 접근해야 한다는 압력에 직면할 것이라는 점에서 소매회사가 될 것이다." (넷경제의 가치, 26쪽)

앞으로는 중간단계의 유통이나 시장이 없어지고 생산자와 소비자가 직접 거래를 하게 되리라는 얘기다. 또 업종에 상관없이 모든 회사가 마케팅회사가 되어야 한다. 예측은 현실로 변하고 있다. 시장의 시간과 공간적인 제약이 해소되고 경계가 허물어지면서 중간거래자 없이 P2P 형태로 직접 연결되고 있다.

시장이 없어지고 있다. 제조업체의 시장은 어디인가? 소비자가 있는 곳이─거기가 바닷가이건 안방이건─곧 시장이다. 금융시장은 어디에 존재하는가? 고객이 서 있는 곳이 곧 은행이고, 그곳이 금융시장으로 변한다. 고객이 움직이는 동선이 시장으로 변하면서 시장은 정태적이 아니라 동태적으로 변했고, 마케팅 방식도 고객을 찾아 시장으로 가는 것이 아니라 고객의 동선을 추적하는 방식으로 변해야 한다. 경영 컨설턴트인 조셉 파인은 시장구조의 변화를 이렇게 정의했다.

"The next step is that instead of multiple customers comprising a market, we recognize that multiple markets comprise every customer. (다음 단계는 다수의 고객들이 시장을 구성하는 대신, 다수의 시장들이 모든 고객을 구성하게 된다.)"

이 말은 시장이라는 공간이 사라진다는 뜻이다. 지금까지 시장이란 고객들의 집합이었다. 예를 들어, 의류시장이라 하면 패션과 의류 등에 관심 있고 구매의사가 있는 고객들의 합을 의미한다. 시장이란 고객의 집합이기에 '다수의 고객들이 시장을 구성'하는 것이었다. 그런데, 반대로 '다수의 시장들이 고객을 구성'한다는 얘기는 시장이 사라

113

지면서 비즈니스의 중심이 '시장'이 아니라 '고객'에게로 중심이동이 일어난다는 뜻이다.

생각해 보라. 의류시장은 어디에 있는가? 의류에 관심이 있고 구매 의사가 있는 고객들이 어디 모여 있단 말인가? 실제로는 존재하지 않는다. 고객들의 집합? 그건 착시현상이고 추상적인 관념일 뿐이다. 이제 시장은 노마드(nomad) 고객들의 스마트폰이나 PC로 이동했다. 집이건 지하철 안이건 고객이 있는 장소가 곧 시장이다. 이제는 기업들이 상품을 팔기 위해 시장으로 갈 것이 아니라 고객 한 사람 한 사람에게 향해야 하는 역전이 일어난 것이다.

이것은 판매자시장(seller's market)에서 구매자시장(buyer's market)으로의 전환과 동일한 맥락이다. 다시 말해 지금까지는 고객들이 옷을 사러 판매자들이 모여 있는 백화점이나 매장으로 갔었는데 갈수록 텅 비게 될 것이고 판매자들이 구매자 개개인을 찾아 플랫폼으로 나가야 할 것이라는 말이다. 조셉 파인의 말을 좀 풀어서 설명하자면, "다수의 고객들이 상품을 사러 판매자를 찾아가는 것이 아니라 다수의 판매자들이 고객을 찾아간다"고 의역할 수도 있다.

시장의 개념에 근원적인 패러다임 이동이 일어나고 있다. 이와 같은 시장의 변화는 기존의 시장이라는 가치교환 기제를 중심으로 구성된 가치사슬을 급속히 해체하고 새로운 구조로 재편해 가고 있다.

시장구조변화에 대한 대응방안

시장이 사라진다는 사실은 시장경제학의 근간을 뒤흔드는 혁명이다. 지금까지 시장이란 비즈니스의 근거지였다. 시장이 없는 비즈니스는 상상할 수 없다. 본디 사업이란 시장을 전제로 형성된 것이고, 누구나 사업을 하려면 시장으로 들어가야 하기 때문이다. 그런데 딛고 있던 땅 자체가 없어져 버리다니? 이제 어떻게 비즈니스를 해야 하는가? 근원적으로 사업방식이 달라져야 한다. 시장의 기존 개념과 변화되는 개념이 혼재되어 있는 과도기를 잘 헤쳐 나가야 할 텐데 그러기 위해서는 두 가지 측면에서의 전환이 필요하다.

첫째, 시장에 대한 낡은 고정관념에서 벗어나야 한다. 그것이 트로이 목마다. 그러지 않고서는 인식의 함정, 분석의 오류에 빠질 수밖에 없다. 즉, 낡은 관념을 토대로 시장, 경쟁사를 분석하고 전략을 수립해서는 백전백패다. 마케팅을 전쟁에 비유하자면 시장은 전쟁터다. 그런데 전쟁터가 사라졌다면 과거처럼 적군을 분석하고 지형지물을 살펴 전략을 짜는 것은 아무 의미가 없다. 실제로 21세기 현대전은 과거 전쟁과는 패러다임이나 양상이 바뀌고 있다. 20세기의 세계대전만 하더라도 영토를 더 확보하기 위해 전장에서 몸싸움 벌이는 방식이었다. 영토를 얻으면 자원을 확보할 수 있고 경제적 이익이 컸기 때문이다. 그러나 부(富)가 디지털화되어 컴퓨터 서버 속으로 들어가 버리고 영토전쟁에서 얻을 수 있는 이익이 전쟁에 들어가는 원가보다 적어지면서 전쟁의 양상이 달라진 것이다. 예를 들어, 실리콘밸리를 털어 봐야 실리콘이 얼마나 나오겠는가? 실리콘밸리를 점령해 봐야 거기 있는 기업이나 직원들이 다른 곳으로 떠나면 그만이고, 돈은 국경 넘어 송금해 버리면 된다.

이젠 전쟁터가 큰 의미가 없어졌다. 전선 없는 전쟁, 총성 없는 전쟁이 일어나는 시대다. 마케팅도 마찬가지다. 지금까지의 마케팅전략이란 전투를 위한 것이었다. 전투에서 이기고 전쟁에서 지면 무슨 소용이 있는가? 사라져가는 시장을 보지 말고 더 큰 판을 볼 수 있어야한다. 더 큰 판이란 플랫폼을 의미한다.

둘째는, 비즈니스의 방식을 전환해야 한다. 지금까지의 비즈니스는 상품을 만들어서(production) 시장에 내다 파는 것(sales)이 비즈니스의 프로세스였고, 경영의 초점도 여기에 맞추어져 있었다. 이것은 전형적인 산업시대 비즈니스 방식이다. 그런데 시장이 없어진다면 지금까지의 비즈니스 방식은 사상누각이 될 것이다. 기존의 비즈니스 방식으로 만들어 내는 가치가 점점 제로로 수렴하고 있는 원인도 바로 여기에 있다. 앞으로 이러한 현상은 더 가속화되면서 많은 기업들에게 엄청난 시련을 가져다줄 것이다. 그러한 경영 방식으로는 가치를 창출해 낼수 없으며, 새로운 시대 패러다임에 부합되지 않기 때문이다.

이제는 기존 비즈니스 패러다임에서 벗어나서 마케팅적 경영 방식으로의 전환이 필요하다. 마케팅은 어떻게 프로모션해서 매출을 올릴까 하는 것이 아니라 고객들이 매력을 느끼고 스스로 찾아오게끔 사업의 구조를 만들어 가는 경영활동이다. 시장점유율을 높이려고 소비자에게 구매하도록 설득하고 강요(push)하는 것은 마케팅이 아니다. 매출이나 시장점유율은 마케팅의 자연스러운 결과이지, 마케팅의 관심사가 아니다. 마케팅의 궁극적인 관심은 가치에 있다. 가치를 높이기 위해서 비즈니스 모델의 구조를 어떻게 지속적으로 업그레이드할 것인가를 고민해야 한다. 해야 할 일은 전투가 아니라 전쟁이다.

플랫폼 경영학

플랫폼이란 무엇인가?

　기존의 시장구조가 지각변동을 일으키며 대혼란이 일어나고 있다. 소비자 개개인이 곧 시장이 되어 가고 있으며, 산업과 업종 간의 경계가 없어지며 이합집산을 계속하는 융합 현상이 일어나면서 생산－유통－소비의 구도가 와해되고 있다. 또한 누가 생산자이고, 누가 유통이고, 누가 소비자인지 분간하기 어렵게 되어 가고 있다. 어디가 시장이고, 누가 경쟁자이고, 소비자들은 어디에 있는지 예측하기도 어려워지고 있다. 모든 경제주체들은 자신들이 느끼는 가치를 찾아가면서 새로운 짝짓기를 계속하고 있으며, 이러한 움직임은 가치사슬의 재편을 가속화하고 있다.

　이러한 현상을 한 마디로 요약하자면, 시장이 플랫폼으로 변한다고 정의할 수 있다. 개인들이 네트워크로 연결되어 있는 개인화된 시장

(individualized market)은 기존의 시장과는 질적으로 다른 것이며, 플랫폼이라 할 수 있는 것이다.

요즘 플랫폼 전쟁 시대라는 용어가 많이 회자된다. 구글과 애플이 안드로이드와 iOS로 스마트폰 운영체제를 놓고 격돌하는 것도 누가 플랫폼을 장악할 것인가 하는 싸움이고, 페이스북과 아마존, 그리고 마이크로소프트가 지향하는 것도 플랫폼의 장악이다. 과거의 마케팅의 목표가 시장점유(market share)에 있었다면 플랫폼 장악(platform hold)으로 변한 것이다.

플랫폼이라는 용어의 사용이 늘어나고 있지만, 플랫폼의 개념은 사용자에 따라 다르고 아직 일반적으로 정립된 개념은 없다. 그러나 플랫폼이란 개념이 요즘 들어 갑자기 생겨난 것은 아니다. 플랫폼이라는 용어가 새로운 용도로 쓰일 뿐이지 플랫폼은 이미 존재하고 있었다. 플랫폼은 사람들이 기차를 타려고 몰리건, 무언가를 하려고 모이는 장소다. 그럼 사람들은 물건을 사려면 어디로 가는가? 시장으로 모였다. 즉, 시장도 일종의 플랫폼이었던 셈이다.

시장에는 상품들이 진열되어 있고, 판매자와 구매자 사이에 상품거래를 통해 가치가 교환되는 공간이었는데 기존의 시장이 고객들의 스마트폰과 동선 속으로 이동하고 있다. 즉, 과거에는 시장 울타리 안이 플랫폼이었는데, 고정적이고 정태적인 시장의 울타리가 허물어지면서 열린 형태와 구조로 변하고 있는 것이다.

이렇게 플랫폼은 시장이 진화한 형태라고 정의할 수 있다. 시장과 플랫폼은 어떻게 다른 것인가? 백화점과 아마존을 염두에 두고 그 차

118

이를 생각해 보자. 백화점은 시장이고, 아마존은 플랫폼이다.

첫째, 시장, 즉 백화점은 허가받은 플레이어만 들어올 수 있는 닫힌 구조라 한다면 플랫폼인 아마존은 누구나 참여할 수 있는 오픈 구조다. 둘째, 백화점과 같은 시장은 시공간이 정형적이고 정태적이라 한다면 아마존과 같은 플랫폼은 시공간의 경계가 없어 비정형적이고 동태적이라 할 수 있다.

결정적인 차이는 플랫폼은 시장과 미디어가 융합된 개념이라는 점이다. 즉, 과거에는 고객들은 시장이라는 공간에서 실물상품을 접했고, 상품정보는 미디어를 통한 광고나 프로모션을 통해 얻었는데, 이제는 시장과 미디어가 융합이 일어나면서 그 경계도 희미해져 버렸다.

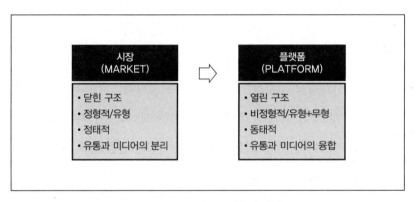

〈도표 2-4〉 시장과 플랫폼의 차이

아마존의 플랫폼 경영방식

아마존이 세계적인 기업으로 성장할 수 있었던 것은 닫힌 시장(walled garden) 경영이 아니라 오픈 플랫폼(open platform) 경영을 해왔기 때문이다. 1995년 온라인서점으로 시작된 아마존은 단순한 시장을 어떻게 플랫폼으로 변화시킬 수 있는가를 아주 잘 보여 준 모범사례다. 어릴 적부터 천재성이 있었던 제프 베조스는 미국 프린스턴 대학을 나와 당시 벤처였던 FITEL과 헤지펀드회사를 다니다가 30살의 나이에 아마존을 창업한다.

아마존 강은 세계에서 가장 큰 강인데, 커도 그냥 큰 정도가 아니라 2위와의 격차가 엄청날 정도로 크다. 회사명을 아마존이라 한 것은 강이 사람들에게 생명을 제공하고, 문명의 발상지가 되듯이 아마존도 그런 회사가 되겠다는 비전을 상징하는 것이라 한다.

아마존의 시작은 아주 단순했다. 오프라인 서점을 온라인으로 대체한 것이었다. 그런데 아마존은 단순히 온라인 서가만 만들어 놓은 게 아니라 책에 대한 정보와 일반 독자들의 서적평을 올릴 수 있는 코너를 만들었다. 부정적인 글들도 막지 않았다. 지금은 모든 인터넷서점들이 그런 시스템을 갖추고 있지만 90년대 당시에는 획기적인 것이었다. 이게 무엇인가? 유통과 미디어를 융합한 것이다. 아마존 이전에는 책에 대한 정보나 평가는 신문이나 잡지, 주위사람들과의 대화 등 다른 미디어를 통해 얻었다. 그런데, 아마존은 미디어 기능을 유통에 융합시켜 버렸다. 이게 시장과 플랫폼의 차이다.

또 서적뿐 아니라 다른 상품들도 판매하는 종합오픈마켓으로 치고 나가는데, 이곳은 오픈되어 있는 공간이고, 시공간의 제약이 없다. 또 아마존 결제시스템을 구축한다. 구매할 때마다 신용카드를 입력하는 번거로움 없이 초기 신용정보 입력 한번만으로 결제가 쉬어진 것이다.

핀테크(financial technology) 부문에서 앞서갔다. 또 킨들과 킨들 파이어를 개발해서 하드웨어 플랫폼 영역까지도 융합해 가면서 마켓이었던 아마존은 플랫폼으로 변해 갔다.

2013년에는 워싱턴 포스트를 2억5천만 달러에 인수한다. 창립 20년도 안 된 아마존이 미디어 거인을 삼킨 사건이었다. 왜 인수했을까? 유통과 미디어의 융합을 통해 거대 플랫폼으로 진화해 가겠다는 의지의 표현이다. 또 2014년에는 사물인터넷 개념의 대시(Dash)를 출시했다. 대시는 예를 들어, 집에서 음식을 하다가 케첩이 떨어졌다면 예전엔 메모해 놨다가 주문하는 식이었다. 그런데 대시를 케첩 바코드에 대면 아마존 장바구니에 자동으로 들어간다. 음성인식도 된다. 주문하고 결제하면 드론을 이용해서 집 앞까지 빠르면 30분 내에 배달해 준다. 오프라인과 온라인을 넘나드는 O2O 시스템 구축에도 아마존은 앞서 갔다. 이게 바로 시장 경영방식과 플랫폼 경영방식의 차이다.

제프 베조스의 비전은 단순히 큰 마켓을 구축하는 것이 아니라 거대한 플랫폼 제국을 만들겠다는 것이다. 지금 플랫폼 제국의 맹주를 꿈꾸는 아마존, 구글, 애플, 페이스북, 마이크로소프트 등이 다른 업종의 회사들을 인수하고 사업 영역을 넓히는 이유가 울타리 쳐진 시장 내에서 시장점유율이나 높이겠다는 생각을 하는 것이 아니라 거대한 영토를 가진 플랫폼으로 진화하겠다는 꿈을 꾸고 있기 때문이다.

플랫폼 제국을 꿈꾸는 기업들

중국 기업들의 시야도 넓다. 알리바바의 창업자 마윈은 한 강연에서 '가장 좋은 비즈니스 모델이 무엇이라고 생각하는가' 라는 질문에 '국가' 라고 대답했다.

> "오늘날 인터넷에도 국가와 같은 시스템이 형성되고 있습니다. 인터
> 넷상에도 제도가 생성될 수 있는데, 힘 있는 사람이 그 제도를 만들게
> 되죠. 제 생각에는 30~40년 후, 이 세상의 무수한 기업은 모두 가상
> 사회에 존재하고 있을 것입니다." (양쯔강의 악어, 282)

그가 가장 좋은 비즈니스 모델이 국가라 한 것은 플랫폼을 의미하는 것이다. 알리바바를 거대 플랫폼 제국으로 만들겠다는 의지를 읽을 수 있다. 이러한 제국의 꿈을 마윈만 꾸고 있는 게 아니다. 메신저와 블로그, SNS와 같은 소셜미디어 영역에서 독보적인 지위를 차지한 텐센트, 그리고 중국판 구글이라 불리는 바이두 역시 지향점이 같다. 사물인터넷 플랫폼을 노리고 있는 샤오미 역시 호락호락한 기업이 아니다.

이들에게 중요한 것은 시장점유율이 몇 퍼센트 높아지고 떨어지고의 문제가 아니다. 어떤 상품의 영역에서, 예를 들어 스마트폰 시장에서, 또는 자동차시장에서의 점유율이라는 것은 근시안적인 좁은 시야의 관념이 되어 버렸다. 이제는 시장을 점유하려고 몸싸움 벌이는 전투가 아니라 플랫폼을 장악하는 전쟁을 위해서 필요한 인프라스트럭처를 구축하고, 자신의 영역도 아닌 엉뚱한 분야에 투자하고, 다른 업종의 회사들을 인수합병하거나 제휴를 맺는 노력을 하고 있는 것이다.

우리나라 기업들이 회복해야 할 것은 넓은 시야다. 프로덕트(product)라는 시장 영역 경계선 안의 좁은 관념에 싸이지 말고 경계선 밖 중원에 펼쳐져 있는 플랫폼(platform)으로 눈을 돌려야 한다. '공장 안 시야'에서 '광장 시야'로, 관점의 일대 전환이 필요한 시대다.

시장 너머 플랫폼으로 나가라

'블루오션'의 저자 김위찬 교수는 한경과의 인터뷰에서 수긍하기 어려운 얘기를 했다.

> "전략을 짤 때 대개의 경우 경쟁과 기존 산업을 분석하고 전략 그룹을 살펴본 뒤 집중 공략할 고객을 정한다. 이런 과정을 무의식적으로 거친다면 당신은 레드오션에 빠져 있는 것이다." (한경 2005.10.11.)

이것은 기존의 통념을 뒤집는 말이다. 경쟁과 시장, 산업구조를 분석하고 STP 전략을 세우는 것은 당연한 마케팅 프로세스인데 그것이 레드오션 논리라니? 기자의 질문에 그는 이렇게 대답한다. "블루오션으로 가려면 시장 경계선 내에서만 보지 말고 경계선 너머에 있는 새 수요를 볼 수 있어야 한다."

경계선 너머가 플랫폼이다. 시장 경계선 안은 가치창출력이 급격히 떨어지면서 레드오션으로 변하고 있고, 경계선 너머 플랫폼이 새로운 보물이 묻혀 있는 블루오션인 것이다. 시장은 점차 교환의 장소라는 개념에서 벗어나고 있다. 교환의 장소로서의 시장의 입지는 점점 좁아지고 있으며, 산업시대 가치의 원천이었던 시장은 점점 가치창출력을 잃어가고 있다. 과거 기업들은 상품을 생산해서 시장에 내다팔았지만 기존 개념의 시장에서 얻을 수 있는 부가가치가 점점 줄어들다 보니 이제는 다른 형태의 거래를 모색할 수밖에 없다. 경쟁적으로 최저가격제를 도입하고 있는 유통회사들은 납품가격을 낮출 것을 요구하고 있고, 원재료 가격 상승, 노사문제 등 원가는 오를 수밖에 없는 상황에서 샌드위치가 되는 기업들이 새로운 돌파구를 찾기 위해 노력하는 것은 당연한 것 아니겠는가?

이제는 상품을 만들어서(production) 시장에 내다파는(sales) 비즈니스 모델은 가치를 만들어 내기에 부적절한 방식으로 변해 가고 있다. 왜냐 하면 시장의 가치창출력이 약화되고 있기 때문이다. 산업시대 가치를 만들어 왔던 '시장'이라는 보물의 땅은 이제는 가치가 고갈되어 가고 있다. 여기에도 한계효용체감의 법칙이 적용된다. 이제는 가치가 다른 곳으로 이동하고 있는 것이다. 그런데 어려운 점은 A라는 공간에서 B라는 공간으로 옮겨가는 것이 아니라 근본적인 구조조정을 수반하며 이동한다는 데에 있다. 즉, 단순히 오프라인 시장에서 온라인 시장으로 이동하는 것이 아니라, 교환/거래 개념과 방식의 변화, 생산자-시장-소비자 관계의 융합 현상 등과 같이 근본적으로 구조가 바뀌면서 이동하다 보니 대응이 어려워지는 것이다.

이러한 변화는 지금까지 경제학과 경영학의 근간이 되어 왔던 '시장(market)'이라는 명제를 근본적으로 뒤흔들고 있으며, 교환경제시스템이 다른 체제로 바뀔 것을 예고하고 있다. 경제시스템의 변화는 가치, 즉 부(富)를 창출하는 방식이 달라지는 것을 의미하며 이것은 상상 이상의 혼란과 변혁을 가져오게 될 것이다. 이것이 혁명이다.

울타리 정원식 경영에서 오픈 플랫폼 경영으로

경영과 마케팅 방식이 근원적으로 달라져야 한다. 지금까지는 경쟁사와 차별화된 상품을 개발하고 그것을 대량으로 생산해서 시장으로 유통시키고 매스미디어 광고와 프로모션을 함으로써 매출을 늘리고 수익을 창출하는 것이 비즈니스의 공식이었다. 그리고 경쟁사와 몸싸움을 벌이면서 시장에서 점유율을 높여가기 위한 경영 노력을 해온 것이다. 이것이 '울타리 쳐진 정원(walled garden)' 즉, 시장경영 패러다임이다.

그런데 비즈니스 생태계가 오픈 플랫폼(open platform)으로 변하면서 울타리 정원식의 경영방식은 시대착오적인 낡은 방식이 되었고, 오픈 플랫폼에 적합한 새로운 전략이 요구되고 있는 것이다. 오픈 플랫폼은 홀로 잘한다고 성공할 수 있는 토양이 아니다. 기업을 오픈하고 다른 기업이나 개인들과 협업 즉, 제휴와 네트워킹에 집중해야 한다. '관계'에서 가치가 창출된다는 사실을 잊지 말아야 한다.

과거 울타리 정원에서는 상품을 차별화되게, 최고의 품질로 만들고 기발한 마케팅전략을 펴서 시장을 많이 점유하는 것이 잘하는 경영전략이었지만 오픈 플랫폼에서는 그와 같은 땅따먹기 식의 경영방식으로는 생존조차 어려워지게 된다. 오픈 플랫폼에서는 '지배자'가 아니라 '지휘자'가 되어야 한다. 많은 기업이나 커뮤니티, 그리고 고객들과 제휴를 맺고 협업을 조율하는 오케스트라의 지휘자처럼.

오픈 이노베이션이 중요해지는 이유도 여기에 있다. 이제는 R&D(Research & Development)가 아니라 C&D(Connect & Development)가 중요한 경영전략이 되고 있는데, 기업 내부의 연구개발 역량만으로는 변화하는 트렌드를 따라가는 데 한계가 있을 수밖에 없기 때문이다. 이것이 오픈 이노베이션(open innovation)의 개념인데, 기업울타리를 허물고 대중의 지혜, 즉 집단지성을 활용하여 함께 가치를 창출해 가는 방식으로의 혁신이 필요한 시대가 되었다. 2001년부터 시작된 P&G의 오픈 이노베이션은 과거 P&G의 영광을 되찾게 해 준 훌륭한 경영전략이 될 수 있었다. 울타리정원 경영방식과 오픈 플랫폼 경영방식의 차이는 〈도표 2-5〉와 같이 요약할 수 있다(『플랫폼의 눈으로 세상을 보라』 223쪽 참조).

시장경영학 (walled garden)	플랫폼 경영학 (open platform)
Produce & sell	Connect & development
Stand alone (나 홀로 경영)	Flower & bee (꿀벌형 경영)
경쟁과 분업	제휴와 협업
지배자형 리더십	지휘자형 리더십
상품 전투 (battle of device)	플랫폼 전쟁 (war of platform)

〈도표 2-5〉 시장경영학 vs 플랫폼 경영학

첫째, 제품을 잘 만들어서 잘 팔면 성공하던 시대가 지나가고, 이제는 produce & sell이 아니라 짝짓고 함께 개발해 가는 방식이 되어야 한다.

둘째, 울타리 정원은 안팎의 경계가 나누어져 있어서 '나 홀로', 즉

stand alone 경영방식이었지만, 열려 있는 생태계에서는 '꿀벌형' 즉 flower & bee, 꽃과 벌이 협업하는 방식이 되어야 한다.

셋째, 닫혀 있는 울타리 정원 시스템에서는 다른 시스템들과 경쟁을 했지만, 열린 생태계에서는 제휴와 협업이 중요하다.

넷째, 울타리 정원의 경영자에게는 지배자형 리더십이 필요했다면, 오픈 플랫폼의 경영자는 지휘자형 리더십을 갖추어야 한다.

마지막으로, 이제는 어느 상품이 더 우수하고 기술이 뛰어난가 하는 디바이스 전투가 아니라, 누가 플랫폼을 장악할 것인가 하는 플랫폼 전쟁으로 양상이 변하고 있음을 인지해야 한다.

우리는 대전환이 일어나는 시대를 살고 있다. 변화를 읽지 못한다면 한국 기업과 경제는 플랫폼 제국에 종속된다. 하청 일이나 열심히 하면서 떨어지는 낙전에 만족해야 할지도 모른다. 괜히 혁명이라 하는 게 아니다.

전환2.
COMPETITION :
경쟁하지
말고
협업하라

COMPETITION

경쟁이란 무엇인가?

경쟁의 어원

대개 경쟁사라 하면 자신들과 같은 업종의 사업을 하면서 시장 내에서 점유율을 다투는 회사들을 떠올리게 된다. 그리고 경쟁사들의 움직임과 전략을 주시하면서 대응전략을 짜고 시장에서 몸싸움을 벌이는 모습을 지금까지 마케팅 활동이라고 생각해 왔다.

흔히 경쟁의 떠오르는 이미지가 대립, 대결, 라이벌, 그래서 시장을 점유하기 위해서 치고받고 싸우는 관계, 이런 게 연상되지만 본래 경쟁의 어원은 그런 의미가 아니다. 스튜어트 웰즈(Stuart Wells)는 『전략적 사고』에서 경쟁(competing)이란 단어의 어원은 '함께'라는 의미의 'com'과 '추구하다' 의미인 'petere'의 합성어인 'competere'라는 라틴어로 '함께 생존하다'라는 의미를 가지고 있다고 설명한다. 즉, 경쟁의 원래 의미는 공존하면서 승승(win-win)하는 것인데, 산업시대가 되면서 승패(win-lose)를 다투는 의미로 변질된 것이다. 시장을 전쟁터로 비유하며 마케팅에 전략과 전술, 타깃, 점유 등 전쟁 용어가 쓰이게 된 것도 동일한 맥락이다.

경쟁사를 몰아내고 시장을 독점하면 기업이 크게 성장할 것 같지만 그렇지 않다. 실제로 경쟁은 오히려 기업에게 많은 유익을 가져다준다. 경쟁사 간의 갈등과 긴장감은 전체 시장규모를 성장시키고, 시장구도를 유지하는 데에 도움이 된다. 예를 들어, 우리나라 이동통신 시장이 커진 것은 1990년대 여러 업체들이 서로 경쟁적으로 마케팅 노력을 한 결과라고 볼 수 있다. 서로 비교도 하고, 가격경쟁도 하면서 시장규모를 키울 수 있었던 것이다. 만약 1개 업체가 독점했었다면 한국은 IT강국이 될 수 없었을 것이다. 마케팅 격언에 "혼자서는 절대로 시장을 못 키운다"는 말이 있다. 여러 업체들이 긴장감 있게 경쟁하다 보니 소비자들의 집단무의식이 발동되면서 시장이 폭발적으로 커질 수 있었던 것이다.

둘째, 경쟁사가 함께 존재하고 있어야 독과점에 대한 견제나 비난으로부터 벗어날 수 있으며, 정부나 기타 단체들에 대한 협상력을 가질 수 있다. 이렇게 경쟁사는 서로가 바람막이 역할을 해 주면서 시장의 구도를 유리하게 유지해 나갈 수 있는 것이다.

셋째, 서로 경쟁을 해야 혁신도 일어나면서 새로운 시장도 열리고 기업가치가 올라갈 수 있다. 스마트폰은 2000년대 초반부터 블랙베리나 노키아 등에서 출시되어 있었지만 좀처럼 시장이 열리지 않는 상황이었다. 애플이 아이폰을 출시하면서 스마트폰 시장이 터졌는데, 최대

수혜자는 삼성전자다.

1980년대 중반 우리나라 치약 시장에 '브렌닥스 안티프라그' 라는 충치예방 효과가 뛰어난 치약이 런칭됐을 때, 그 당시 치약시장을 독점하다시피 했던 럭키치약은 이러한 상황에 어떻게 대처했었을까? 브렌닥스에게 시장점유율을 빼앗기지 않으려고 안간힘을 썼을까? 그렇지 않았다. 이전까지는 부가가치가 높은 기능성 치약을 출시하고 싶어도 시장이 열리지 않았던 상황이었는데 브렌닥스가 기능성 고가 치약 시장을 열어놓으니까 호재로 활용했던 것이다. 오히려 여러 가지 기능성의 고부가가치 치약을 내놓음으로써 회사 전체적인 매출과 부가가치를 높일 수 있었다. 이렇게 경쟁이란 함께 발전해 가는 것이다.

경쟁을 활용하는 지렛대 전략

이러한 마케팅의 원리를 이해하는 기업들은 경쟁을 대립과 대결로만 인식하는 것이 아니라, 오히려 함께 생존하며, 협력하는 전략을 구사한다. 그러므로 나 살고 너 죽자는 식의 'win-lose' 의 개념으로 경쟁을 생각해서는 안 되며, 서로가 'win-win' 하는 전략이 필요한 것이다. 독점을 하겠다는 충동은 오히려 자신의 입지를 어렵게 만드는 자충수가 될 수도 있다.

1980년대 VTR 마케팅에 있어서 소니(Sony)의 실수가 그러한 교훈을 주는 사례다. 다른 경쟁사들에 비해서 일찍 베타VTR 개발에 성공한 소니는 VTR 시장을 독점하겠다는 욕심 때문에 기술을 폐쇄함으로써 경쟁사들이 공동으로 VTR을 개발하게 되는 동기를 제공하게 되었다.

연합군이 개발한 VTR은 VHS 타입이었으며, 경쟁사들이 VHS테이프와 콘텐츠 소프트웨어를 공동으로 마케팅전선을 폄으로써 VHS가 VTR의 표준으로 자리 잡게 되면서, 베타 타입이 기술적으로는 뛰어났지만 콘텐츠의 부족으로 결국은 소니도 VHS 타입으로 전환할 수밖에 없게 되었던 것이다. 소니의 독점에 대한 유혹이 스스로의 발목을 묶는 결과가 되어 버린 셈이다.

만약, 소니가 휴대폰의 CDMA 원천기술을 세공하면서 로열티를 받는 퀄컴(Qualcomm)과 같은 비즈니스 모델 전략을 썼더라면 훨씬 큰 부가가치를 누릴 수도 있었을 것이다. 즉, 경쟁사를 누르고 'win-lose' 하겠다는 전략이 아니라, 표준을 선점하고 그것을 가치로 전환시키며 서로가 'win-win' 할 수 있는 비즈니스 모델을 생각했어야 했다.

이러한 측면에서 볼 때 인텔(Intel)의 마케팅전략은 확실히 고단수였다. 한때 거의 모든 컴퓨터에 CPU를 판매했던 인텔은 자신들이 직접 PC를 만들어서 PC시장을 독점하겠다는 유혹에 빠지지 않았다. 오히려 'Intel Inside' 로고를 사용하는 컴퓨터 회사에 광고비를 지원해주면서 자신들의 브랜드 가치를 극대화하는 전략을 편 것이다. 이와 같이 경쟁을 어떠한 패러다임으로 인식하는가 하는 것이 엄청난 가치의 차이를 가져올 수 있다.

적절한 긴장과 갈등은 반드시 필요하다. 경쟁이 없이 나태한 상태에서는 혁신이 일어나지 않는다. 가격경쟁, 비교 광고 등이 나쁜 것만은 아니다. 순기능이 많다. 경쟁이 심해서 사업하기 힘들다는 얘기들을 가끔 듣지만 그건 핑계에 불과하다. 경쟁이 너무 심해서 망하는 회사는 없다. 그것은 겉으로 드러난 현상일 뿐이지 근본적인 원인은 다른 데 있다. 오히려 경쟁을 잘 활용하면 많은 비용을 들이지 않고도 큰 성과를 얻을 수 있다. 즉, 지렛대 효과(leverage effect)를 거둘 수 있는 것이다.

경쟁에 대한 인식의 전환

경쟁의 마이오피아에 빠지지 마라

대전환 시대에 접어들어 기존의 가치사슬이 해체 재편되고 융합 (convergence) 현상이 나타나면서 경쟁이 새로운 양상을 띠어가고 있다. 즉, 자신들의 존재기반을 흔들고 무너뜨릴 수 있는 위협요인은 자신들과 동종 사업을 하는 기존 개념의 경쟁사가 아니라 오히려 생각지도 못하던 회사가 진짜 경쟁이 되고 있는 것이다. 이것은 다른 말로 하면, 자신 기업의 가치를 빼앗는 것은 자신들과 같은 업종의 기업이 아니라는 얘기다. 자신들의 가치를 빼앗는 근본적인 요인은 시장점유율이 아니라, 가치사슬의 해체와 재편, 융합 등 지각변동임을 인식할 필요가 있다.

스튜어트 웰즈는 경쟁상대는 같은 일을 하는 기업들이 아니라 "소비자들이 추구하는 가치에 맞춰 소비자들에게 대안을 제시하는 기업들"이라고 정의했다. 같은 업종의 일을 하는 회사는 동업자(同業者)다.

가치를 빼앗는 것이 같은 업종의 회사가 아니라 소비자에게 가치의 대안을 제시하는 기업이라는 말의 이해를 도울 수 있는 재미있는 예화가 있다. 오래 전 미국 쥐덫 회사의 이야기다. 이 회사는 오랜 연구개발 끝에 쥐덫의 완결판을 내놓았다. 사용의 편리함이나 견고성, 가격 측면 등에서 기존의 쥐덫들보다 훨씬 월등한 제품을 개발할 수 있었다. 대박의 꿈을 꾸면서 시장에 출시했는데, 결과는 실패였다. 이렇게 완벽한 쥐덫이 실패한 원인이 무엇이었을까? 그 원인은 엉뚱하게도 쥐약이었다. 즉, 쥐약이라는 것이 나오면서 쥐덫 시장을 없애버린 것이다. 소비자들이 원했던 것은 쥐덫이라는 제품 자체가 아니었다. 그들이 원했던 것은 쥐를 내 눈에서 안 보이게 해 주는 솔루션이었다. 쥐덫 회사의 가치를 빼앗아 간 것은 경쟁 쥐덫 회사가 아니라, 엉뚱하게도 전혀 생각지 못했던 어느 제약회사였던 셈이다.

소비자들이 구매하는 것은 제품 자체(product itself)가 아니다. 소비자들의 문제를 해결해 줄 수 있는 가치의 대안(problem solution)을 누군가 제공한다면 언제든지 등을 돌릴 수 있음을 잊지 말아야 한다. 『새로운 시장의 리더』 저자도 이렇게 언급한다.

"경쟁대상은 이제 라이벌 회사가 아니다. 오히려 사람들이 자신들의 시간을 쓸 때, 그들을 끌어들일 수 있는 모든 여타의 가능성 그리고 그들을 끌어들이는 방법들, 바로 이것들이 경쟁대상이다." (새로운 시장의 리더, 80쪽)

경쟁의 근시안(myopia)에 빠져서는 안 된다. 작은 인식의 차이가 무서운 결과의 차이를 가져올 수 있기 때문이다. 레빗(T. Levitt) 교수는 1960년 하버드 비즈니스 리뷰에 게재한 〈마케팅 마이오피아(Marketing Myopia)〉에서 몰락하는 기업들의 사례를 분석하면서 공통점이 근시안에 빠지는 것이었음을 발견했다. 예를 들어, 미국의 철도회사는 한때는 주식시장의 1/3을 차지할 정도로 번성하던 회사였는데 20세기 들어 자동차나 비행기 등 운송수단이 발달하면서 몰락의 길을 걷는다. 그 원인은 경영자들이 자신의 경쟁자를 동종 철도회사로 한정짓고 있는 마이오피아 함정에 빠진 것이었다.

또 미국 할리우드의 사례도 얘기하고 있는데, TV가 보급되면서 영화산업이 타격을 입게 되어 할리우드가 침체의 늪에 빠진다. 할리우드가 이 위기를 극복한 비결은 자신들의 사업을 영화산업이라고 정의하던 좁은 시야, 즉 마이오피아에서 벗어나서 오락산업(entertainment biz)으로 넓힌 데에 있었음을 강조한다. 마케팅 고전 필독서로 꼽히는 이 논문에서 이렇게 충고한다.

- 사업목적이 운명을 좌우한다.
- 잘못된 분석에 머물지 마라.
- 언제나 쇠퇴의 그림자가 올 수 있다.
- 자기 꾐에 빠지는 순환논리에서 벗어나라.
- 인구에 대한 허망한 신화에서 벗어나라.
- 안이함은 곤경을 자초한다.

- 대체품이 없다는 사고방식에서 벗어나라.

- 미래는 불확실하다.

- 생산지상주의 압력에서 벗어나라.

- 창조적으로 파괴하라.

- R&D가 전부가 아니다.

- 마케팅을 주워온 자식처럼 다루지 마라.

근시안적으로, 또 좁은 시야로만 상황을 보고 변화를 읽지 못해서 위기와 몰락의 길을 걸은 사례들은 너무나도 많다. 참으로 안타까운 것은 기존의 가치사슬만 보고, 기존의 경쟁이라고 하는 회사들과 어떻게 몸싸움하며, 광고판촉 아이디어 내고, 매출 올려서 시장점유율을 높일 것인가에 관심이 집중되어 있는 기업과 경영자들이 우리 주위에 아직도 많다는 사실이다. 그러다 보니, 현재 기업들이 안고 있는 고민은 풀리지 않고 배에 물이 들어오고 있는지를 모르고 있다가 때가 차면 침몰하게 되는 것이다.

터널 시야에서 레이더 스크린 시야로

코카콜라의 경쟁은 펩시가 아니다. 코카콜라는 1999년 연간 보고서에서 "오랜 시간 격정적이긴 했으나 편협하기 그지없던 '펩시와의 콜라 전쟁'에 종지부를 찍겠다"고 선언했다. 콜라 시장이라는 울타리 안에서 펩시와 시장점유율을 놓고 치고받고 있는 동안 울타리 밖에서는 다른 일이 벌어지고 있기 때문이다. 코카콜라의 경쟁은 다른 음료제품

회사가 될 수도 있고 탄산수를 제조하는 전자제품을 만드는 가전회사로 변할 수도 있다. 유통업체인 이마트는 PB 콜라를 OEM방식으로 만들어 판매한다. 또 어느 블로거가 콜라나 탄산음료 제조 레시피를 자신의 블로그에 올린다면 소비자도 코카콜라의 가치를 빼앗을 수 있는 것이다.

나이키의 상대는 닌텐도가 될 수 있다. 나이키를 신고 밖에 나가 운동하는 시간에 집에서 게임을 한다면 누가 고객의 시간을 점유(time share)하느냐 하는 경쟁이 될 수 있는 것이다. 넷플릭스의 창업자 리드 헤이스팅스는 한 인터뷰에서 자신들의 경쟁은 고객의 시간을 빼앗는 모든 것이라고 정의했다. 넷플릭스를 시청하는 대신 책을 읽을 수도, 게임을 할 수도, 음악을 들을 수도, 여행을 떠날 수도 있는 것이다.

신용카드사의 경쟁은 누구인지 헷갈리게 되었다. 통신회사, 유통업체, 전자회사, 미디어회사 등이 모두 결제시스템을 만들면서 위협하고 있기 때문이다. 또 IT 기반의 핀테크 회사들은 기존 금융업의 가치사슬을 흔들면서 은행이 왜 계속 존재해야 하는지를 묻고 있다. 업종의 경계가 허물어지는 융합이 일어나고 있는 것이다. 구글은 신입사원 인터뷰에서 "구글의 경쟁은 누구인가?"를 묻는다. 일종의 시야 검사(vision test)인 셈이다.

이제 어디서 총알이 날아올지 모르는 환경으로 변했다. 특히 인터넷과 모바일은 변화를 가속시켰다. 기업전략 자문회사 Corporate Decision Inc.의 창업자인 슬라이워츠키는 『가치이동』에서 경쟁에 대한 시야를 터널 시야(tunnel vision)에서 레이더 스크린적 시야(radar screen vision)로 바꾸어야 한다고 강조하고 있다.

터널 시야에 빠지는 원인은 업계의 오랜 관행과 규범 때문이다. 산업분류표에 같은 업종에 속한 회사를 경쟁사라 생각하는 '업종적 사고'에 길들여진 것이다. 그건 산업시대의 비즈니스 논리였고, 터널 시야로는 융합이 일어나는 혁명의 시대를 살아갈 수 없다. 안테나를 높이 세우고 360도 전후사방을 관찰하는 레이더 시야가 필요한 것이다.

> "레이더 스크린적 시야는 경쟁업체를 '우리와 같은 사업을 하는 기업
> 들'이라고 규정하지 않고, 오히려 경쟁의 시야를 고객들이 관심사항
> 을 충족시키기 위해 선택할 수 있는 사업설계(business design)들이라고
> 규정한다."(가치이동, 84~85쪽)

융합 현상

특히 요즘과 같은 변화의 쓰나미는 비즈니스 판도를 순식간에 뒤집기도 하고 경쟁 자체를 무색하게 만들고 있다. 기존의 가치사슬이 해체되고 새로운 가치리더를 중심으로 '헤쳐모여' 하면서 산업과 업종 간의 경계가 허물어지고 새로운 짝짓기가 일어나고 있는 중이다. 즉, 제로베이스에서 전혀 새로운 질서에 따라 구조가 달라지고 있다.

그렇기에 앞으로의 가치사슬의 재편을 예측하는 데에 있어서 자신의 산업이나 업종만 보아서는 오류에 빠질 수밖에 없다. 그것은 근시안(myopia)적인 인식이다. 전혀 생각지 못했던 산업이나 업종이 경쟁 대

상으로 돌변할 수 있으며, 그것이 자신의 회사를 무너뜨리는 트로이 목마가 될 수도 있는 것이다. 융합 현상이 곳곳에서 목도되고 있다. 다른 산업이나 업종과 가치를 주고받으면서 새로운 이합집산이 일어나고 있는 변화를 읽어야 한다.

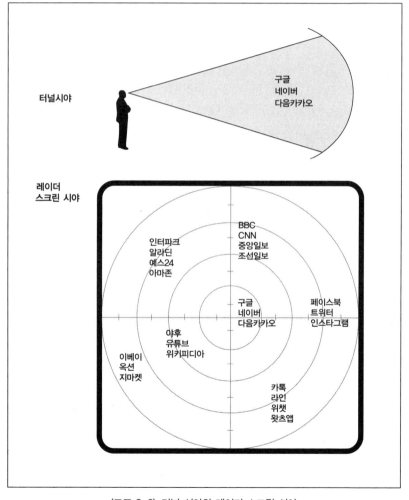

〈도표 2-6〉 터널 시야와 레이더 스크린 시야

디지털 기술과 인터넷은 기존의 경계선 울타리를 허물어 버렸다. 업종 간, 상품 간 경계가 희미해지면서 산업시대의 표준산업분류표도 무색해지고 있으며, 시간과 공간의 경계도 없어지고 있다. 시장도 울타리가 사라지면서 플랫폼으로 변하고 있다. 이것이 융합이다.

융합 현상은 산업 분야뿐 아니라 사회 모든 분야에서 나타나고 있다. 학계에서 언급되는 통섭(統攝)도 학문 간 경계가 허물어지는 융합 현상이며, 문화예술 분야에서도 장르 구분이 없어지고 서로 섞이는 크로스오버(cross-over) 사례들이 늘어나고 있다. 땅속에서 계속 핵융합이 일어나면서 지각이 변하고 있는 것은 우리가 알던 세상의 종말을 예고하는 징후다.

근본적인 지각변동에 대응하려면 자신의 회사를 특정 산업의 일원으로서가 아니라 다양한 산업에 걸쳐 있는 비즈니스 생태계의 일부로 봐야 한다. 경영의 초점을 자신이 속해 있는 산업 내부에 국한시켜서 기존의 경쟁이라고 생각했던 회사들과 시장점유율을 놓고 몸싸움을 벌이는 구태의연한 방식에서 벗어나서 지금까지는 경쟁이라고 생각하지 않았던 타 산업과의 연관성을 고려해서 제휴와 네트워킹하는 패러다임으로 뒤집어야 하는 것이다.

가치사슬이 가치고리로 변한다

경쟁에서 협업으로

융합의 시대, 경쟁에 대한 일대 인식의 전환이 반드시 필요하다. 지금까지의 경쟁에 대한 고정관념을 불태우지 않고서는 어느 날 갑자기 자신들이 딛고 서 있던 땅이 없어지고, 결국에 가서는 함몰되어 버리는 결과를 맞이할 것이기 때문이다. 가치가 움직이는 것을 볼 수 있는 혜안을 가진 경영자들이 많아져야 한다. 현재의 가치사슬이 느슨해지고 해체되면서 무엇이 가치의 중심이 되고, 무엇에 사람들이 가치를 느끼는가를 예의주시해야 하고, 그에 따른 가치사슬의 구조변화를 예측해야 한다.

이제는 라이벌 의식의 경쟁 개념이 아니라, 협업 즉 제휴(alliance)와 네트워킹(networking)으로의 패러다임 이동이 요구되는 시점이다. 또한 협업은 다른 기업이나 조직뿐만 아니라, 소비자들과의 제휴와 네트워킹도 필요하다. 지금까지 소비자를 경쟁으로 생각하는 기업은 없었다. 그러나 이제는 소비자에게로 권력이 이동되고 있으며 소비자가 자신의 존재기반을 흔들며 가치를 빼앗아가는 위협자가 될 수 있다. 이것이 융합의 힘이다.

경쟁하지 않고 협업하는 융합의 위력을 보여 준 회사가 구글이다. 1998년 창업한 구글은 알타비스타 등과 다른 검색엔진들은 신경도 안 쓰고, 끊임없이 업의 경계를 허물면서 제휴와 네트워킹을 통해 영역을 넓혀 나갔고 지금은 플랫폼 맹주를 꿈꾸고 있다.

구글은 검색엔진 기술로 시작했지만 소프트웨어, 기술, 인터넷, 광고, 미디어, 모바일, 인공지능 등이 모두 통합된 기업으로 발전했는데, 이는 비즈니스를 구식의 산업구분 안에 가둬놓지 않겠다는 철학에 기인한다. 즉, 경쟁의 기존 통념을 버린 것이다. 『구글드』의 저자는 구글의 성공비결을 "특정 영역에 국한하지 않고 네트워크를 형성하여 서로 소통하고 의견을 공유하며, 군중의 지혜에 기대어 개선하려는 엔지니어 팀"에 있었다고 지적한다.

1999년 알리바바를 창업한 마윈이 세계적인 기업가가 된 결정적 비결 역시 경쟁에 대한 인식에 있었다. 마윈의 머릿속에는 아예 경쟁이란 개념이 없다. 그는 "경쟁이 고통스럽다면 당신의 전략이 틀렸다"라고 하면서 시간과 노력을 고객과 서비스에 쏟아야지 왜 경쟁업체에 쏟느냐고 반문한다. 자신이 경쟁을 생각하지 않는 이유는 진정한 경쟁은 자기 자신과 하는 것이라고 생각하기 때문이라는 것이다. 또 그는 "제가 간절히 찾는 것은 배움의 대상이지 경쟁상대가 아닙니다. 전 세계에는 보고 배울 상대가 너무도 많은데 어째서 경쟁할 상대만 찾아다니겠습니까?"(마윈처럼 생각하라, 334쪽)라고 말한다.

B2B 거래방식으로 시작한 알리바바 그룹은 중국시장에서 이베이(eBay)에게 한판승을 거둔 C2C 사이트 타오바오(淘寶)와 티몰(天描), 결제 시스템 알리페이, 메신저 알리왕왕, 물류시스템인 차이냐오 등 지속적으로 경계를 허물면서 플랫폼으로 진화하고 있다.

이젠 경쟁이라는 개념에도 융합이 일어나고 있다. 모든 것이 경쟁이 될 수 있는 무한(無限)경쟁이자 반면 아무것도 경쟁이 아닌 무(無)경쟁의 시대로 변한 것이다. 이것이 융합의 시대 경영자들이 가져야 할 역설의 철학이다.

산업시대 울타리 쳐진 시장 안에서는 경쟁이라는 명제가 존재했지만 연결과 융합이 일어나면서 울타리가 허물어지고 오픈 플랫폼으로 변한 환경에서는 협업이 필요하다. 경쟁에서 협업으로의 전환, 이것이 플랫폼 경영방식이다.

가치사슬에서 가치고리로

분업은 아담 스미스의 『국부론』(1776년)에 등장했던 주요 명제 중 하나다. 즉, 분업을 통해 생산성이 향상되며 그것이 부의 증대로 이어지는 것이다. 우리는 분업 방식으로 일하는 것을 당연한 것으로 생각하지만 이렇듯 분업의 역사는 불과 200년밖에 되지 않는다. 산업혁명은 분업이라는 생산양식을 채택하면서 꽃을 피울 수 있었다. 그 결정판이 컨베이어 시스템이었다. 공정이 순차적으로 흘러가면서 작업하는 방식이다.

그런데, 산업시대가 저물면서 분업은 점차 부적합한 생산양식이 되어 가고 있다. 공장의 생산시스템을 모듈(module)방식으로 바꿔야 한다는 지적들이 많아지고 있는 것이 이러한 이유다. 모듈 생산양식이란 자동차 공장의 예를 든다면, 컨베이어 벨트에서 공정에 따라 부품을 조립해 생산하던 방식에서 탈피해 각각의 모듈들을 따로 만들어 조합하는 방식을 의미한다. 구글의 '아라(Ara)' 프로젝트가 이런 원리다.

이제는 분업이 아니라 협업의 문법을 익혀야 한다. 분업이 순차적인 것이라 한다면 협업은 동시간적 융합이다. 기업이 문을 걸어 잠그고 혼자서 모든 것을 만드는 것이 아니라 자신의 핵심역량에 집중하면서 다른 경제주체들이 만들어 낸 모듈과 융합하는 오픈 이노베이션이 필요한 것이다. 또 많은 업종의 회사들과의 콜라보(collaboration)도 기획해야 한다.

분업의 원리를 이해하고 채택한 기업들이 산업시대의 마켓리더로 성장할 수 있었듯이 협업으로의 패러다임 이동을 받아들이는 기업은 새로운 강자로 부상할 것이다. 경쟁에서 제휴로, 분업에서 협업으로, 그렇게 세상은 이동 중이다.

향후 5~10년이면 새롭게 재편된 비즈니스 판의 모습이 드러날 것이다. 그것은 플랫폼 제국이다. 기존 사물의 시장은 선상(線狀) 사슬의 모양이었으나 플랫폼 제국은 환상(環狀) 고리의 구조로 변할 것이다. 즉, 선형적인 가치사슬(value chain)은 해체되고 순환적인 가치고리(value loop) 형태로 재편이 일어나고 있다. 애플의 앱 스토어를 보면 가치고리가 어떤 형태인지를 짐작할 수 있다. 기존 가치사슬과는 달리 여러 경제주체들이 네트워크를 통해 협업하면서 가치를 창출하고 있는 구조다.

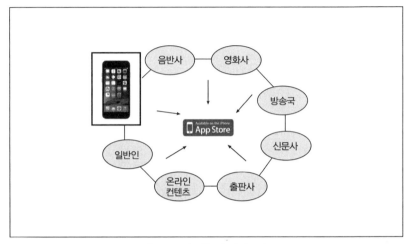

〈도표 2-7〉 애플의 가치고리

가치사슬 vs 가치고리, 이것이 시장 vs 플랫폼, 경쟁 vs 협업, 사물의 경제논리 vs 정보의 경제논리의 관계다. 플랫폼은 연결과 융합을 통해 협업하면서 가치를 창출하는 정보의 경제논리가 적용되는 곳이다. 살생이 아니라 공생, 소유가 아니라 공유, 폐쇄가 아니라 개방, 그리고 참여와 소통이 플랫폼의 문화다.

강조하건대, 비즈니스 생태계가 전혀 다른 세상으로 변하고 있음을 놓쳐서는 안 된다. 시장이 플랫폼으로 변화되는 상황에서 기존 울타리 안에만 머물러 있어서는 정말 큰일 난다. 플랫폼의 차원으로 업그레이드되지 못한다면 지금의 시장 울타리 안에서 점유율이 아무리 높다고 하더라도 몰락할 수밖에 없게 된다. 인식의 마이오피아, 터널 시야에 빠지지 마라. 넓은 시야와 깊은 통찰력을 가져야 한다. 이제 사람들은 물건 사러 시장으로 가는 것이 아니라 플랫폼으로 나오고 있다.

마케팅 교과서가 새로 쓰여야 한다. 기존의 이론들은 산업시대의 관념일 뿐이다. 우리에게 익숙한 시장, 경쟁, 소비자, 상품, 미디어 등의 개념이 근본적으로 달라지고 있다. 이 모든 것들이 융합되면서 플랫폼으로 진화하고 있는 것이다.

한국기업들에게 가장 부족한 것이 플랫폼적 사고방식이다. 이제 메이드인코리아 상품은 세계제일의 수준이 되었다. 그러나 비즈니스 생태계가 플랫폼으로 변하면서 품질 좋게 만들고 잘 팔면 성공하던 시대가 지나가고 있다. 그러한 제품 지향적(product oriented) 관념으로는 절대로 혁명에 대응할 수 없다. 플랫폼 지향적(platform oriented)으로 관점을 바꾸어야 한다. 이것이 사물의 경제논리에서 정보의 경제논리로 옮겨 타는 것이고, 차별화의 법칙이 아니라 차등화의 원리다. 그리고 그래야 레드오션에서 블루오션으로 옮겨갈 수 있는 것이다. (앞 장 도표 1-5 참조) 연결과 융합이 새로운 비즈니스의 문법이고, 여기에 미래를 여는 열쇠가 있음을 잊지 말아야 한다.

진짜 싸워야 할 대상은 나 자신이다. 불태워야 할 트로이 목마는 철옹성 같은 고정관념이다.

전환3.
CONSUMER :
소비자에게로
권력이
이동한다

CONSUMER

한계에 부딪힌 마케팅전략

마케팅의 변천사

소비자는 지속적으로 변화되어 왔다. 기업들도 소비자의 변화를 추적해 왔다. 사실 산업화 초기 기업들은 소비자를 연구하지 않았다. 아니 연구할 필요가 없었다. 상품을 시장에 내다놓기 무섭게 팔려 나갔기 때문이다. 당시 소비자들은 산업혁명 이전 가내수공업으로 제조된 제품보다 기계에서 대량으로 생산된 것이 품질이 좋고 가격도 저렴하다는 점에 가치를 느꼈다. 즉, 제품의 품질(quality)과 가격(price)이 소비자들의 가치 명제였던 것이다. 당연히 기업들은 소비자 연구나 분석보다는 어떻게 하면 좋은 품질의 상품을 낮은 가격으로 또 최대한 빨리 대량으로 생산할 것인가에 경영의 초점을 두게 되었다. 산업시대 초기를 생산지향 시대(production era)라 할 수 있다.

경영학도 과학적 관리론(scientific management)부터 시작된다. 테일러

(F.W. Taylor)와 길브레스(F.B. Gilbreth) 등은 작업자들의 기술과 경험에 의존하여 주먹구구식으로 하던 관행에서 벗어나 과학적으로 시간과 동작을 분석하고 작업량을 결정하고 관리함으로써 생산성을 높이고 좋은 품질의 제품을 낮은 가격에 생산해 내는 연구를 했던 것이다.

산업화가 진행되면서 상황이 변하기 시작한다. 초기 가팔랐던 시장 성장이 점차 둔화되고, 경쟁사 간 품질이나 가격, 생산성 등이 평준화 되면서 이젠 생산보다 영업이 더 중요하다는 인식을 갖게 된 것이다. 영업조직을 갖추고 영업력을 키우는 데에 기업들의 노력이 집중되고 매출, 시장점유율 등으로 경영의 초점이 옮겨가게 되었다. 이 시기를 영업지향 시대(sales era)라 한다.

그런데, 20세기 중반을 넘으면서 소비자들이 느끼는 가치가 달라지기 시작한다. 전에는 좋은 품질의 상품을 좋은 가격에 만들어서 영업과 판촉을 잘하면 문제가 없었는데 점점 그러한 과거의 방식들이 먹혀들지 않고 경영에 어려움을 겪게 되었던 것이다. 여기에서 마케팅의 필요성이 대두된다. 전에는 경영을 잘하기 위해서는 생산성을 높이고 영업조직을 잘 관리하면 되었었는데 즉, 기업 내부와 조직원들을 잘 관리하면 문제가 없었지만, 점차 그러한 방식만으로는 기업이 안고 있는 문제를 해결할 수 없는 상황에 부딪히게 되었고, 경영의 초점을 기업 내부에서 외부로 즉, 시장(market)으로 돌리지 않으면 안 되게 된 것이다. 시야를 마켓(market)으로 향하는(ing) 마케팅의 개념이 대두되었고, 본격적인 마케팅 시대(marketing era)가 된 것이다.

	PRODUCTION시대	SALES시대	MARKETING시대
특징	• 높은 성장률	• 성장률 둔화 • 품질의 평준화 • 경쟁치열	• 본질적인 변화 • 산업구조의 재편 • 패러다임의 전환

기업경영	• 대량생산체계로의 전환
	
	• 생산의 표준화
	• 효율성에 경영
	  POINT
	
	• MACHINE 중심
		• 판매경쟁
		• 영업/유통망 확보 노력
		
		• 매출, M/S에 경영
		  POINT
		
		• MONEY 중심
			• 사업구조의 재조정
			
			• 가치(value)에 경영
			  POINT
			
			• MAN 중심

〈도표 2-8〉 마케팅 시대로의 변천사

본격적으로 기업들은 시장과 소비자를 연구하기 시작했다. 산업화 초기 소비자들은 상품의 품질과 가격에서 가치를 느꼈고 상품들은 날개 달린 듯 팔려 나갔었지만 갈수록 소비자의 욕구가 업그레이드되었다. 매슬로우(Maslow)의 지적처럼 인간은 기본적인 욕구가 충족되면 상위의 욕구가 생기고, 그 욕구가 충족되면 더 상위의 욕구를 충족시키기를 원하는 속성이 있다. 상품의 품질과 가격에 만족하던 소비자들은 점점 더 상위의 욕구가 충족되기를 원했고, 그것을 눈치챈 기업들은 상품과 브랜드를 분리시키고, 브랜드 이미지를 높이고 브랜드 파워를 키워서 소비자들의 안전의 욕구, 소속감의 욕구, 사회적으로 인정받고 존경받고 싶어 하는 욕구에 초점을 상향해 갔다.

또 산업화 초기는 대량으로 소비가 이루어지는 대량시장이었기에 기업들은 규모의 경제를 누릴 수 있었으나, 소비자의 욕구가 다양해지고 점차 경험과 지식이 쌓여 가며 추구하는 가치가 업그레이드되면서 시장은 다양화되고 분화(segmentation)되는 과정을 밟게 되었다. 이러한 변화를 감지한 기업들은 시장을 세분화해서 타깃팅(targeting) 전략으로 대응하면서 변화에 적응했고, 알 리스(Al Ries)와 잭 트라우트(Jack Trout)가 1972년 『The Positioning Era』에서 제기한 '포지셔닝'의 개념을 마케팅전략에 적용시키면서 소비자들의 마음과 싸움을 벌여 왔다. 이렇게 STP(Segmentation, Targeting, Positioning) 전략의 중요성을 깨닫고 적극적으로 전략화한 기업들은 시장에서 리더십을 누릴 수 있었던 것이다.

그런데, 이제는 점차 기존의 STP 전략이나 이미지 전략만으로는 해결되지 않는 문제들이 생겨나고, 기존의 소비자에 대한 이론들만으로는 해석되지 않는 현상들이 일어나고 있다. 소비자의 욕구와 필요(needs & wants)를 충족시키는 것만으로는 소비자들이 가치를 느끼지 못하며, STP의 패러다임으로는 한계를 뛰어넘을 수 없는 상황이 된 것이다.

악순환 사이클에 빠져드는 기업들

기업들의 문제는 생각보다 심각하다. 과거에는 상품 하나에서 발생하는 마진이 좀 적더라도 판매수량이 커서 규모의 경제라도 있었는데, 소비자들의 다양화/세분화 추세로 상품의 종류가 많아져야 하고, 한 상품의 판매수량이 감소하다 보니 더 이상 규모의 경제논리가 통하지 않게 된 것이다. 당연히 회사의 부가가치는 줄어들 수밖에 없다.

레드오션의 악순환 사이클에 빠져드는 기업의 수는 갈수록 늘고 있다. 겉으로 볼 때는 매출액도 조금씩이나마 성장하고, 시장점유율도 꾸준하고 이익도 웬만한 기업들일지라도 속을 분석해 보면 위험한 구조를 가지고 있는 기업들이 많다. 이것이 우리 기업들의 속앓이다. 엎친 데 덮친 격으로 중국과 세계 곳곳의 경제권의 부상은 점점 한국의 상황을 악화시키고 있다.

어떻게 이 문제를 해결할 수 있을까? 기존의 마케팅 개념과 전략으로는 가치이동의 상황에서 소비자들이 추구하는 근원적인 가치를 충족시켜 줄 수 없다. 지금까지는 매출을 올리고 경쟁사보다 시장을 더 많이 점유하기 위해서 마케팅 수단들을 동원하고 남들이 생각하지 못하는 차별화 아이디어를 생각해 내면서 치열한 전쟁을 벌여 왔지만, 이제는 상품의 품질이 평준화되었듯이 마케팅의 수준도 비슷비슷해져 가고 있다.

거기다 지금까지의 지식과 경험으로는 이해되지 않는 현상들이 나타나고 있다. 시장의 구조가 플랫폼으로 변하고, 경쟁자를 누구로 봐야 할지가 혼란스러워지고, 소비자의 개념도 전환되고 있는 것이다. 과거에 생각했던 상품의 개념이 훨씬 더 확장되고, 가격이라는 것도 고정되어 있지 않고, 유통채널도 지각변동을 일으키면서 언제 어디서 어떤 변화가 생길지 예측할 수 없으니 유통채널에서의 리더십을 유지하기가 점점 어려워지고, 과거에는 힘을 발휘하던 광고나 판촉 활동도 이제는 점점 매출탄력성을 잃어가고 있다. 이제는 과거에 생각하던 방식, 과거에 사업하던 방식으로는 벽에 부딪히면서 일대 전환을 해야겠는데, 그 돌파구를 찾기가 어려운 것이다.

해법은 인식에 있다. 소비자에 대한 관점을 코페르니쿠스적으로 전환해야 한다. 하늘이 도는 것이 아니라 땅이 도는 것이듯 이제 비즈니스의 주도권이 생산자인 기업으로부터 소비자에게 이동하고 있음을 인식해야 열쇠를 발견할 수 있다는 말이다.

권력이동(power shift)의 역사

현대판 코페르니쿠스들

그렇다면, 소비자가 어떻게 달라지고 있다는 말인가? 지금까지의 소비자 변화 궤도와는 전혀 다른 양상을 띠고 있다. 즉, 지금까지의 소비자 변화 양상은 다양성과 욕구의 업그레이드라고 할 수 있었지만 이제는 그런 정도가 아니고 파워가 아예 소비자에게로 이동하고 있다는 사실을 인식해야 한다.

산업계의 권력이동의 역사를 잠시 돌아보자. 산업화 초기에는 생산자에게 힘이 집중되어 있었다. 상품과 생산이 중요한 시기였고, 정보와 기술이 생산자에게 집중되어 있었기 때문에 당연히 기업이 권력을 가질 수밖에 없었다. 그러나 점차 시장의 기능이 발달되면서 유통이 다기능화되고 또한 상품에 정보적 요소가 더해지면서 권력이 유통채널로 이동하게 되었다. '힘 있는 소매점'들이 생겨나고 생산자의 브랜드 파워와 유통채널의 파워가 부딪히는 현상들이 곳곳에서 일어났다.

또 매스미디어가 발달하면서 소비자에게로 가는 정보의 길목을 잡고 있었던 미디어들 역시 거대권력이 되었다.

그런데, 그 힘이 소비자에게로 이동하고 있다. 소비자에게로의 권력 이동을 가속화시킨 것은 인터넷과 모바일, SNS 등 정보기술이다. 이제는 정보가 누구에게나 오픈되어 있다. 과거에는 기업만이 가질 수 있었던 정보를 소비자들도 가질 수 있게 되었고, 지금까지는 기업이 광고를 통해서 상품의 우월성에 대해 말해 주면 소비자들이 설득 당했었지만 상황이 역전되었다. 소비자들이 많은 상품을 경험하다 보니 정보과 지식이 많아졌고, 인터넷에 접속하면 그 상품에 대한 사용경험, 만족/불만족에 대한 수많은 정보를 얻을 수 있는 여건이 조성되었기 때문이다.

또 네비게이터(navigator)와 큐레이터(curator)들은 소비자들이 필요로 하는 정보를 손쉽게 얻을 수 있게 만들어 주었다. 기업이 보내는 메시지를 일방적으로 수용할 수밖에 없던 과거와는 달리 이제는 소비자가 판단하고 능동적으로 문제를 해결하고 의사결정할 수 있게 된 것이다. 즉, 단지 소비자의 힘이 세졌다기보다는 힘의 균형이 소비자에게로 옮겨 갔다는 것이 더 적절한 표현이다.

요람 제리윈드는 『컨버전스 마케팅』에서 근본적인 개념이 바뀌고 있다면서 "소비자에게 강력한 의사결정 도구들을 제공함으로써 기업과 소비자와의 힘의 균형을 근본적으로 변형시키고 있다"고 표현하고 있고, 앨드리히도 『디지털 시장의 지배』에서 "오늘날의 고객은 의사결정을 하며, 새로운 전문용어에 기초하여 의사결정을 한다. 그것은 바로 가치다"라며 비즈니스의 주도권이 고객에게 넘어갔다고 단언한다.

이들뿐이 아니다. 모든 미래경영학자들이 이구동성으로 얘기하는 포인트가 여기에 있다. 프리드 비어세마도 『새로운 시장의 리더』에서 "겨우 몇 년 사이에 고객들은 거의 모든 영역에서 경영자들이 의존해야 하는 존재가 되었다"며 역전 현상을 언급하고 있고, 슬라이워츠키는 『가치이동』에서 기업들의 차별화가 감소하고, 기업에 비해 고객들의 집중력이 커지면서 고객으로의 "세력이동"이 일어나고 있다고, 또 돈 탭스콧은 파워가 고객에게 넘어가는 현상은 뚜렷하게 나타나고 있고 "힘의 중심을 그들 자신에게 가까이 이동시키며, 궁극적으로 하나의 시장이 된다"면서 고객이 곧 시장으로 변하는 현상을 지적한다.

웹1.0에서 웹2.0으로

이와 같이 현대판 코페르니쿠스들이 이제는 하늘이 아니라 땅이 돌고 있다고 한 목소리를 내고 있다. 과거와 같이 소비자가 평면적으로 변하고 있는 정도가 아니라 권력의 주체가 되어서 기업을 좌지우지할 수 있는 무서운 존재로 변신하고 있는 것이다. 천동설로는 설명되지 않던 것이 지동설로 해석하니까 이해되었던 것처럼 소비자에게로 권력이 이동하고 있다는 것을 깨닫는다면 지금 비즈니스에서 일어나고 있는 많은 현상들을 이해할 수 있을 것이다.

소비자들이 정보의 주도권을 가지면서 힘을 얻게 된 단초는 1990년대 인터넷이 만들어 낸 웹(web) 환경이었다. 전 세계가 거미줄처럼 연결되면서 누구나 쉽게 정보에 접속할 수 있고 퍼트릴 수 있는 변화가 일어났던 것이다.

그러나 90년대까지만 해도 일반인들은 정보의 소비자 역할 정도 수행할 뿐이었다. 전자게시판이 진화한 형태의 포털 사이트들이나 기업의 홈페이지들이 생산해서 잘 편집해 놓은 콘텐츠들을 소비했고, 웹이라는 망망대해를 하이퍼텍스트 프로토콜(http)로 서핑하면서 자신들이 필요로 하는 정보들을 찾고, 주로 이메일, 게시판, 카페 등을 활용하여 정보를 주고받는 것이 대부분이었다.

이때만 해도 소비자들은 수동적이었다. 정보의 생산은 기업이 담당하고 개인들은 소비만 하는 형태였기 때문이다. 그런데 21세기 들면서 양상이 달라지기 시작한다. 인스턴트 메신저의 사용이 늘어나고 블로그 생태계(blogsphere)가 조성되면서 일반인들도 정보의 생산자로 참여할 수 있는 인프라스트럭처가 조성된 것이다. 블로거들의 수익원이 생기면서 슈퍼블로거의 꿈을 꾸는 사람들이 늘어났고, 이들이 생산하는 정보의 양이 기업이 생산하는 양을 능가하기 시작했다.

이것을 팀 오라일리(Tim O'Reilly)는 웹2.0이라 부르기 시작했다. 90년대의 웹 환경이 일방향적이고 선형적(1차원)이라 한다면 2000년대 들면서 쌍방향적이고 평면적(2차원)으로 변한 것이다. 시장이 플랫폼으로 변한 것도 이러한 맥락이다.

이러한 트렌드에 올라탄 최고의 수혜자는 구글이었다. 1998년 창업한 구글은 검색창 하나 달랑 만들어 놓고 인터넷 사용행태를 서핑에서 서치로 바꾸었고, 이전의 검색엔진들과는 달리 검색이 끝났으면 빨리 다른 블로그나 사이트로 이동해 가라고 쫓아낸다. 그리고 이들은 개인들의 블로그에 광고를 게재하는 애드센스(Ad Sense) 프로그램을 통해 큰돈을 벌어들이면서 급성장하기 시작했다.

웹2.0 환경으로의 변화는 생산자로부터 소비자에게로의 권력 이동을 일으킨 결정적 계기가 되었다. 여기에 불을 붙인 것이 SNS(Social Network Service)다. 마이스페이스, 트위터, 페이스북, 유튜브 등이 2000년대 중반 시작되었고 사람들은 소통의 플랫폼으로 모여들었다. SNS는 블로그가 진화한 모델이다. RSS나 트랙백으로 연결되는 블로그보다 실시간으로 끊김없이(seamless) 연결되고, 개인이 블로그를 만드는 수고와 친구 찾는 시간도 덜어 주었다. SNS를 마이크로 블로그라 부르는 이유가 여기에 있다.

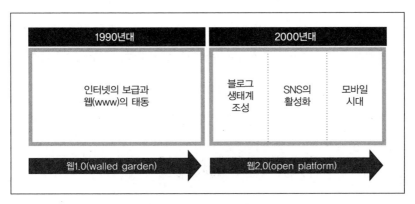

〈도표 2-9〉 웹의 진화

이러한 웹2.0의 불길에 기름을 부은 것이 2000년대 후반에 터진 스마트폰이었다. 스마트폰은 인터넷과 함께 문명사적 의미를 갖는다. 인터넷의 확산으로 인류는 온라인이라는 개념을 알게 되었고 새로운 시공간을 발견했다. 이것은 15세기 콜럼부스가 아메리카 대륙이라는 새로운 땅을 발견하면서 세계지도와 역사가 바뀐 것에 비견할 수도 있을 것이다. 인터넷이 활용되던 90년대부터 오프라인과 온라인이라는 신조어가 쓰이기 시작했었다. 오프라인과 온라인은 확연하게 구분됐다. 온라인이라는 시공간으로 들어가려면 인터넷이 연결되어 있는 컴퓨터에 접속해야 했다. 컴퓨터를 켜면 온라인, 끄면 오프라인인 셈이다.

그런데, 스마트폰은 온라인과 오프라인의 경계도 허물어 버렸다. 사람들은 밥 먹을 때도, 화장실 갈 때도, 심지어 잠잘 때도 스마트폰을 끄지 않는다. 24시간 ON 상태인 것이다. 그렇다면 우리는 오프라인에 있는 것인가, 아니면 온라인에서 생활하고 있는 것인가? 스마트폰을 사용하면서 사람들의 라이프스타일이 바뀌고 비즈니스 생태계를 또 한 번 요동치게 만드는 파워는 인터넷이 구분지어 놓았던 오프라인과 온라인을 교묘하게 융합시키면서 시공간을 또 다시 재구성한 데서 나오는 것이다.

또 스마트폰은 PC의 선을 잘라놓은 정도가 아니다. 또 노트북을 조그맣게 축소해 놓은 물건 역시 아니다. 스마트폰에는 GPS가 내장되어 있어서 위치추적도 가능하고, 중력 및 가속도 센서, 자이로센서 등이 들어 있어 노트북으로는 불가능한 일들을 할 수 있다.

그뿐 아니다. 이제는 모든 사람들이 모르는 게 없는 시대로 변했다. 스마트폰에 검색어만 치면 1~2초면 답을 알 수 있다. 우리 뇌 속의 장기기억에서 꺼내려 해도 몇 초는 족히 걸리니까, 이쯤 되면 모든 것을 알고 있다고 해도 틀린 말은 아니다. 모바일은 인간 뇌의 연장이다. 과거에는 007요원이나 가질 수 있었던 첨단기기를 지구인들이 하나씩 가지고 다니는 시대가 된 것이다.

이렇게 인터넷과 모바일로 네트워킹된 최첨단기기를 지니고 다니는 똑똑한 소비자(smart mob)의 출현은 본격적인 소비자 주도시대의 개막을 알리는 것이다. 갈수록 소비자들의 힘은 승수효과를 얻게 될 것이다.

소비자 참여시스템의 구축

소비자를 참여시켜 함께 가치를 창출하라

이와 같은 소비자의 코페르니쿠스적인 전환이 기업의 마케팅에 시사하는 바는 이제는 소비자를 단지 상품을 판매할 대상으로만 보아서는 안 된다는 점이다. 소비자와의 제휴와 네트워킹을 통해서 그들을 마케팅에 참여시키는 전략을 고려해야 한다. 기업이 제휴를 통해 관계를 맺어야 하는 대상에 다른 기업뿐만이 아니라, 소비자도 포함시켜야 한다는 말이다. 토플러가 예견한 '프로슈머(prosumer)'의 개념이 이미 현실로 나타나고 있다.

이제는 소비자가 가치를 만드는 주체가 될 수 있다는 측면에서 가치고리(value loop)에 포함되어야 한다. 월드컵 응원, 촛불시위 등은 국민이 자발적으로 엄청난 가치를 만들어 낼 수 있다는 것을 보여 준 사례였다.

이것은 경영자들이 사업하는 방식을 어떻게 변화시켜야 하는가의 지침이 된다. 즉, 산업화 경제시스템에서는 기업이 상품을 생산하여 소비자에게 판매하는 일방향적이고 선형적인 방식이었지만, 이제는 소비자를 마케팅 과정에 참여시키며 그들이 가치를 만들어 낼 수 있도록 쌍방향적, 동시간적으로 융합하는 방식으로 바꾸어야 한다. 이러한 비즈니스 모델을 이해하고, 마케팅전략에 적용시키는 것이 가치리더십을 결정하는 핵심요소가 될 것이다. 그리고 소비자들이 만들어 내는 가치는 지금 예상하는 것보다 훨씬 엄청난 위력을 가지게 될 것이다.

토플러도 『권력이동』에서 소비자도 가치를 만들어 내며, 생산의 개념이 달라지면서 "지구상에 혁명적인 새로운 부(富) 창출체제"가 만들어지고 있다고 강조했다. '새로운 부 창출체제'라는 말은 쉽게 얘기하면 돈 버는 방법을 의미한다. 기존의 사업방식으로는 앞으로 돈을 벌수 없으며, 새로운 패러다임을 이해하고 이에 적합성을 갖는 사업모델로 전환할 필요성을 강조하고 있는 것이다. 또한 여기에 '소비자도 가치를 부가한다'는 점을 명심해야 한다.

프라할라드와 라마스와미도 『경쟁의 미래』에서 네트워크로 연결되어 정보에 해박하고 적극적인 소비자가 등장하면서 비즈니스의 기본 명제가 근원적으로 흔들리고, 전통적인 교환방식에서 공동으로 경험하는 방식으로 이행하고 있다고 역설한다. 이 말은 교환경제시스템의 종말, 그리고 경험경제시스템으로의 일대 전환을 의미한다. 또 이들은 기존 가치사슬 내에 있는 경제주체들의 역할에도 융합이 일어나고 있음을 강조하고 있다.

"새로운 시스템 내에서 소비자, 경쟁자, 공급자, 협력자, 투자자 등 각자의 역할이 정해지고, 그 역할로 고정된다기보다는 각자의 역할은 임시적이어서 상황의 변화에 따라 바뀌게 된다. 우리가 새로운 가치의 공동 창출의 영역으로 나아감에 따라, 우리는 기업=경쟁자=파트너=협력자=투자자=소비자라는 방정식을 만들 수 있을 것이다. 가치의 공통분모는 공동 가치 창출 경험이다." (경쟁의 미래, 207쪽)

생산자와 소비자 간의 경계가 허물어지고 권력이동이 일어나면서 지금까지의 기업과 고객의 역할모델이 달라지고 있다. 즉, 기업은 상품과 서비스를 생산/판매하고 고객은 구매/소비했던 것이 산업시대의 역할 모델이었다면 이젠 그것이 융합되고 있는 것이다.

이것은 지금까지 상품과 서비스를 생산, 판매함으로써 각 단계 별로 가치를 부가해 가는 방식과는 근본적으로 다른 구조다. 고객을 끌어들이고 고객에게 주도권을 줌으로써 가치를 융합하는 방식이다. 즉, 생산자와 소비자 간의 경계가 허물어지고 소비자가 참여하면서 새로운 가치방정식이 생겨나게 된 것이다.

21세기 들어 급성장한 기업들은 모두 이 새로운 원리를 기막히게 적용했다는 공통점을 갖는다. 2001년 시작된 위키피디아(Wikipedia)는 전 세계인들을 집필자로 끌어들여 집단지성을 만들어 내면서 위키노믹스라는 신조어까지 만들어 냈고, 우리나라에서도 SNS의 원조격이라 할 수 있는 싸이월드나 아이러브스쿨이 - 비록 혁신을 이어가진 못했지만 - 고객들을 정보의 생산자로 끌어들이는 전략으로 큰 성공을 거두었다. 구글이나 페이스북도 자신들은 멍석만 깔아주고 정보의 생산과 유통은 일반인들이 담당하게 했고, 유튜브에는 UCC(user created contents)들이 넘쳐났다. 타임지는 2006년 올해의 인물에 "YOU"를 선정하는 순발력을 보였다. 오픈 마켓도 마찬가지 원리다. 알리바바와 이베이 등은 상품의 판매자와 구매자가 서로 교환할 수 있는 인프라스트럭처(소통/결제/배송 등)만 구축해 주는 플랫폼의 역할을 한다.

우리나라에서도 소비자를 생산자로 참여시키는 사례들이 늘어났다. 케이블방송 엠넷(Mnet)의 '슈퍼스타K'는 일반인들에게 생산의 칼자루를 쥐어 주는 발상의 전환이 얼마나 큰 위력을 발휘할 수 있는가를 극명하게 보여 주었다. 흔히 음악 프로그램을 기획할 때 어떤 가수들을 어떤 무대 콘셉트로 연출해서 차별화할 것인가를 고민하는데, 그러한 생각의 프레임으로는 케이블방송이 공중파를 이길 수 없다. 엠넷은 그 틀을 깼다. 일반인들을 오디션 형식으로 참여시켜서 그들의 스토리를 음악과 함께 녹여냈다. 즉, 무대와 관중석의 자리를 바꿔버리고는 일반인들을 무대의 주인공으로 서게 한 것이 적극적인 참여로 폭발한 것이다. 다른 말로 하면 스튜디오의 경계를 허문 셈이다. '슈퍼스타K'는 경이적인 시청률을 기록했고, 타 방송사들도 따라할 정도로 커다란 사회적 센세이션을 일으킬 수 있었다. 성공비결은 방송사가 모든 것을 생산하고 관객은 소비한다는 기존의 관념에서 과감히 벗어났던 데에 있었던 것이다.

공유경제의 등장

결국 권력이동 트렌드는 공유경제를 낳게 되었다. 지금까지 마케팅이란 소비자를 통제하고 소비자와의 관계를 소유하는 방법론이었다.

그러나 이젠 소유(own)에서 공유(share)로 패러다임이 이동하고 있다.

2007년 창업의 꿈을 안고 샌프란시스코에 왔지만 생활고에 시달리는 상황에 처한 브라이언 체스키와 죠 게비아는 월세라도 충당할 겸 자신들이 임대한 아파트의 공간 일부를 산업디자인 컨퍼런스 참석 차 여행 온 사람들에게 제공하는 아이디어를 내게 되는데, 거실에 간이 에어베드 세 개를 갖다 놓고, 매일 간단한 조식까지 제공하는 조건을 인터넷에 올린 것이 에어비앤비(Air Bed & Breakfast)의 시작이었다.

세계적인 호텔 체인을 제치고 최고의 숙박업소로 급성장한 에어비앤비는 일반인들이 사용하지 않는 기간 동안 자신의 집을 여행숙소로 제공하고 부수입을 얻을 수 있는 플랫폼을 만든 것이다. 에어비앤비는 호텔 대신에 색다른 체험을 선호하는 사람들에게도 인기가 있다. 멋진 성에서 하룻밤을 잘 수도 있고, 이글루에서 지낼 수도 있으며 수상가옥도 가능하다. 에어비앤비는 크라우드 소싱을 통해 숙소상품을 만들었고, 연결을 통해 수익을 창출하고 있는 것이다.

택시 잡는데 30분 이상 허비하고 승차거부를 당한 트래비스 칼라닉은 '버튼 하나만 눌러 편하게 택시를 부를 수 없을까' 하는 생각이 머리를 스치면서 친구와 함께 우버(Uber)를 창업했다. 콜택시를 휴대폰 앱의 실행만으로 이용하도록 하는 서비스 플랫폼으로 시작된 우버는 2010년 창업한 지 몇 년 지나지 않아 수십조 원의 기업 가치를 인정받는 글로벌 기업으로 성장했는데, 이미 웬만한 자동차회사들을 훌쩍 넘어서 있다. 또 일반인들이 자신의 자동차를 운행하면서 수익을 내게 하는 우버엑스를 통해 생산자로 참여시켜 일반소비자들도 돈을 벌 수 있게 해 주었다.

경제의 침체, 쓰레기로 인한 환경오염에 대한 관심 등이 사회적으로 이슈화되고 네트워크 인프라의 발달이 연결의 효율성을 높여주면서 소셜 쉐어링 서비스의 영역은 집, 자동차 등을 넘어 모든 영역으로 확산되고 있다. 그러나 공유경제의 본질은 자신의 물건을 남들과 나누어 쓰는 데에 있는 것이 아니다. 소비자들을 생산자로 참여시켜 공동으로 가치를 창출하는 비즈모델이 공유경제의 핵심이며, 다른 말로는 협업경제, 위키노믹스라 할 수 있는 것이다.

여행과 주거, 이동의 방식 등 인류문화를 바꾸어가는 룰 파괴자 에어비앤비나 우버의 성공은 문명의 이동을 암시한다. 즉, 아마존, 구글, 페이스북 등 지금까지의 성공이 오프라인을 온라인으로 이동시킨 데서 나온 것이라면 에어비앤비나 우버는 기존 대량생산 위주로 짜여진 산업문명의 가치사슬을 파괴하면서 개인화된 정보문명으로의 이동을 획책하고 있다. 땅에서는 지각판이 갈라지면서 충돌하고 하늘에서는 천둥번개가 치는 무서운 형국이다.

제러미 리프킨의 표현대로 '호모 엠파티쿠스'(Homo empathicus, 공감하는 인류)가 네트워크를 통해 만나고 대화하고 공유하고 협업하면서 기존 기업들이 하던 일들을 대체해 가는 중이다. 대전환이 일어나고 있다.

제조업의 소비자 참여전략 : 공동 가치창출경험

그런데 여기서 의문이 생길 것이다. 정보산업이나 온라인 사업 등은 소비자참여가 용이하지만 오프라인의 제조업이나 서비스업은 어떻게 가능하겠는가 하는 점이다. 즉, 일반 제조업체들은 소비자를 참여시킨다는 것이 이론상으로는 맞는 것 같은데, 어떻게 적용해야 할지 엄두가 안 날 수도 있다. 소비자들을 공장에 들어오게 해서 직접 생산 공정에 참여시킬 수는 없는 일 아닌가? 소비자의 의견을 모니터링해서 상품 생산에 반영하는 정도이지 어떻게 소비자가 스스로 만들 수 있게 할 수 있나 반문할 수 있다.

만약 이렇게 생각한다면 '공장 안' 시각에서 벗어나지 못했다는 증거다. 생산의 개념을 공장 안에서 이루어지는 것으로 보는 고정관념과 상품/서비스를 사물(hardware)로만 보는 관점으로는 융합방정식을 풀 수 없다.

미국의 자동차회사 로컬 모터스를 보라. 이들은 제조업이지만 크라우드 소싱(crowd sourcing) 플랫폼을 구축하고 있다. 구글은 모토롤라를 중국 레노버에 매각했지만 스마트폰을 DIY 방식으로 조립하는 아라(Ara) 프로젝트는 놓지 않았다. 또 화물운송 업체인 UPS는 서비스상품이나 시스템을 개발할 때 고객사들을 참여시키고 같이 개발해 감으로써 기업의 가치를 올리고 있다.

P&G는 오픈 이노베이션(open innovation) 전략을 통해 공장 안 시야와 틀을 깨뜨리는 혁신이 얼마나 큰 위력을 발휘하는지 실감했던 회사다. P&G는 신제품 아이디어의 60% 이상을 소비자에게서 얻고 R&D 부문도 대중에게 지혜를 구한다. 또 2012년 유튜브와 페이스북 등 소셜 미디어에서 큰 화제가 되었던 올드 스파이스 가이 캠페인의 성공 이후 P&G는 "소비자가 마케팅 전문가가 되었다"고 고백하면서 이듬해 마케팅 인력 1,600명을 감축한 것도 이젠 소비자와의 협업을 통한 마케팅이 훨씬 효과적임을 몸소 깨달았기 때문이다.

광고 제작을 소비자와 협업하는 사례는 셀 수 없이 많다. 지금까지 광고를 하려면 광고대행사를 선정해서 광고나 홍보물을 제작하는 것이 일반적인 관행이었지만, 점점 일반인들을 광고제작자로 끌어들이는 시도들이 늘어나고 있다. 30초에 60억 원이 넘는 미국 슈퍼볼광고를 일반인에게 공모하는 간 큰 광고주들도 늘고 있다.

GM 쉐보레는 광고 제작에 고객 참여를 유도하는 데에 발 빨랐다. 쉐비 타호(Chevy Taho)를 런칭하면서 TV광고를 온라인경합으로 발굴하는 프로젝트를 진행했다. 이를 위해 NBC 리얼리티 쇼 프로그램인 '어프렌티스' 시간대를 구매하기도 했는데, 그 프로그램에서 참석자들과 딜러들 간에 신형 타호를 어떻게 홍보할 것인가 아이디어 경쟁을 벌였다. 그리고 동시에 마이크로 사이트를 오픈하고 동영상/음악조각/편집도구 등을 준비해 놓고 소비자들이 그것을 가져다가 TV 광고를 제작할 수 있도록 했던 방식이다.

상품을 만드는 것과 가치를 만드는 것을 혼동해서는 안 된다. 사물로서의 '상품(product)'은 공장에서 만들어지지만, 정보로서의 '가치(value)'는 고객과의 상호작용에서 만들어진다. 산업시대에는 공장에서 생산된 상품에서 가치가 만들어졌지만, 사물의 부가가치는 갈수록 떨어지면서 제로로 수렴할 것이고, 정보시대에서는 고객이 참여해서 함께 가치를 창출하는 경험(experience)에서 큰 가치가 만들어진다.

다른 말로 하면, 고객들이 기업이 만든 상품의 품질과 차별화된 기능에서 만족을 하고 감동받던 시대는 지나갔고, 비즈니스 과정에 참여해서 공동으로 가치를 창출해 가는 경험에 가치를 느끼는 시대가 되었다는 말이다.

168

돈 탭스콧은 집단지성을 출현시킨 위키피디아가 새로운 경제문법을 만드는 과정을 보면서 '위키노믹스'(Wikinomics : Wiki + economics)라는 신조어를 만들어 냈다. 스마트 몹들이 인터넷을 통해 참여하고 협업하면서 가치를 만들어 내는 새로운 비즈니스 패러다임이 앞으로의 경제논리가 될 것이라는 주장이다. 경제시스템의 대전환을 예고하는 것이다.

이제 기업들이 서둘러야 하는 것은 고객참여시스템을 구축하는 일이다. 상품이란 고객에게 제공되는 가치의 총체물이며, 생산은 공장이 아니라 광장, 즉 플랫폼에서 이루어지는 것이라는 관점의 전환과 시야의 확대가 필요하며 고객과 함께 경험을 만들어 가는 시스템에 투자해야 한다.

이것은 고객을 만족시켜야 할 대상으로 보던 지금까지의 관점과는 180도 다른 것이며, 고객을 비즈니스 파트너로 생각하고 고객과 제휴를 맺는 것을 의미한다. 이것이 CRM의 본질이다. 고객들과 지속적으로 대화할 수 있고, 고객들과 협업할 수 있으며, 고객이 칼자루를 쥘 수 있는 시스템, 이것을 갖는 기업이 미래를 얻게 될 것이다.

CRM을 업그레이드하라

혁명이 일어나고 있다. 경영자들의 소비자에 대한 인식이 코페르니쿠스적으로 전환되어야 한다. 아직까지 소비자를 마케팅의 대상으로만 생각하고, 어떻게 서비스를 높이고 만족시킬 것인가(Customer Satisfaction)에만 관심을 기울이고 있다면, 그러한 기업의 미래는 암울하다. 고객을 감동시키기 위한 서비스의 수준은 이제 어느 회사나 비슷해졌다. CRM(Customer Relations Management) 안 한다는 회사도 없다. 그러나 CRM에

많은 투자를 해놓고도 실제로 하고 있는 것은 CS의 수준에서 넘어서지 못한다. 머리가 바뀌지 않고서는 CRM의 첨단장비와 기법들도 무용지물이 될 수밖에 없다. 현재의 CRM 시스템을 업그레이드해야 한다.

첫째, 소비자를 통제하고 소비자와의 관계를 소유하겠다는 생각부터 버려야 한다. 정보시대의 CRM은 그런 것이 아니다. 고객이 마케팅의 대상이 아니라 새로운 가치의 창출자가 된다는 사실을 깨닫고 마케팅의 참여자로 끌어들여야 하며, '고객에게' 판매한다는 생각을 버리고 '고객의, 고객에 의한, 고객을 위한' 마케팅으로 전환해야 한다. 즉, 예전에는 '만들라, 그러면 그들이 올 것이다' 이었지만 지금은 '함께 만들라, 그러면 그들은 머물 것이다' 로 바뀌고 있는 것이다. 프라할라드 교수는 『경쟁의 미래』에서 이 점을 매우 강조한다.

"전통적인 태도는 이미 시대착오적인데도 불구하고 비즈니스의 많은 영역에 팽배하게 퍼져 있다. 예를 들어서, 테크놀로지 업체가 제공하는 CRM 소프트웨어는 기업 중심의 사고방식에 젖어 있어서 소비자란 기업에게 수동적인 '대상' 일 뿐이다. 공동 가치 창출의 세계에서는 기업들이 대상 소비자를 찾기보다는 그들과 대화를 진행해야 하는 세계이므로, 매우 다른 종류의 커뮤니케이션 인프라스트럭처가 필요하게 될 것이다." (경쟁의 미래, 204쪽)

소비자로의 권력이동은 CRM의 기존 개념과 방법을 대폭 수정할 것을 요구하고 있다. 소비자를 욕구와 필요를 충족시켜야 할 대상으로 생각하는 기존의 마케팅 개념은 낡은 고정관념으로 변해 가고 있다. 소비자를 단지 분석의 대상으로가 아니라 참여와 제휴의 대상으로 생각하는 인식의 전환이 필요하며, 이들과 협업하는 마케팅 인프라스트럭처의 개발이 요구되고 있는 것이다.

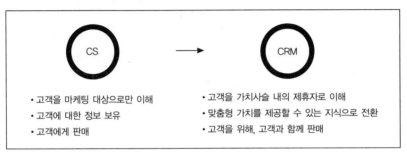

<도표 2-10> CS와 CRM의 차이

둘째, 소비자들과 쌍방향적으로 소통(interactive communication)해야 한다. 설교하려 하지 말고 수평적으로 실시간 대화하고 지속적인 피드백을 주고받을 수 있는 소통채널을 만들어야 한다. 블로거들의 롤 모델인 댄 길모어는 신문의 위기를 진단하고 미래 해법을 찾는 세계신문협회 2005년 서울총회 연설에서 "지난 수십 년 혹은 수백 년 동안 저널리즘은 독자들에게 사실을 알려 주는 '설교'에 가까웠지만 기술의 충돌 등으로 인해 '대화'로 바뀌고 있다. 따라서 우리가 이 같은 변화를 받아들이고 적용하는 것은 매우 중요하다"(매경, 2005.5.31.)고 충고했다.

또 이제는 더 이상 정보를 가린다거나 왜곡하는 것은 불가능해졌고 자칫 역풍을 맞을 수 있는 환경이 되었다. 자사뿐 아니라 경쟁사의 정보도 제공하고 모든 걸 오픈해서 솔직하게 친구처럼 커뮤니케이션하는 것이 중요한 일이다. 이것은 기업의 조직구조나 지금까지의 관행으로 볼 때 익숙하지 않은 어려운 작업이기도 하다. 그러나 여기에서 성패가 갈린다.

셋째, 개인맞춤화해야 한다. 기존 STP 마케팅모델이란 소비자 조사를 통해 고객을 군집(cluster)으로 나누어서 평균으로 인식하는 방식이었다. 그러나 평균적인 고객은 실체가 없는 허상이다. 개별적이고 특별한 고객으로 인식을 전환하고 한 사람 한 사람의 가치를 충족시켜 줄 수 있는 마케팅 시스템을 개발해야 하는 것이 기업들이 반드시 풀어야 할 과제다. 개인맞춤화하려면 디지털 기술, 빅데이터 분석, 3D 프린팅, 증강현실, 인공지능 등을 적극 활용해야 한다.

마지막으로, 기존 고객과의 관계를 중시해야 한다. 많은 기업들이 공통적으로 간과하고 있는 면이 있다. 그것은 기존의 고객층이다. 즉, 기존에 자사 상품을 구매한 경험이 있는 고객들과 계속적으로 관계를 유지하고 평생고객으로 유지하는 것을 소홀히 생각하는 경향이 있다는 것이다. 실제로 많은 연구 결과들은 새로운 고객을 1명 얻는 데 소요되는 비용이 기존 고객 1명을 지속적으로 유지하는 데 들어가는 비용보다 크다는 것을 밝히고 있다. 기업들이 당장 눈앞에 보이는 매출 올리는 데에 신경을 쓰다 보니 새로운 고객을 얻기 위한 마케팅 비용은 아까워하지 않으면서 기존고객을 관리해서 평생고객으로 유지하기 위한 마케팅 프로그램에는 많은 투자를 하지 않는다. 고객의 평생가치(lifetime value)를 제공함으로써 고객들과 지속적인 관계를 만들고 그것을 강화시켜 나가는 능력을 키워야 한다. 네트워크로 연결된 한 사람 뒤에는 최소 수 백 명씩 있고 그들의 입소문이 무섭기 때문이다.

소비자 권력에 당당한 전문가들

두 얼굴을 가진 소비자 역설을 통찰하라

소비자에 대한 인식의 코페르니쿠스적 전환과 함께 기업들이 통찰해야 하는 또 하나는 소비자의 역설(paradox)이다. 흔히 마케팅을 소비자의 욕구와 필요를 충족시키는 경영활동이라고 정의한다. 그러나 이것은 반쪽짜리 정의다. 더 의미 있는 다른 한쪽은 소비자들의 집단무의식(collective unconsciousness)에 대한 통찰이다. 예를 들어, 일반인들이 휴대폰이나 스마트폰에 대한 욕구와 필요를 느끼고 있었을까? 만일 당시 소비자 리서치를 했다면 부정적인 보고서가 나왔을 것이다. 스마트폰 시장이 열린 것은 소비자들의 집단무의식을 건드렸기 때문이다.

스티브 잡스는 소비자들은 실제로 어떤 제품을 보고 나서야 그 제품이 자신이 원하던 것인지 아닌지 말할 수 있기 때문에 포커스 그룹을 통해 의견을 듣는 시장조사는 별 의미가 없다는 얘기를 하면서 "우리가 이해해야 하는 것은 소비자를 속이는 기술, 그리고 사람들이 원치 않는 것을 원한다고 믿도록 만드는 전략이 아니라 우리 자신이 무엇을 원하고 있느냐 하는 것이다"라는 말을 했다. 기존의 마케팅 통념을 통렬히 반박하는 것이다. 디자이너인 마티 뉴마이어는 『브랜드 갭』에서 마케팅 통찰력의 중요성을 예를 들어 설명하고 있다.

> "소니의 창업주인 아키오 모리타 회장은 새로운 아이디어를 조사하는 것은 어리석은 짓이라고 믿었다. 그는 '우리의 목표는 일반인들을 이끄는 것이다. 그들은 무엇이 가능한지 모른다' 라고 말했다. 과거 단순한 생산라인 시대에서도 헨리 포드사의 결정은 시장조사를 통해서가 아니라 직관에 의한 것이었다. 그들은 '우리가 만일 일반인들에게 무엇을 원하냐고 물었다면 그들은 아마도 '더 빠른 말' 이라고 대답했을 것이다' 라고 설명했다." (브랜드 갭, 122~123쪽)

결코 소비자 리서치가 불필요하다는 것을 말하는 것이 아니다. 소비자 리서치는 마케팅에 있어서 반드시 거쳐야 할 기본적이고도 필수적인 과정이다. 핵심은 무엇을 보고 있는가, 또 그 결과를 어떻게 읽을 것인가 하는 통찰력이다. 실제로 많은 마케터들이 조사 결과를 왜곡되게 해석하는 오류를 범하는 것은 세상의 변화, 패러다임의 이동을 통찰하지 못하기 때문이다.

스티브 잡스나 마티 뉴마이어가 강조하는 포인트는 소비자를 분석의 대상으로 보지 말라는 점이다. 소비자를 분석하는 것 자체가 마케팅의 대상으로 보고 있다는 반증이다. 이제는 소비자를 분석하는 것이 불가능한 불확실성의 시대로 변하고 있다. 소비자들도 자신이 누군지 모르며 어떻게 행동할지 말해 주지 못한다.

명품자동차 BMW도 소비자 의견을 무시하는 얘기를 했다. 1972년 BMW 5 시리즈를 런칭했을 때 뒷자리가 너무 좁아서 다리를 펼 수 없다는 소비자 불만이 쏟아졌지만 BMW는 받아들이지 않았다. 최첨단 항공역학으로 계산된 비율을 망가뜨리게 되면 그들이 내건 슬로건처럼 '완벽한 드라이빙의 기쁨'(sheer driving pleasure)을 약속할 수 없다는 이유 때문이었다. 소비자 의견을 무시하다니? 이건 있을 수 없는 일이다. 그런데 역설적이게도 BMW 5 시리즈는 오랫동안 사랑받는 모델이다.

장 노엘 캐퍼러 파리대 교수는 "소비자 의견을 너무 수용해 브랜드의 정체성을 잃어버릴 때 브랜드는 위기에 빠진다"는 말을 했다. 균형 감각을 잃게 될 때 패러독스의 덫에 빠질 수 있음을 경계해야 한다.

소비자는 원래 두 얼굴을 가지고 있다. 혁신적인 상품을 좋아하는 듯하다가도 보수적인 성향을 보이고, 적극적이다가도 수동적으로 변하고, 가격에 민감한 것 같으면서도 지름신이 강림하고, 이성적으로 행동하다가 감성적으로 변하기도 하는 것이다. 이제는 또한 온라인과 오프라인(O2O)을 넘나든다.

빅데이터 시대 마케터들에게 중요한 것은 분석력이 아니라 통찰력이다. 데이터를 모아 분석하는 것은 인공지능의 몫이 될 것이고, 소비자의 의식과 행동을 보면서 행간을 읽을 수 있는(read between the lines) 통찰력이 마케팅의 성과를 좌우하는 결정적인 요인이 된다. 시장 저변에 흐르는 본질적인 변화, 제품 패러다임의 이동을 누가 읽고 전략화하는

가에 따라 시장에서의 리더십이 달라질 것이라는 얘기다.

소비자를 리드할 수 있는 전문성을 키우라

마케팅이 새로운 국면을 맞이하고 있다. 기존처럼 소비자를 분석해서 어떻게 판매할 것인가 하는 방식으로는 현재 기업들이 안고 있는 고민에 대한 해결책을 발견할 수 없다. 근본적인 전환이 절실한 것이다.

소비자들이 차를 몰고 와서 조립식가구를 구입하는 매장을 스톡홀름에서 열면서 DIY, 즉 Do It Yourself 개념을 도입했던 이케아(Ikea)는 고객을 왕으로 대접하지 않겠다고 선언했다.

"고객이 왕으로 대접받는 것은 상당한 비용이 드는 일입니다. 궁전 전체의 비용을 결국 함께 부담해야 하는 거죠. 우리는 이런 궁전을 없애고 고객을 왕으로 떠받들지 않겠습니다. 이제 고객이 직접 일해야 할 때입니다."

고객을 왕으로 모시지 않겠다? 이건 당연하게 여겨 왔던 기존 경영의 통념을 깨는 일이다. 더구나 이케아는 소비자에게 오만하기까지 하다. "글자를 읽을 수 있다면 우리의 조립 설명서도 이해할 수 있습니다." 그러나 이러한 역발상, 패러독스 마케팅이 이케아를 세계적인 기업으로 발돋움할 수 있게 한 것이다.

틈새라면을 창업했던 김복현 사장도 손님이 왕이 아니라 주인이 왕이라고 생각한다고 했다. 손님들에게 종이 만들어 주는 음식이 좋은가 왕이 만들어 주는 음식이 좋은가 묻는다면 뭐라고 대답할까? 지금까지 '고객은 왕이다'라는 명제는 너무나도 당연한 진리로 여겨져 왔다. 그러나 패러독스 즉, 역설 속에 진짜 보물이 숨겨져 있는 법이다. 이런 당당함은 어디서 나오는 것일까? 전문성이다. 김 사장은 "내가 좋아하는 것을 고객에게 해 주는 것이 장사다"라는 얘기를 했다. 그는 라면 끓이는 것을 좋아했고, 전문가였다.

이제 전문성이 없는 기업은 생존할 수 없는 시대가 되었다. 웬만한 정보나 지식은 고객들이 더 빨리 더 많이 가지고 있는 시대가 되었다. 인터넷과 스마트폰이 '정보의 비대칭' 문제를 해소했기 때문이다.

지금까지 대부분의 비즈니스 기회는 정보의 비대칭에서 나왔다. 즉, 정보의 비대칭 문제를 해소해 주는 것이 돈벌이가 되었다는 말이다. 예를 들어, 다른 사람들은 이런 걸 만들 줄 모르는데, 나는 그 기술을 가지고 있다, 그러면 그 물건을 만들어 주고 돈을 벌 수 있었다. 또 남들이 모르는 걸 가르쳐준다, 거기서 교육 사업이 성립할 수 있었던 것이다. 그런데 누구나 쉽게 정보에 접속할 수 있게 되면서 정보의 비대칭이라는 상충관계가 해소된 것이다.

과거에는 일반인들은 제품을 만들기 어려웠다. 그러나 요즘은 인터넷만 뒤져도 요리 레시피들이 쏟아져 나오고, 제품을 만들거나 조립하는 동영상들이 떠다닌다. 3D 프린터가 상용화되면 일반인들이 자신의 물건을 만들어 쓰는 시대로 변할 것이다. 제조나 제작에 있어서도 정보의 비대칭 문제가 사라지고 있는 것이다.

그렇기 때문에 전문성 없는 기업은 고객으로부터 외면당할 수밖에 없는 환경으로 변해 버렸다. 전문성이란 남들이 쉽게 모방할 수 없는 핵심기술을 의미하는데 기술이라는 용어에 대해 많은 기업들이 오해를 하고 있다. '기술'이라는 말을 들으면 먼저 하드웨어 기술을 떠올린다.

스티브 잡스가 "사람들은 개인용 컴퓨터 그 자체보다 그걸 가지고 무엇을 할 수 있는지 알고 싶어 한다. 이제 애플이 그 해답을 보여 줄 것이다"라는 말을 했다. 이 말의 의미는 애플은 컴퓨터를 하드웨어 자체로 보지 않는다는 뜻이다. 컴퓨터는 이젠 일반인들도 만들 수 있다.

하드웨어 기술의 격차는 점점 좁혀지고, 고객들도 거기에서 가치를 느끼지 못하는 시대가 된 것이다. 이제 더 중요한 것은 소프트웨어다. 한국기업들이 가장 취약한 부문이 소프트웨어다. 소프트웨어를 하드웨어를 구동시키는 한 요소 정도, 즉 부품의 하나로 인식하는 것이 한국기업들의 현주소다. 이런 인식으로는 플랫폼 생태계에 대처할 수 없다.

스티브 잡스가 얘기한 포인트는 애플은 컴퓨터나 스마트폰 잘 만드는 하드웨어 기술을 가진 회사가 아니라 소비자들이 그걸 가지고 뭔가 재미있고 또 가치 있는 일을 할 수 있도록 소프트웨어 기술에 투자하겠다는 것이다. 여기서 얘기하는 소프트웨어란, 컴퓨터나 스마트폰을 구동시키는 프로그램이나 부품의 한 요소의 의미가 아니라 전반적인 콘텐츠 생태계, 그리고 플랫폼까지도 포괄하는 개념이다. 이것이 애플이 생각하고 있는 소프트웨어의 개념이다.

2008년 애플은 회사 이름에서 아예 '컴퓨터'라는 글자도 떼어 냈다. 애플은 컴퓨터 만드는 회사가 아니라고 자신들의 정체성을 재천명한 것인데, 애플은 디바이스를 만드는 회사가 아니라 미디어 회사이고, 플랫폼 비즈니스를 하는 회사라고 업을 재정의 내린 것이다.

애플은 신제품을 개발할 때 생각하는 원칙이 있다. "어떤 제품을 만들까"를 생각하지 않고 "고객들이 이걸 갖고 무엇을 할 수 있을까"를 생각한다는 것이다. 애플의 전문성은 하드웨어 기술력이 아니라 이런 의미로서의 소프트웨어 기술력이다. "애플이 해답을 보여 줄 것이다"라는 말에는 고객을 리드하겠다는 당당함이 배어 있다. 이것이 불과 10여 년 사이에 애플을 세계 최고의 기업으로 급성장시킨 전문성이고, 소비자 철학이다.

나의 정체성, 내 업무를 재정의해 보고 새로운 융합을 시도해 보라. 그래야 고객을 리드할 수 있고, 고객에게 당당할 수 있다. 또 여기에 당신의 문제를 풀 수 있는 해결의 열쇠가 숨어 있다.

세상이 급격하게 돌아가고 있다. 사실은 세상이 도는 것이 아니라 내가 도는 것이다. 우리가 소비자에 대한 인식의 전환, 본질에 대한 통찰력, 그리고 누구에게나 당당할 수 있는 전문성을 갖추지 않고서는 변화에 대처할 수 없다.

이제 웹 생태계가 2.0을 넘어 3.0시대로 진화하고 있는 중이다. 평면적인 플랫폼이 3차원으로 입체화되고 있는 것이다. 빅데이터를 구름 위에 올려놓는 클라우드, 시공간의 경계를 뛰어넘는 가상현실과 증강현실 등의 발전, 인간들의 연결을 넘어 사물끼리 정보를 주고받는 사물인터넷, 인공지능, 3D 프린터 등은 비즈니스 생태계가 3차원으로 변하고 있음을 시사하고 있다. 지금까지 조성된 인터넷, 모바일, SNS 등의 인프라에 지능형 소프트웨어들이 얹어지고 있는 것이다. 특히 인공지능은 플랫폼 전쟁의 최종병기가 될 것이다.

어느 업종의 사업도 변화로부터 자유로울 수 없다. 지금 좀 잘 나간다고 안주하고 있어서도 안 된다. 앨빈 토플러의 말처럼 "미래는 언제나 너무 빨리, 잘못된 순서로 온다."

전환4.
PRODUCT :
가치를
융합해서
상품3.0을
만들라

PRODUCT

상품의 역사와 진화의 축

제품에서 상품으로, 그리고 상품3.0 시대로

소비자들에게 효용과 혜택을 줄 수 있는 형상을 가진 물체를 경제학에서는 재화(goods)라 부른다. 좋은 것이라는 의미다. 마케팅에서는 'goods'라는 용어 대신에 'product'를 제품 또는 상품으로 번역해서 사용해 왔다.

그런데 제품과 상품은 어떤 의미의 차이가 있는 것일까? 대개는 구분하지 않고 그냥 비슷한 의미로 혼용하고 있지만 자구적으로 보면 좀 차이가 있다. 제품(製品)은 말 그대로 해석하면 '만든 사물'이고, 상품(商品)은 '파는 사물'이라 할 수 있겠다. 그러면 상품이라는 개념은 언제 생겨났을까?

상업적인 거래, 즉 판매를 전제로 한다는 점에서 상품이라는 개념과 용어는 비즈니스가 본격화된 자본주의 산업시대 이후부터 사용되었다고 할 수 있다. 그 이전에는 대부분이 유통이라기보다는 집에서 만들어서 서로 교환하는 '제품' 수준이었다고 할 수 있다. 또 제품을 공장에서 대량생산하는 형태가 아니었다. 가내수공업 또는 장인 중심의 길드 형태였다. 사람들은 자신이 필요로 하는 물건이 있으면 그 집에 가서 사다 썼다. 예를 들어, 커피가 떨어졌다. 그러면 커피집에 가서 사오는 것이다. 우리나라로 치면 예전의 떡집이나 쌀가게를 연상하면 된다.

산업혁명이 일어나고 전문생산조직인 기업이 생겨나면서 '제품'은 '상품'으로 탈바꿈한다. 다른 말로 하면 '제조(make)'의 수준에서 '생산(produce)'의 수준으로, 그리고 교환(exchange)에서 유통(distribution)방식으로 달라진 것이다.

커피의 예를 들어보자. 이전에는 커피 장인이 커피 원두를 채취해서 볶고 갈아서 오는 손님에게 필요로 하는 양만큼 봉투에 담아서 팔았는데, 커피 전문기업이 생겨나면서 공장에서 대량으로 생산해서 시장에 대량 유통하게 되었다. 그렇게 하려면 어떻게 변해야 하는가? 대량생산을 위해 기계화가 되면서 제품이 규격화/표준화되었고, 유통적합성을 갖춰야 하기 때문에 포장이 발달하고, 애프터서비스나 보증, 금융결제 등과 같은 부가적 서비스가 융합되어야 한다. 이것이 제품과 상품의 차이점이다.

즉, '제품'에 기계화, 유통화, 서비스화 등의 부가적 가치가 더해지면서 '상품'으로의 진화가 일어났다. 주문받아 물건을 만들어 팔던 가내수공업 형태와 공장에서의 대량생산 형태를 머리에 떠올려 보면 그 차이점을 이해할 수 있을 것이다.

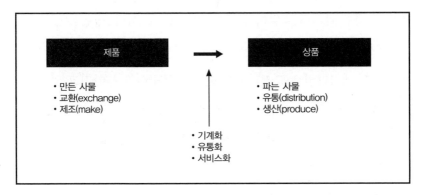

〈도표 2-11〉 제품에서 상품으로의 진화

시장(market)이란 개념도 동일한 맥락에 있다. 시장은 산업혁명이 일어나면서 크게 발달하게 되는데, 증기엔진의 발명과 기계 및 운송수단의 발달, 전화와 전기, 전파로 인한 통신수단의 혁신 등은 경제시스템의 구조를 근원적으로 바꾸어 놓았고, 이후 상품은 산업시대 환경변화에 적합성을 갖기 위해서 끊임없이 진화해 왔다.

그런데, 비즈니스 생태계가 또 다시 요동치고 있다. 인터넷과 모바일로 이어지는 정보혁명은 상품이 지금과는 다른 형태와 개념으로 진화할 것을 강요하고 있다. 환경적합성을 갖지 못하는 상품은 고객으로부터 외면당하고 시장에서 도태될 수밖에 없다. 과거 세상이 산업시대로 변할 당시, 제품 수준에서 상품 수준으로 올라가지 못했던 기업들은 모두 뒤안길로 사라졌듯이, 정보시대의 새로운 패러다임을 이해하고 상품을 또 한번 새로운 차원으로 업그레이드시키지 못하는 기업은 도태될 것이라는 말이다.

상품이라는 용어도 다른 용어로 대체될지 모른다. 이제는 상품을 파는 시대가 아니라는 말이 공공연하게 쓰이고 있다. 상품을 팔지 말고, 대신 경험(experience), 솔루션(solution), 플랫폼(platform) 등을 제공하는 비즈니스 패러다임으로 전환해야 한다는 목소리가 높아지고 있는 것이 그것을 방증한다. 산업혁명 이전의 제품 상태를 상품1.0, 산업시대를 상품2.0이라 한다면 이제 상품3.0 시대로 진입한 것이다.

상품 진화의 세 가지 축

이제 단순히 상품을 잘 만들어서 잘 팔면 성공하던 시대는 지나갔다. 표피구조의 개선이나 부가적인 고객서비스의 차별화 정도로는 기업을 블루오션으로 가게 할 수 있는 위닝샷이 되지 못한다. 상품2.0을 상품3.0으로 업그레이드하기 위해서는 심층구조를 전환하는 전략이 필요한데 그것이 융합방정식이다. 즉, 상품이라는 사물에 가치라는 정보를 집어넣는 새로운 문법을 익혀야 한다. 두 가지를 고려해야 하는데, 하나는 무엇을 융합할 것인가의 문제이고 또 한 가지는 어떻게 융합할 것인가 하는 점이다.

우선 무엇을 융합해야 하는가를 생각해 보자. 한 마디로 가치인데, 가치는 정보와 관계로부터 나온다는 점을 I부에서 언급하였다. 즉, 본격적으로 정보시대에 접어들어 가치의 이동이 일어나면서 사물의 경제논리로 만들어지는 하드웨어로서의 상품의 가치는 하락하고 소비자들은 새로운 가치의 원천인 정보와 관계에서 가치를 느끼는 변화가 일어나고 있는 것이다.

그러므로 정보적 요소와 관계적 요소를 사물인 상품에 융합해야 하는데, 정보적 요소는 새로운 경험, 콘텐츠, 교육, 문화, 시간, 재미와 감성(fun & feel) 등을, 관계적 요소로는 참여, 공유, 개인맞춤화, 커뮤니티 등이 있음을 앞에서 언급하였다.

이제 중요한 것은 "어떻게"다. 새로운 가치융합방정식을 이해하려면 상품이 세 가지 방향 축을 따라 진화하고 있음을 통찰해야 한다. 그 세 가지는 디지털화(digitalization), 소셜화(socialization), 게임화(gamification)다. 쉽게 표현하면, 상품에 디지털의 옷을 입히고, 소셜의 날개를 달고, 게임 엔진을 장착해야 한다. 과거 상품2.0으로 진화 당시의 기계화가 상품3.0에서는 디지털화로, 유통화가 소셜화로, 서비스화가 게임화로 계승되고 있는 셈이다.

디지털화, 소셜화, 게임화라는 것이 어떤 의미이고, 구체적으로 어떻게 해야 하는지를 잘 보여 주는 사례를 두 가지 살펴보자. 먼저 2006년 미국에서 출판되어 미국, 영국 등 10여 개국에서 베스트셀러가 된 소설책『캐시스북(Cathy's Book)』이야기다.

캐시스북 이야기

종이책은 인터넷에 직격탄을 맞은 업종이다. 그렇다면 종이책은 사라질까? 종이책은 존재할 것이다. 그러나 종이책은 홀로 존재하지 못한다. 이게 무슨 선문답 같은 얘기인가?『캐시즈북』은 이 말의 의미를 엿보게 해 주는 단초를 제공하고 있는데, 디지털화, 소셜화, 게임화의 문법을 충실하게 따르고 있다.

캐시스북은 애당초 대체현실게임(ARG, Alternate Reality Game) 기법으로 기획되었다. 스토리는 캐시라는 여고생이 자신의 악동 남자친구인 빅터에게 버려지고, 빅터를 추적하는 과정에서 실종되면서 중국 신화의 세계와 고도로 테크니컬한 악행들, 그리고 불멸의 영적 세계에 빠져드는 등 캐시의 모험을 그린 일종의 미스터리 소설이다.

『캐시즈북』은 다른 종이책과는 달리 텍스트뿐 아니라 여백에는 캐시의 낙서, 삽화, 친구 엠마에게 자신이 어디에 있는지의 단서가 될 수 있도록 보내는 메모 등으로 꾸며져 있고, 증거 자료집(evidence package)을 별첨부록으로 만들어서 사진, 친필 편지, 사망증명서 등의 단서를 담아놓아 독자들이 소설의 미스터리를 함께 풀어갈 수 있도록 구성했다.

또한, 표지에는 "If Found Call 650-266-8233"이라고 전화번호가 있는데, 전화를 하면 소설 속 캐릭터들의 음성이 들리고, 또 웹사이트를 별도로 만들어서 독자들이 서로 단서에 대한 의견을 교환하면서 집단지성을 활용할 수 있도록 하는가 하면, 주인공인 캐시와 엠마는 SNS인 마이스페이스에 자신들의 계정을 만들어 독자들과 대화를 나눌 수 있는 장치들을 준비했다. 또, 모바일 앱까지 만들어 입체적인 상품 구성을 한 것이다. 상품은 디지털화, 소셜화, 게임화라는 세 가지 축을 따라 진화하고 있음을 『캐시즈북』이 보여 주었다.

첫째, 디지털화. 『캐시즈북』이 종이책으로만 출판되었다면 재미있는 많은 소설 중의 하나(one of them) 정도로 끝났을 것이다. 종이책은 아날로그 상품인데 『캐시즈북』은 거기에 '디지털의 옷'을 입혔다. 즉, 종이소설책만 출판한 게 아니라 웹과 모바일 앱도 같이 만들어서 입체적으로 상품을 기획했다. 이것이 디지털화의 의미다.

둘째, 소셜화. 이렇게 디지털의 옷을 입힌 데다 '소셜 날개'를 붙였다. 전화와 SNS를 활용해서 네트워크를 타고 퍼져나갈 수 있도록 기획한 것이다. 분자 구조가 다른 아날로그 종이책은 다른 시공간의 사람들과 연결될 방법이 없다. 즉, 복제와 확산이 어렵다. 소셜 날개가 있어야 상품이 뜨고 날아갈 수 있다.

세 번째로 날갯짓을 하게 하는 엔진이 있어야 하는데 그것이 게임화다. 『캐시즈북』은 대체현실게임의 문법을 충실하게 따르고 있다. 이야기조각들을 여기저기 분산시켜 놓고 책과 웹과 앱 등을 넘나드는 트랜스미디어(trans-media)를 통해 독자들이 단지 이야기를 읽는, 다시 말해 콘텐츠를 소비만 하는 것이 아니라 독자들을 참여시키고 소설 속으로 몰입시켜서 게임을 벌이면서 함께 집단지성을 발휘해 문제를 해결해 가는 구조를 가지고 있는 것이다. 『캐시즈북』은 독자들을 단순히 정보의 소비자가 아니라 함께 퍼즐을 풀고 미스터리 게임을 벌일 수 있도록 유도했다. 미래에는 고객을 참여시키는 게임 엔진을 장착한 상품만이 살아남게 될 것이다.

이렇게 종이책은 홀로 존재하지 않고 웹과 모바일 앱, 그리고 SNS 등과 융합된 형태로 진화하고 있다. 책이라는 상품의 개념과 형태가 달라지고 있으며, 3D로 입체화되어 가고 있는 것이다. 출판사 입장에서 과거처럼 종이책을 잘 만들어 잘 팔면 성공할 수 있던 시대는 지났다. 저자 섭외, 내용 구성, 제목 선정, 디자인 차별화 등을 어떻게 할까 하는 기존의 출판 문법만으로는 블루오션으로 갈 수 없다. 그런 건 기본(underlying product)이 되어 버렸고, 출판사 간의 그런 실력 차이도 점점 줄어들고 있다.

신문 산업도 마찬가지다. 종이신문만으로는 존재하지 못하고 융합을 해야 한다. 제프 베조스가 워싱턴 포스트를 인수한 노림수도 아마존의 콘텐츠와 커뮤니티, 그리고 IT기술력을 융합함으로써 시너지를 낼 수 있다는 자신감에 있다. 차별화전략 정도로는 상품2.0 수준에서 벗어나지 못한다. 차등화되어야 상품3.0으로 도약할 수 있다.

미래 출판은 훨씬 더 입체적이고 다이내믹한 모습이 될 것이다. 식자니 제판이니 하는 용어가 요즘 사람들에게 생소한 단어가 되었듯이 조금 지나면 출판이라는 용어도 박물사전 속으로 숨어들지 모를 일이다. 책과 영상과 교육 등이 융합되면서 정체성이 달라지고 새로운 장르로 트랜스포메이션(transformation)이 일어날 것이다.

이러한 변화는 디지털화가 쉬운 출판이나 미디어 분야에만 적용되는 것일까? 절대 아니다. 아날로그 물건을 만드는 제조업도 필수다. 그것을 보여 준 회사가 사물 인터넷 개념을 적용했던 나이키다.

나이키 플러스 사례

2005년 세계 2, 3위의 스포츠용품 제조사인 독일의 아디다스(adidas)와 리복(Reebok)이 합병한다. 1위 나이키에 대항하기 위해서였는데, 이에 나이키는 어떤 전략으로 나갔을까? 나이키는 애플과 손을 잡았다. 스포츠용품 회사가 생뚱맞게도 IT회사와 제휴하다니? 그러고는 출시한 상품이 '나이키 플러스(Nike Plus)'였다.

나이키 플러스는 신발 속에 들어가는 센서와 그 센서가 감지한 데이터를 스마트폰에 전송해 줄 수 있도록 해 주는 무선접속기기, 그리고 스마트폰에 저장된 데이터를 인터넷에 간편하게 올릴 수 있는 소프트웨어 인터페이스로 구성되어 있는 상품이다.

센서는 사용자가 달리는 속도를 계산해서 데이터를 전송하고, GPS 기능을 활용해서 사용자가 달린 코스도 기록해 준다. 사용자는 그래프까지 곁들여 그간의 달리기 기록을 모두 확인할 수 있는데, 마치 모바일 게임을 하면 내 친구의 스코어가 보이듯 다른 사람들의 기록과 비교해 볼 수 있는 소셜 기능도 넣은 것이다.

신발은 아날로그 상품이다. 즉, 시간과 공간의 제약을 받는 것인데 디지털의 옷을 입히니까 시간과 공간을 초월해 날아간다. 예를 들어, 멀리 있는 친구와 달리기 시합을 할 수 있다. 꼭 같은 시간이 아니어도 상관없다. 시간과 공간은 달라도 기록으로 결과를 비교해 볼 수 있기 때문이다. 또 나이키 플러스에서는 전 세계 어디에 사는 사람이든 커뮤니티(community)가 형성될 수 있다.

나이키 신발은 물리적 상품인데, 디지털화, 소셜화, 게임화의 요소를 집어넣은 것이 나이키 플러스였다. 나이키 플러스는 사람들을 시공간의 제약을 받지 않는 초월적 시공간으로 들어가게 해서 물리적 현실에서는 불가능했던 일들이 가능하게 되고, 모든 사람들과 연결될 수 있는 소셜화가 이루어지고, 게임식의 마케팅으로 변모할 수 있게 해 준 것이다.

지금은 나이키 플러스 기능에 운동량이나 칼로리 등까지도 체크해 주는 '나이키 퓨얼밴드(Nike Fuelband)'로 발전시켰다. 나이키 플러스는 사물인터넷을 접목한 웨어러블 기기의 효시라 할 수 있는데, 이후 유사한 상품들이 봇물 터지듯 나왔고, 2012년 나이키는 미국에서 가장 창의적인 기업으로 선정되기도 했다.

차등화된 상품3.0을 기획하려면 디지털화, 소셜화, 게임화의 세 가지 방향 축에서 힌트를 얻어야 한다. 뭔가 못 보던 획기적인 상품 없을까, 어떻게 해야 차별화할 수 있을까 하는 관념에서 벗어나야 한다. 비즈니스 지각판이 갈라지고 충돌하면서 비즈니스 게임의 법칙이 달라지고 있는데 예전의 판 생각만 해서는 안 된다.

문제는 기성 업계에 종사하는 사람들은 그 틀을 벗기가 쉽지 않다는 점이다. 지금까지 해오던 관성이 남아 있고, 각 부서 간 울타리가 쳐져 있는 조직의 생리상 과감한 혁신을 만들어 낼 수 없는 구조적 한계가 있기 때문이다. 트로이 목마를 불태우려면 CEO나 CMO의 강력한 혁신 의지도 필요하다.

디지털화되어야 소셜 날개를 달아 네트워크를 통해 커뮤니티와 연결될 수 있고, 게임 엔진도 장착해서 날아오를 수 있지 그렇지 못한 상품은 절대 뜰 수 없다. 이렇게 바뀐 세상의 작동 원리에 잘 올라타면 샤오미 창업자 레이쥔의 말처럼 "돼지도 태풍을 만나면 날 수 있다."

또 요람 제리윈드가 『컨버전스 마케팅』에서 상품의 정의와 형태가 변화하는 중이라면서 "실제적인 상품과 디지털상품이 존재하며, 제품과 서비스의 결합이 하나의 총체적 고객경험을 구성한다. 그 상품은 커뮤니티와 연결될 수도 있다"라고 말한 진의도 상품이 다면적으로 또 입체적으로 진화한다는 것이다. 이것이 상품3.0의 원리다.

상품3.0의 원리

디지털 트랜스포메이션

디지털 정보혁명이 일어나고 새로운 시대로 접어들면서 디지털화하지 못하는 기업은 도태된다. 21세기 디지털화는 필수가 되었다. 이젠 모든 기업들이 IT의 진화에서 눈을 떼서는 안 되고 IT를 모르고서는 경영이 불가능해진 시대가 되었다. IT를 0(zero)차 산업이라 부르는 것도 산업화 과정에 기계가 그랬듯이 이젠 IT가 모든 산업의 베이스가 되고 있기 때문이다.

산업뿐 아니라 생활 속에서도 디지털은 기본이 되어 버렸다. 『디지털이다(Being Digital)』를 쓴 MIT 미디어랩의 니콜라스 네그로폰테 교수는 앞으로 세상의 최소단위는 아톰(atom)이 아니라 비트(bit)가 될 것이며, 누구든지 "디지털화하지 않으면 21세기에 살아남을 수 없다"라고 주장했는데, 개인도 디지털적 생활양식, 디지털적 사고방식을 가져야 한다는 얘기다. 디지털 트랜스포메이션(digital transformation)의 개념은 무 늬만 디지털이 아니라 뼛속까지 근원적으로 바뀌어야 한다는 것이다.

디지털의 역사는 제2차 세계대전 이후 컴퓨터 연구로부터 시작되었 다. 그런데 그 발전 속도는 놀라웠고 1990년대 들어서는 인터넷과 접 목되면서 기습적으로 인류의 삶 속에 파고들었다. 그러고는 송두리째 세상을 뒤집으면서 세상의 구조와 작동원리를 바꾸어 버렸다. 디지털 습격사전이라 불러도 무방할 정도다.

90년대부터 디지털 상품이란 용어도 쓰이기 시작했다. 디지털은 텍 스트, 음악, 사진, 영상, 미디어 등을 손쉽게 융합시킬 수 있었다. 원자 (atom)로 구성되는 아날로그 물체는 물리적 분자구조가 달라 서로 섞일 수 없지만, 0과 1의 비트를 공통분모로 하는 디지털은 모든 산업을 하 나로 묶을 수 있기 때문이다.

디지털의 특징은 변형, 복제, 확산이 쉽다는 점이다. 그렇기에 디지 털 상품의 생산효율성은 아날로그 상품과 비교가 되지 않는다. 아날로 그 상품과 기존의 마케팅문법에 익숙한 굴뚝기업들과는 달리 디지털 원주민인 젊고 빠른 벤처들은 이러한 기회를 놓치지 않았고, 디지털 상품 분야에서 시장리더십을 유지해 왔다. 그러면서 기존 기업들을 추 월하면서 비즈니스 생태계의 주도권도 역전되었다. 러스트 벨트로 변 하는 미국산업계를 받치고 있는 신성장동력도 그들이다.

마치 산업혁명이 일어나면서 농경(農耕)이 제조업이라는 2차 산업에 원재료를 공급하는 1차 산업으로 전락해 버렸듯이, 지금 일어나고 있 는 디지털혁명은 아날로그 상품의 부가가치는 제로로 수렴시키고 그

가치를 디지털 상품으로 이동시키는 가치이동(value shift)을 획책하고 있는 것이다.

이것이 상품의 디지털화가 중요해지는 이유다. 상품을 디지털화하는 데에 실패하는 기업들은 곧 레드오션에 침몰하게 될 것이다. 왜냐하면 아날로그 상품 자체에서 나오는 부가가치는 점점 하락할 수밖에 없으며, 멀지 않은 장래에 제로로 수렴하게 될 것이기 때문이다. 예를 들어, 자동차 가격이 제로가 될 수 있다. 사람들이 물리적인 아날로그 자동차는 공짜로 타면서 거기서 얻게 되는 새로운 라이프스타일, 새로운 경험에 돈을 지불하는 비즈모델이다. 이것은 가치창출의 중심이 자동차가 아니라 라이프스타일, 즉 경험이 되는 것이다. "자동차는 가솔린이 아니라 소프트웨어로 움직인다"는 벤츠의 디터 제체 회장의 말도 이러한 맥락에서 이해해야 한다.

이제 디지털의 물결은 비트로 전환할 수 없는 아날로그 제조기업들로까지 확산되고 있다. 디지털화, 디지털 트랜스포메이션을 늦춰서는 안 된다. 이건 기업의 존폐가 달려 있는 문제다. 그런데, 책이나 음악, 영상, 미디어, 서비스 등은 디지털화가 가능하지만 태생적으로 디지털화할 수 없는 음식, 의류, 생활용품 등의 아날로그 상품군도 존재한다. 먹는 음식을 어떻게 0과 1의 비트로 만들 수 있단 말인가?

맞다. 음식이나 옷을 만드는 것은 기계이지 컴퓨터가 아니다. 그러나 경험이나 콘텐츠는 컴퓨터로 만들 수 있다. 물리적 상품의 사용경험이 많아진 고객들은 이제 더 이상 물리적 상품만으로는 가치의 차이를 느끼지 못하게 되었다. 가치가 사물에서 경험이나 콘텐츠 등 정보로 이동하면서 '고객에게 제공되는 가치의 총체물'인 상품의 개념과 형태가 확대되었고, 이러한 변화는 공장에서 만들어지는 좁은 개념으로서의 상품의 입지를 좁히고 있는 것이다.

다시 강조하건대, 디지털화한다는 것은 모든 기업들이 디지털 상품 제조나 디지털 서비스업으로 업종을 변경하라는 게 아니다. 아날로그 상품에 디지털 옷을 입히는 작업을 의미한다. 이것을 실행에 옮기기 위해서는 상품의 개념을 확대하고 상품의 정의를 다시 내려야 한다.

즉, 상품의 개념을 공장 안에서 만드는 사물로 생각하는 근시안에서 벗어나, 상품은 물리적인 하드웨어뿐 아니라 고객이 원하는 가치를 충족시켜 줄 수 있는 총체물이라는 개념으로 확대해야 하는 것이다. 고객들은 왜 상품을 사는가? 그 본원적 이유, 즉 절대가치(absolute value)를 간파해서 상품에 가치를 충족시켜 줄 수 있는 요소들을 융합해야 한다. 이제 어느 상품이건 고객이 느끼는 절대가치는 새로운 삶, 새로운 경험, 환상 등과 같은 정신적 가치다. 이것이 업종 간 경계가 없어지는 이유이기도 하다. 경험과 환상, 라이프스타일 등은 얼마든지 디지털화될 수 있고 특정 업종의 과제가 아니다.

디지털은 아날로그와는 비교가 되지 않을 정도의 경제적 가치를 창출하며 새로운 경제성장의 동력이 될 것이다. 더 극단적으로 말하자면, 디지털화되지 못하는 상품은 그 어느 것도 존재하지 못하게 된다.

버버리의 변신

디지털의 옷을 입히는 작업이 구체적으로 어떤 것인가? 버버리의

194

디지털 트랜스포메이션 사례를 살펴보자.

21세기 들어, 영국의 명품브랜드 버버리가 고민에 빠진다. 1856년 토머스 버버리가 영국 햄프셔에서 포목상을 열면서 시작된 버버리는 영국 왕실에 납품하게 되면서 명성을 얻게 되었고, 20세기 들어서는 제1차 세계대전 때 영국군 장교들에게 트렌치코트를 군납하게 되면서 전 세계적으로 유명해지게 된다. 제2차 세계대전 후에는 영화 〈카사블랑카〉와 〈애수〉에 험프리 보가트와 로버트 테일러가 버버리를 입고 나오면서 일반인들의 사랑을 받는 패션브랜드로 자리 잡으며 승승장구한다.

그런데 1990년대 들어 퇴출 위기에까지 몰린다. 원인은 브랜드 이미지 노화현상과 브랜드 라이센싱의 남발이었지만, 90년대는 경영환경이 급격하게 변했던 시기였다. 인터넷 때문이다. 버버리는 전문경영인을 영입하고 젊은 디자이너에게 맡김으로써 브랜드 리포지셔닝을 꾀하는데, 21세기 들어 시장과 고객의 변화가 뚜렷해졌다. 주요 고객이었던 베이비붐 세대들이 은퇴하고 밀레니엄 세대로 바뀌기 시작한 것이다. 1980~90년대 태어난 밀레니엄 세대는 어릴 적부터 PC나 인터넷 환경에서 자라온 디지털 세대이고, 가치관이나 라이프스타일도 다르다.

노인층이나 입는 옷이라는 이미지 노화현상에 고민하던 버버리는 안젤라 아렌츠가 CEO로 취임하면서 젊은 감각의 프리미엄 브랜드로 변화시키기 위한 디지털 프로젝트에 과감한 투자를 진행하기 시작했고, 2012년 런던에 버버리 플래그십 스토어를 열었다. 여기에 들어서면 마치 극장에 온 듯한 느낌을 받는다. 매장 중앙에 위치한 6.5미터 높이의 대형 스크린에서 패션 콘서트 장면이 상영되는데 흡사 방송국을 방불케 한다. 500개 스피커와 100개의 스크린이 설치되어 있어서 각 존(zone)별로 콘셉트에 맞는 '리테일 시어터(retail theater)'를 체험할 수도 있다.

또 매장 내에 디지털 사이니지를 활용해서 온라인 콘텐츠를 오프라인 매장에서 체험할 수 있게 할 뿐 아니라, 매장에 진열되어 있는 옷에 RFID 태그를 부착하여 고객이 옷을 들면 거울이 영상 스크린으로 바뀌면서 상품에 대한 정보도 확인할 수 있고 온라인 구매도 가능하게 하는 O2O(Online to Offline) 서비스에도 적극적이다.

버버리는 2010년 '런웨이 리얼리티(runway reality)'라는 프로젝트를 진행했었는데, 오프라인에서 진행되는 패션쇼를 온라인과 소셜미디어를 통해 실시간으로 중계방송하고, 패션쇼에 출품된 신상품을 바로 온라인으로 구매할 수 있는 시스템도 만들었다. 또 상품을 구매한 고객에게는 RFID가 내장된 카드를 함께 발송해서 그 상품의 디자인 스케치, 패션쇼에서 모델이 착용한 사진, 주문받은 후 제작한 공정 등을 슬라이드 쇼로 보여 주는 브랜드 스토리텔링 마케팅도 병행했다. 오프라인과 온라인 사이에 핫라인을 개설한 셈이다.

고객과의 소통에도 O2O개념을 도입했다. 버버리 웹사이트에서 제공되는 24시간 전화서비스인 '클릭 투 콜(click to call)' 뿐 아니라 '클릭 투 챗(click to chat)' 서비스를 통해 고객들과의 실시간 채팅도 가능하게 한 것이다.

또 고전 명품이라는 이미지에 젊은 활력을 불어넣기 위해 젊은 음악밴드를 후원하는 '버버리 어쿠스틱'을 진행하면서 밴드들이 버버리 옷을 입고 연주하는 음악영상은 버버리 웹사이트, 유튜브, 그리고 버버리 오프라인 매장을 통해 고객들에게 방송된다(「옴니채널 O2O 어떻게 할 것인가?」 142~143쪽 참조).

홀로그램이나 증강현실, 3D 등의 디지털 기술들을 과감하게 도입하고, 온라인과 오프라인의 경계를 허물면서, 고객들과의 모든 접점을 놓치지 않고 소통하는 옴니채널 전략을 펼쳐감으로써 전통과 젊음의 균형감각을 갖춘 명품브랜드로의 도약을 꾀하고 있다. 향후에는 사물인터넷, 인공지능 등을 접목할 것이다.

이렇게 기존 상품에 디지털의 옷을 입히고, 그 옷에 날개를 달고, 게임엔진을 장착하는 방향으로 이노베이션이 일어나야 한다. 연구개발(R&D) 부서에 물리적 상품을 연구하는 인력뿐 아니라 디지털과 라이프스타일을 연구 개발하는 인력이 보강되어야 한다. 마케팅 부서의 업무도 조정되어야 한다. 생산된 상품을 어떻게 홍보하고 프로모션해서 많이 팔 수 있을까가 아니라 광고나 프로모션도 또 하나의 상품이라는 점을 인식하고 상품의 개발과 기획 단계부터 같이 시작해야 하는 것이다. 마케팅은 생산된 상품을 '파는' 것이 아니라 팔리도록 상품을 '만드는' 작업이기 때문이다.

네 가지 상품으로의 확대

4가지 세상의 발견

가상현실, 증강현실 등의 활용이 늘어나는 추세다. 또 2001년 영화 〈A.I.〉의 홍보를 대체현실게임(ARG: Alternate Reality Game) 방식으로 했던 것이 성공을 거두면서 '대체현실'이라는 개념도 마케팅에 활용되고 있다. 디지털 기술이 발달하면서 뉴턴의 물리법칙의 지배를 받는 물리적 현실 이외에도 다른 세상들이 존재하고 있음을 발견하게 된 것이다. 마치 천문학과 항해술의 발달로 15세기 콜럼버스가 아메리카 대륙을 발견할 수 있었던 것처럼 디지털로 말미암아 새로운 세상이 드러나고 있는 것이다.

지금까지 경영은 물리적 현실에서 해오던 것이었는데 점점 증강현실, 가상현실, 대체현실로 확대되고 있다. 물리적 현실은 점점 레드오션으로 변하고 있고, 기회는 새로운 공간에 숨어 있다. 상품을 기획하는 기존 마케팅 방식으로는 블루오션으로 갈 수 없게 상황이 변해 버렸고 새로운 땅으로 항해해 가야 한다.

그렇다면 증강현실, 가상현실, 대체현실이란 무엇인가? 이 개념을 이해하기 위해 잠시 좀 엉뚱한 상상을 해보자. '시간은 어디로 흘러가는 걸까?' '과거는 없어지지 않고 어딘가에 보관되는 건 아닐까? 그러면 타임머신을 타고 시간여행하는 것도 가능하지 않을까?' '4차원은 존재하는 것일까' 이런 생각을 많이 해봤을 것이다. 또는 어디선 본 듯한 장면이 오버랩 되는 데자뷰의 이유는 뭘까 궁금해 하기도 한다.

물리학자들도 그런 의문을 품었다. 우리가 살고 있는 우주 말고 다른 우주가 있지 않을까? 그래서 나온 학설이 다중우주론(multi universe)이다. 즉, 눈에 보이고 만져지는 물리적 현실(physical reality) 말고 다른 차원의 우주도 존재할 지도 모른다는 가설이다. 아직 과학적으로 증명되지 않았지만, 다른 시공간이 존재할 가능성은 충분히 있다. 그런데 디지털이 그러한 가능성을 보여 줬다.

인류는 원자로 구성되어 있는 아날로그 세상 이외에도 비트 단위인 디지털 세상이 존재하고 있음을 발견했다. 그리고 인터넷이라는 토끼굴에 빠지면서 시간과 공간의 개념이 바뀌기 시작했다. 인터넷은 시공간의 개념을 파괴한 사건이다.

뉴턴이 발견한 물리법칙의 지배를 받는 현실세계의 시간은 과거, 현재, 미래 등과 같이 순차적이고 연대기적으로 흘러가지만 인터넷 속에서는 동시간적 융합(synchronization)이 가능해지고, 시간이 개인화될 수도 있다. 또 공간의 개념에 있어서도 물리적인 거리가 무시된다. 지구

반대편에 있는 사람과 빛의 속도로 만날 수 있고 실시간 대화할 수 있으니까. 실제의 시공간뿐만 아니라 초월적(meta) 시공간도 존재하고 있다는 사실을 목격하고 있는 것이다.

즉, 순차적으로 흘러가는 연대기적인 시간(chronos)뿐 아니라 초월적인 시공간(kairos)이 존재한다. 이것은 지금 우리가 살고 있는 세상 이외의 다른 세계가 있음을 보여 준 것이다. 아인슈타인은 상대성이론을 통해 시간과 공간은 분리될 수 없으며 기존 물리학에서 주장하는 시간과 공간 이외에 초월적인 시공간이 존재함을 증명해 보였는데, 그것이 디지털의 세계에서 입증되고 있는 셈이다.

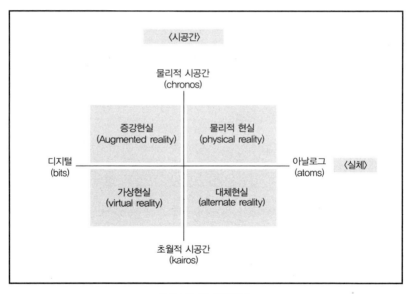

〈도표 2-12〉 멀티버스

자, 그렇다면 〈도표 2-12〉를 이해할 수 있을 것이다. X축에는 아날로그 실체와 디지털 실체, 그리고 Y축에는 물리적 시공간(크로노스)과 초월적 시공간(카이로스)을 교차해서 조합해 보면 〈도표 2-12〉와 같이 네 가지의 현실세계로 정리할 수 있다.

첫째, 아날로그로 구성되어 있으면서 물리적 시공간의 문법(크로노스)을 따르는 세상이 물리적 현실(physical reality)이다. 물리적 현실은 볼 수 있고 만져질 수 있는 뉴턴 물리학의 법칙이 적용되는 우리에게 익숙한 세상이다. 인류는 지금까지 당연히 이것이 세상의 전부라고 생각하고 살아왔었는데, 아날로그와 크로노스 시공간 이외의 다른 세상이 존재함을 알게 되었다.

둘째, 물리적 시공간과 디지털을 조합한 것이 증강현실이다. 즉, 물리적 시공간의 법칙이 적용되지만, 디지털의 실체를 가진 세상을 증강현실(Augmented Reality)이라 부르는 것이다. 증강현실은 물리적 현실에 무언가를 덧붙인다는 의미인데, 증강(增强)은 말 그대로 '증가시키고 강화' 한다는 뜻이다. 증강현실은 우리가 살고 있는 물리적 현실에 무언가를 더한 것이라고 생각할 수 있다.

증강현실이란 용어는 1990년 보잉의 톰 코델이 작업자들에게 항공기 조립을 돕기 위해 디지털화된 가상이미지를 실제 도면에 중첩시켜 이해를 돕는 과정에서 최초로 사용되었다고 하는데, 현실세계의 기반 위에 가상의 사물을 합성하여 현실세계만으로는 얻기 어려운 부가적인 정보들을 보강해 제공하는 것을 일컫는다.

예를 들어, 일반 카메라로 비추면 그냥 매장 장면, 즉 물리적 현실이 찍히지만 증강현실 앱으로 비추면 물리적 현실 위에 덧붙여진, 즉 증강된 데이터들을 볼 수 있다. 브랜드의 역사, 상품의 특징, 가격표, 고객의 평가글 등을 미리 입력해 놓은 것이다. 증강현실게임인 포켓몬 고도 물리적 시공간에서 게임을 하지만 증강된 디지털 데이터를 활용하는 원리다.

세 번째는 대체현실(Alternate Reality)이다. 대체현실은 다소 생소한 용어인데, 그 개념을 이해하기 위해서는 먼저 'alternate'라는 단어의 뜻을 알아야 한다. PC자판 하단에 있는 Alt키가 alternate의 약자인데, 그냥 자판에서 알파벳 a글자를 치면 화면에 a글자가 타이핑되지만, Alt키를 누른 상태에서 치면 다른 기능을 수행하게 된다. 즉, 기능을 대체하는 것이 Alt키인데, 타이핑하는 물리적 공간이 아니라 다른 공간으로 인도하는 셈이다.

대체현실은 아날로그와 초월적 시공간(카이로스)의 조합이다. 즉, 물리적 현실세계의 시공간이 초월적 시공간으로 바뀌는 것이다. 나이키 플러스가 대체현실의 원리를 활용한 사례다. 신발은 아날로그 사물이지만 나이키 플러스는 시공간을 초월해서 다른 공간, 다른 시간에 있는 친구들과 만날 수 있게 해 준다. 즉, 시공간을 동기화하는 것이다. 대체현실게임(Alternate Reality Game)에 대해서는 '전환7'에서 설명한다.

네 번째 세상은 디지털과 카이로스의 조합인 가상현실(Virtual Reality)이다. 가상현실은 물리적 현실과 대척점에 있는 시공간이다. 거기는 아날로그가 아니라 디지털의 세계이고, 시간과 공간의 개념도 없는 카이로스, 초월적인 곳이다. 이전에는 발견되지 못했던 신대륙과 같은 세상인 셈인데 그러다 보니 아직 우리에게 익숙하지 않은 곳이다.

가상현실은 실제로는 볼 수도 만질 수도 없는 상상 속의 세상이지만 인류는 이야기를 통해 그런 세상을 꿈꾸어 왔다. 서사문학의 본질이 여기에 있는데, 신화의 인물 구조와 시공간 구조는 초월적이다. 동화 속 세상, 유토피아, 천상의 세계, 사이버 등이 가상현실이라 할 수 있는 것이다.

지금까지 세계 최고의 흥행기록을 세운 영화는 2009년 제임스 캐머런 감독이 만든 〈아바타(Avatar)〉다. 〈아바타〉는 '판도라' 라는 가상현실과 물리적 현실공간인 지구 사이를 오가며 벌어지는 스토리인데, 〈아바타〉가 큰 성공을 거둘 수 있었던 요인은 무엇이었을까? 내 아바타가 실제로 지금 우주 어딘가에 있을지도 모른다는 상상력을 자극했기 때문이 아닐까 하는 생각이 든다. 가상현실은 마케터들이 주목해야 할 신대륙이다. 무궁무진한 잠재력이 숨어 있고 폭발력이 있는 시공간이기 때문이다.

이렇듯 오랜 시간 동안 물리적 현실만 존재한다고 믿었던 인류는 그 외에도 증강현실, 대체현실, 가상현실이 존재하고 있음을 알게 되었다. 새로운 세상의 발견, 이것은 인간의 세계관과 생활양식을 전환시키는 획기적인 사건이 아닐 수 없는데, 경영에 있어서도 이제 물리적 현실만이 아니라 증강현실, 대체현실, 가상현실도 대상에 넣어야 하는 변화가 일어나고 있다.

그리고 네 개의 현실세계가 존재하듯이 상품도 네 가지 차원이 존재함을 인식해야 한다. 즉, 지금까지는 물리적 상품(physical product) 개발과 품질만 생각했지만, 앞으로는 증강상품(augmented product), 대체상품

(alternate product), 가상상품(virtual product)으로 상품의 개념도 넓혀야 한다는 말이다.

다시 말해 증강상품, 대체상품, 가상상품의 기획개발에 집중해야 하며, 그것을 통해 단지 상품을 파는 것이 아니라 고객들에게 총체적 가치를 제공하는 융합마케팅으로의 전환이 있어야 상품3.0의 차원으로 올라갈 수 있다.

물리적 상품의 업그레이드 전략

물리적 상품, 증강상품, 대체상품, 가상상품 개발에 대해 살펴보자. 첫째, 물리적 상품은 우리에게 익숙한 산업시대 상품2.0의 개념이다. 산업시대로 이행된 이후 상품에 대한 기업들의 초점은 계속 변해 왔다. 산업화 초기에는 상품을 '빨리' 만드는 데에 초점을 맞추었다. 즉, 생산성/효율성(efficiency)이 경영의 관심이었다. 그러다가 이 문제가 어느 정도 해결되고 나서는 상품의 품질(quality)이 중요한 문제로 부각되게 되었다. 소비자들이 점점 상품의 품질을 따지고 비교하는 변화를 보여 왔기 때문이었다. 빨리 만들어 내는 것만이 중요한 것이 아니라 '잘' 만드는 것이 중요한 문제가 된 것이다.

그러나 상품의 품질도 곧 평준화되어 버린다. 기업들의 기술력의 차이가 갈수록 없어지게 되기 때문이다. 그러면서 기업들의 초점은 '다르게'로 옮겨가게 된다. 경쟁상품과 비교해 볼 때 차별적인 포지션을 확보하는 데에 초점을 맞출 수밖에 없는 것이다.

우리나라의 경우, 60~70년대의 광고는 '우리 제품 좋습니다', '이런 제품 새로 나왔습니다' 라고 외치면 팔려 나갔다. 그런데 80년대에 들어서면서는 무조건 좋다고 해서는 안 팔리고 '우리 제품은 이렇게 다릅니다' 하는 차별화 전략과 포지셔닝 전략으로 포인트가 옮겨 갔다. 이것이 바로 상품에 대한 경영의 초점이 어떤 궤적을 그려왔는가를 알 수 있게 하는 것이다.

그런데 이제는 차별화, 포지셔닝 전략도 점차 힘을 잃고 있다. 상품 간의 차별점이 없어지고, 각 브랜드 간 이미지의 간격이 갈수록 좁혀지고 있는 것이다. 또 똑똑한 소비자들은 기업이 외치는 포지셔닝 전략에 휘둘리지 않는다.

'빨리-잘-다르게'로 변화되어 온 상품 전략은 한계에 부딪히고 있다. 이제는 소비자의 절대가치(absolute value)에 초점을 맞춰야 한다. 경쟁사와 비교해서 어떤 차별적인 혜택을 줄 것인가, 즉 상대적 가치에 신경 쓰지 말고 자사 상품만의 절대적인 가치를 제공해 줄 수 있어야 한다. 그러려면 소비자 가치의 핵심을 통찰해야 한다. 바스티엥(Vincent Bastien) 파리대 교수는 이런 말을 했다.

"럭셔리는 포지셔닝하지 않는다. 기존 마케팅은 포지셔닝이 중요하지만 럭셔리는 포지셔닝 대신 '나는 누구다' 라고 얘기한다. 다른 대상과의 위치를 비교하기보다 '나는 누구다' 라고 규정하는 것이다. 이렇게 함으로써 그 브랜드를 사랑하는 사람들이 생긴다. 루이비통은 루이비통을 사랑하는 사람에게 물건을 판다. 즉, 브랜드를 사랑하는 사람들을 통해 사업이 확장되는 것이다." (한 덩이 고기도 루이비통처럼 팔아라, 140쪽)

'나는 누구다' 가 절대가치의 개념이다. 경쟁하지 말고 협업하라는 의미도 이것이다. 절대가치를 제공하기 위해서는 타 업종이나 소비자와의 제휴와 네트워킹이 반드시 필요하다.

또 품질이란 물리적 완성도를 의미하는 것이 아니다. 소비자의 절대가치를 충족시키는 정도가 품질이다. 그렇기에 물리적 품질 외에도 지각 품질(perceived quality)을 인식해야 한다. 코카콜라와 펩시콜라의 맛을 구분할 수 있는 사람은 별로 많지 않다. 펩시콜라가 코카콜라를 바싹 따라잡는데 일등공신 역할을 했던 '펩시 챌린지' 마케팅 캠페인이 그걸 노린 것인데, 지나가는 사람들에게 코카콜라와 펩시콜라를 놓고 블라인드 테스트했다. 어느 것이 맛있는지 손을 들어보라 했는데, 펩시의 손을 든 사람이 많았고 그것을 그대로 찍어서 광고로 내보냈던 것이 1970년대 유명했던 '펩시 챌린지' 였다.

이것은 품질에는 '물리적 품질' 뿐 아니라 '지각 품질' 이 있음을 말해 준다. 사실 사람들은 물리적 품질의 차이를 별로 느끼지 못한다. 내구성이나 디자인 등의 물리적 품질로만 따지면 루이비통 가방이나 짝퉁 가방이나 도긴개긴이다. 가성비를 따진다면 짝퉁 가방이 훨씬 좋을 것이다. 그런데 사람들이 고가의 루이비통을 들고 싶어 하는 것은 지각 품질 때문이다. 머릿속에서 품질을 상상케 하는 것, 그게 브랜드의 힘이다. 물리적 품질이 뒷받침되어야 하는 것은 물론이고, 지각 품질을 높여야 한다. 어떻게 고객들에게 실제 품질보다 더 좋다고 지각하게 할 수 있게 할까?

유형의 상품, 즉 tangible product를 개선함으로써 지각 품질을 높일 수 있다. tangible product란 손에 만져질 수 있는, 눈에 보이는 상품을 의미한다. 사람들은 눈에 보이는 것, 귀로 들을 수 있는 것만 믿으려는 경향이 있다.

예를 들어, 영국의 명품 맥주 기네스의 핵심역량은 거품에 있는데, 고객들에게 신선한 맥주를 마시게 하기 위해 위젯을 개발했다. 동그랗게 눈에 보이고 달그락 귀로 들리는 위젯은 기네스의 지각 품질을 높여주는 장치다. 고객들은 그걸 보면서 기네스의 거품이 풍부해서 맛이 더 좋으리라는 상상을 하게 되는 것이다. 이것이 소비자의 절대가치를 충족시켜 주는 방법이다.

듀퐁 라이터는 불을 켤 때 '퐁' 소리를 낸다. 일부러 소리를 집어넣은 것이다. 사람들이 귀로 소리를 들으면서 지각 품질의 향상을 느낄 수 있게 한 것이다. 소리로 지각 품질을 높이는 대표적인 회사는 할리 데이비슨이다. 할리 데이비슨 모터사이클에서는 웅장하고 독특한 소리가 난다. "potato potato"하는 배기음 소리가 나는 것인데, 이 소리로 특허까지 출원했었다고 한다. 할리 데이비슨 마니아들은 "배기음이 단순한 소리가 아니라 사람의 심장 박동과 같다"며 "심장과 비슷한 주기로 소리가 나고 이에 따라 온 몸에 진동이 느껴져 타는 사람의 질주본능을 자극한다"고 말한다. 소리가 할리 데이비슨의 지각 품질을 높여주는 요소가 되는 것인데, 할리스타일을 완성해 주는 소리까지 디자인하기 위해 1997년에 소리 연구소까지 세웠다. 'NVH(Noise, Vibration, Harshness) Lap'이다.

자이리톨 껌도 유형의 상품을 바꿔서 지각 품질을 높인 사례다. 롯

데제과가 처음 자이리톨을 출시했을 때 실패했었다. 실패했던 원인은 상품의 형태와 포장에 있었다. 당시 껌 값이 100원 정도인 상황에서 자이리톨은 500원이었다. 아무리 비싼 성분이 들어있건, 또 핀란드 사람들이 잠자기 전에 씹던 말건 무슨 껌 값이 500원이냐는 반응이었다. 겉포장은 일반 쥬시후레쉬 껌과 똑같은데. 2년 후 상품을 재기획해서 내놓았다. 껌의 형태도 자이리톨의 충치 예방 효과를 암시할 수 있도록 캡슐 형태나 알약 모양으로, 포장 방법도 일반 껌들과는 차별화했다. 눈에 보이는 유형의 상품을 바꾸니까 사람들은 자이리톨 껌의 지각 품질을 높게 인식하게 된 것이다.

이렇게 유형의 상품을 물리적으로 개선함으로써 지각 품질을 높일 수 있다. 그러나 물리적 상품만으로 절대가치를 충족할 수 없고 증강상품, 대체상품, 가상상품 등과 융합되어야 한다. 상품의 지경을 넓히라는 말이다.

증강상품의 개발

증강상품이란 개념은 이미 쓰이고 있었다. 필립 코틀러(P. Kotler)의 상품의 3수준 모델(three levels of product)은 제품에 대한 인식을 넓히는데 있어서 통찰력을 제공해 주었었는데, 그는 상품을 핵심 상품(core product), 유형의 상품(tangible product), 부가적 상품(augmented product)의 세 국면으로 구분했다. 여기서 부가적 상품을 증강상품으로 번역할 수도 있다.

예를 들어, 자동차 구매과정을 생각해 보면 고객이 자동차를 구매한다고 할 때 단순히 네 바퀴 달린 물체만을 구매하는 것이 아님을 알 수 있다. 자동차라는 물체가 고객의 손에 넘어가서 고객의 소유가 되기까지에는 여러 가지의 기능이 부가된다. 즉, 영업사원이 고객과 협상도 하고 조정도 하면서 주문을 받는다. 또 금융회사의 역할도 필요하다. 지불과 결제, 할부 등을 담당해 주는 것이다. 그뿐만이 아니다. 타던 차의 폐차를 대행해 주든지 중고차로 팔아주는 기능도 필요하고, 차량을 출고해서 고객의 손까지 인도해 주는 기능, 잠시 보관해 주는 차량보관 기능, 차량의 등록을 대행해 주는 기능, 애프터서비스와 보증, 고객이 원하는 옵션 부품을 부착해 주는 기능 등 다양한 가치들이 부가되면서 자동차가 고객의 소유로 넘어오게 되는 구매과정이 이루어지는 것이다. 또한 경품 행사 등의 판촉도 소비자들에게 자동차를 선택하는 데 있어서 가치를 느끼게 해 주는 요소가 된다.

이와 같이 상품이라는 개념 속에는 수많은 가치들이 복합되어 있다. 그러므로 '상품을 산다'는 개념은 단순히 물체를 사는 것이 아니라 이와 같은 가치의 묶음을 사는 것이며, 가치를 부가시키는 또는 증강시키는 요소가 증강상품(Augmented Product)의 개념이다.

디지털 기술이 발달하면서 가치를 부가하는 증강상품의 개념도 증강되고 있는 것이다. 증강현실 기법은 이미 우리 생활 속으로 들어와 있다. 과거에는 증강현실을 구현하기 위해서는 특수 장비가 필요했지만, 이젠 들고 다니는 스마트폰 안에 카메라, GPS, 그리고 각종 센서들이 들어 있어서 일반인들도 쉽게 구현할 수 있고, 증강현실 앱도 쉽게 다운받을 수 있어서 기업의 마케팅에 적용되는 사례들이 늘어나고 있다.

화장품 브랜드인 세포라(Sephora)는 2012년부터 '세포라 증강현실 거울(Sephora Augmented Reality)'이라는 서비스를 제공하고 있는데, 고객이 매장에 와서 화장을 지우지 않고도 화장품 샘플을 경험해 볼 수 있게 한 것이다.

또 스위스 시계 '티쏘(Tissot)'도 손목시계 모양의 마커를 손목에 차고 비추면 여러 가지 시계를 직접 착용한 듯한 경험을 할 수 있게 하는 증강현실 서비스를 제공하고, 의류 회사들도 증강현실 드레스룸을 만들어서 직접 입어보지 않고도 맵시를 볼 수 있도록 하는 시스템 구축을 서두르고 있다.

광고에 QR코드나 증강현실이 적용된 사례들도 많다. 거기다 스마트폰을 갖다 대면 광고 모델의 동영상이 나온다든지, 패션상품의 경우 모델이 튀어 나와서 런웨이 하는 장면을 볼 수 있다. 이 역시 광고에 디지털 데이터를 덧입혀, 다른 말로 증강시켜 놓았기 때문이다.

증강현실 카탈로그를 배포하는 사례도 늘어나고 있는데, 미국의 전자유통회사 베스트바이가 제공하는 증강현실 카탈로그를 비추면 상품 실물이 튀어나오고, 상품 정보뿐 아니라 상품평가 등도 볼 수 있게 했다. 이케아 역시 증강현실 카탈로그를 통해서 고객들이 조립설명서를 읽지 않고도 쉽게 조립할 수 있게 해 줄 뿐 아니라, 가구를 실제 사이즈로 시뮬레이션해 볼 수 있도록 지원하는 서비스도 하고 있다.

어떤 업종도 증강현실 기술을 활용해서 증강상품을 만들 수 있다. 가방회사의 예를 생각해 보자. 가방에 QR코드를 붙인다든지, 증강현실 스마트폰 앱을 만들면 된다. 그리고 거기에 이미지나 동영상, 텍스트 등 디지털 데이터를 넣어놓으면 끝이다. 쉽다. 가방회사가 그러한 증강상품을 만든다면 증강현실을 통해 고객들에게 지속적으로 상품에 관한 정보, 새로운 라이프스타일과 트렌드, 또 패션쇼 등을 생중계할 수도 있다. 이것은 고객과의 소통의 통로 역할을 하는 것뿐 아니라 고객에게 새로운 경험을 제공해 줌으로써 브랜드가치를 증강시킬 수 있는 아이디어가 될 수 있는 것이다.

이렇게 증강현실이란 물리적 시공간과 디지털 실체가 조합된 세상이다. 아날로그 상품에 디지털을 덧댐으로써 고객에게 새로운 경험과 라이프스타일을 제공하는 증강상품 개발에 집중 투자해 보라. 거기서 새로운 가치가 증강될 수 있으며, 블루오션으로 갈 수 있는 길을 찾을 수 있다.

대체상품의 개발

대체상품이란 물리적 상품을 다른 시공간으로 날아가게 해 주는 것이다. 아날로그 실체를 가진 물리적 상품은 시공간의 제약을 받지만 초월적 시공간(kairos)으로 들어가면 자유롭게 넘나들 수 있다. 물리적 시공간을 초월적 시공간으로 바꿔주는 것이 대체상품이다.

사물인터넷 개념을 접목한 나이키 플러스가 대체상품임을 말하였다. 아날로그 나이키 운동화는 시간과 공간을 넘어 다닐 수 없지만 나이키 플러스와 연결되면 국경도 넘을 수 있고, 시차도 무색해진다.

대체상품의 또 하나의 좋은 사례는 애플이다. 애플이 아이팟, 아이폰, 아이패드의 3연속 홈런으로 기적적인 성공을 거둘 수 있었던 비결은 아이튠즈(iTunes)와 앱스토어(App Store)에 있었다. 아이튠즈는 구름 위에 데이터를 올려놓는 클라우드(cloud) 개념을 도입해서 시공간의 제약을 받는 하드웨어 기기를 날게 해 준 것이다.

바로 아이튠즈와 앱스토어가 애플 상품에 날개를 달아주어서 초월적 시공간으로 날아갈 수 있도록 만들어 준 대체상품이다. 이제 비즈니스에서 성공할 수 있는 방법은 품질 좋은 상품을 차별화되게 만들어서 잘 판매하는 것이 아니다. 차별화가 아니라 차등화해야 하는데, 차등화하기 위해서는 대체상품 개발에 주목해야 하는 것이다.

미국 NBC의 'TV 360'도 대체상품의 좋은 예다. 미디어업계의 판도가 달라지면서 기존 TV 방송국들은 광고 수익의 하락을 걱정하지 않을 수 없는 상황이다. 2006년 미국 NBC는 'TV 360'이라는 새로운 정책을 발표했는데, 90년대 들어 웹이 등장하면서 공중파 TV의 위기가 시작된 데다가 2000년대 들면서는 ABC나 CBS 등 경쟁사에 밀린 것이 그 계기가 되었다.

'TV 360'은 한 마디로 스크린을 박차고 나오겠다는 것이다. 그러고는 360도 전후좌우로, 즉 전방위적으로 웹, 모바일, SNS, 게임 등의 플랫폼을 넘나들면서 TV 스크린 안에서 보여 줄 수 없었던 입체적인 경험을 제공하겠다는 의지의 표현이었던 것이다. 당시 NBC는 이런 얘기를 했다.

"지금까지 느껴보지 못한 최고의 몰입도를 자랑하는 텔레비전 경험을 확대하고, 관련 커뮤니티를 구축할 것이며, 이를 위해 웹의 힘을 이용하겠다. … 시청자들만 방송과 케이블, 인터넷 등 복수의 플랫폼을 넘나들도록 이끌겠다는 게 아니라 광고주들 또한 동참할 수 있게 하겠다."

NBC의 상품은 드라마, 뉴스, 연예 등과 같은 프로그램이다. 그것들은 TV 수상기라는 한정된 공간에서 정해진 시간편성표에 의해 유통된다. 넷플릭스의 창업자 리드 헤이스팅스의 지적대로 리니어TV다. 그건 아날로그 상품이지만 여기에 디지털의 옷을 입히고 소셜 날개를 달면 웹이나 모바일로, 그리고 SNS로 흘러갈 수 있다. 또 시청자들과 게임을 벌일 수도 있다. 시간과 공간이 한정되어 있는 스크린을 깨고 나오겠다, 이것이 'TV 360'의 콘셉트다.

예를 들어, 2006년 'Heros' 드라마를 방영하면서 매 에피소드가 끝날 때마다 온라인 만화로 업로드하고, 후에 이것은 만화소설로도 출판했다. 코멘터리(제작진과 출연진의 인터뷰) 동영상을 제작해서 웹사이트에 올리고, 'Heros 360'이라는 소규모의 대체현실게임(ARG)도 기획했다.

NBC는 고객을 세 가지 방법으로 끌어들였는데, 비디오와 아이템 선물, 그리고 시청자 참여가 그것이었다. 즉, 다시 보기뿐 아니라 캐릭터 프로파일, 프로듀서 컷, 뒷이야기 등의 재미요소들을 비디오로 활용했고, 포스터와 이카드, 메시지 아이콘, 위젯, 개인블로그 스킨, 그래픽 소설 등을 시청자들이 퍼 나를 수 있도록 오픈하고, 퀴즈와 퍼즐, 인터랙티브 지도, 그리고 'the Heroes Two Screen Experience'를 통해 시청자의 참여를 유도했다. 그러면서 NBC는 "웹은 캔버스다"는 유명한 말을 남겼다. 웹은 시청자가 채워나가는 것이라는 뜻이다.

NBC는 이렇게 기존 드라마 상품에 디지털화, 소셜화, 게임화 요소를 가미하면서 TV 스크린을 깨고 나오는 실험을 한 것인데, 스크린 안에 머물러 있는 드라마는 그 안에서 수명을 다하지만 날개를 달고 초월적 시공간으로 나와 소셜화되는 상품은 더 큰 수익을 가져다줄 수 있는 것이다.

영국 BBC도 소비자 초청 인터뷰를 마치고 "우린 엄청난 충격을 받았다. 바깥세상에는 우리가 관심을 두지 않는 일을 하는 사람이 많다는 사실을 깨달았다"고 고백하면서 더 이상 일차원에 머물러 있어서는 안 되고, "방송사도 시청자들과 맺게 될 새로운 종류의 창조적 파트너십을 포용해야 한다"고 선언했다.

이렇게 상품은 닫혀 있는 공간, 즉 스튜디오나 공장에서 만들어지는 것이 아니라 열린 광장(open platform)에서 소비자와 함께 만들어지는 비즈니스 패러다임의 근원적인 이동이 일어나고 있는 것이다. 시공간의 경계를 깨뜨리고 울타리 너머의 플랫폼으로 가게 만드는 것이 대체상품이다.

이제 기업들이 대체상품 개발에 관심을 가져야 할 때가 되었다. 대체상품은 다른 차원, 즉 블루오션으로 가게 해 줄 수 있는 날개의 역할을 하기 때문이다. 비즈니스 생태계에 융합이라는 근원적인 지각변동이 일어나면서 상품 간 업종 간의 경계선이 허물어지고 새로운 가치사슬로의 재편이 진행되고 있는 상황에서는 업(業)을 재정의 내리고 상품과 비즈모델을 혁신하는 마케팅 구조조정이 필요한 시점이 된 것이다.

가상상품의 개발

가상상품은 현실세계에 물리적 형태로 존재하지 않으며 시간과 공간도 초월하는 상품을 의미한다. 아바타(avatar)가 대표적인 가상상품이다. 가상현실 기법을 마케팅에 활용하는 사례도 계속 늘고 있는데, 가상현실은 보물이 숨겨져 있는 기회의 땅이 될 수 있다. 보물찾기에 나섰던 것이 '세컨드라이프(Second Life)'였다. 세컨드라이프는 UC 샌디에고에서 물리학을 공부한 필립 로즈데일이 개발했는데, 부인에게 생일선물로 받은 SF 소설 『스노 크래쉬(Snow Crash)』에서 영감을 얻는다. 이 책에 나오는 메타버스(metaverse)는 초월적인 우주인데, '매트릭스' 영화처럼 물리적 현실세계가 재현되는 가상현실이다.

'이런 걸 만들어 보자' 생각하고 1999년 린든 랩(Linden Lab)을 창업하고 2003년 세컨드라이프를 발표한다. 세컨드라이프는 일종의 소셜 게임이라 할 수 있는데, 자신의 분신인 아바타를 통해 자신이 꿈꾸던 제2의 삶을 살 수 있는 곳이다.

이곳에서는 나의 모습을 내 마음대로 꾸밀 수 있고, 옷도 입고 싶었던 명품 옷을 선택할 수 있다. 나의 분신인 아바타가 내 대신 이곳을 돌아다니면서 활동하는데, 바다가 내려다보이는 멋진 집에 살면서 평소 타보고 싶었던 오픈카를 타고 매력적인 파트너와 함께 여행을 할 수도 있고, 새로운 체험도 즐길 수 있다. 거리에는 휴지도 떨어져 있지 않고 공기도 오염되어 있지 않다. 병균도 존재하지 않으며 모두가 건

강하고 잘살 수 있다. 또 모두가 평등하다. 세컨드라이프가 인류가 꿈 꾸어오던 유토피아의 모습을 연출한 것이다.

한때 세컨드라이프라는 가상현실 플랫폼에 많은 기업들이 몰려갔고, 아바타를 활용해서 성공한 마케팅 사례들이 있었다. 세컨드라이프에 가상체험관이나 전시장, 판매관을 만드는 기업들도 있었고, 판촉행사나 설명회, 교육도 이루어지고, 화장품의 경우에는 신제품의 테스트 마케팅 장소로 활용하기도 했다. 좋은 목을 선점해서 광고판을 세우는 것은 물론이고, 아예 땅을 분양받아 사옥을 건설하거나 지점이나 프랜차이즈를 개설하기도 했었다.

세컨드라이프에서는 현대판 봉이 김선달 같은 일도 일어났었고, 실제로 세컨드라이프를 통해 돈을 번 사람도 많았는데, 세컨드라이프가 실패라고 얘기하는 사람들도 많지만 그 실험은 매우 의미 있는 것이었고 결과의 판단은 미완으로 남아 있다.

세컨드라이프와 같은 시도들이 늘어나고 있다. 소셜 게임 중에 가상현실에서 벌어지는 것이 많다. 가상현실은 고객들에게 꿈과 환상을 심어줄 수 있는 환상경제(fantasy economy)의 소재가 될 수 있기 때문이다. 가상현실 플랫폼들을 활용하여 가상상품을 만들고 판매하는 사례가 늘어날 것이다. 이것은 피할 수 없는 물결이다. 우리들 마음속에 잠재해 있는 아바타에 대한 집단무의식을 건드려 준다면 폭발적인 가치가 창출될 수 있기 때문이다.

자신들의 홈페이지에 가상현실 공간을 만드는 사례들도 시도되고 있다. 스위스 시계회사 스와치는 'clerk generation'이라는 프로그램을 만들었었는데, 온라인상의 판매직원을 고객이 생성하는 것이다. 여러 명의 아바타 중에서 자신이 마음에 드는 직원을 골라서 의상, 스타일, 말투 등을 고객이 선택할 수 있고, 흥정을 하다가 마음에 안 들면 해고시킬 수도 있다. 고객들에게 재미와 무한만족을 제공하는 것이다.

일본 유니클로의 '럭키 라인(Lucky Line)'도 가상현실을 활용한 마케팅이었다. 자신의 아바타를 만들어서 유니클로 매장 앞에 줄 세우고 경품도 타고 재미도 즐기는 성공적인 프로그램이었다.

게임 산업의 성장은 가상상품의 성장가능성을 보여 준다. 가상상품의 잠재력을 보여 주었던 것이 사이월드였는데, 도토리라는 가상화폐가 거래되고, 자신의 아바타나 홈피를 꾸미려고 각종 아이템을 구매했다. 가상현실에서의 자신의 모습에 현실세계보다 더 많은 돈을 지불하는 경우도 있는데, 일종의 페르소나 마케팅이라 할 수 있다.

게임이 진화하고 있다. 앞으로 게임은 영화나 드라마 등과 융합될 것이다. 교육도 게임과 융합될 수 있다. 게임 만드는 회사가 아니더라도 가상현실에 눈을 돌려야 한다. 일본의 토요타는 미래 소비자인 어린이들을 대상으로 'Backseat Driver'라는 게임을 개발해서 제공했다. 아빠가 운전하는 동안 아이는 뒷좌석에 앉아서 운전 게임을 하는 것이다. 또 노스 페이스는 '남극탐험'을 주제로 가상현실 프로모션을 기획해 호평을 받았다.

이제는 업종 구분이 무너지는 시대다. 패션회사, 자동차회사, 식음료 회사, 교육회사 등 어느 업종이건 고객과의 가상현실게임을 기획할 수 있다. 게임 만드는 건 외주를 주면 된다. 중요한 것은 기획할 수 있는 머리, 즉 소프트웨어다. 또한 인공지능도 가상상품의 소재가 될 수 있다.

사업의 지경을 넓혀야 한다. O2O(Offline to Online) 전략이 중요해지는 것도 스마트폰의 일상화로 오프라인과 온라인의 경계가 무너지면서 오프라인만 생각하던 과거 방식으로는 변화에 대응할 수 없기 때문이다. 과거의 경영은 물리적 현실, 즉 오프라인 상품을 잘 만들고 잘 팔면 됐지만, 이제는 물리적 현실 이외에도 증강현실, 대체현실, 가상현실 등 다른 차원의 현실이 존재하게 되었고 이와 같은 멀티버스를 넘나들면서 고객들에게 새로운 경험을 하게 해줌으로써 브랜드가치를 높이는 것이 바로 O2O의 개념이다.

또 시야도 넓혀야 한다. 시공간을 지배하는 자가 플랫폼을 장악할 수 있다. 기존 시공간의 경계를 허물고 동기화하면서 고객들이 더 쉽고 빠르고 편리한 삶을 즐길 수 있도록 융합되어야 한다. 상품을 물리적인 사물로만 봐서는 안 되고 물리적 상품 이외에 증강상품, 대체상품, 가상상품도 만들어야 한다. 새롭게 발견된 4가지 세상, 그리고 오프라인과 온라인을 넘나드는 O2O전략을 펴면서 고객에게 새로운 경험을 제공해 주고, '되고 싶은 나' 너머에 있는 '되어야 할 당신'을 보여 주어야 상품3.0의 경지로 들어갈 수 있다.

과거 산업혁명이 일어나면서 시장이 발달하고 시장적합성을 갖추기 위해 기계화, 유통화, 서비스화의 방향 축에 따라 상품2.0으로의 진화에 투자했던 기업이 산업시대 가치의 리더가 될 수 있었듯이 시장이 플랫폼으로 변하는 원리를 이해하고 플랫폼 적합성을 가질 수 있도록 디지털화, 소셜화, 게임화라는 새로운 패러다임을 적용함으로써 상품

3.0으로 업그레이드하는 기업이 새로운 리더로 부상하게 될 것이다.

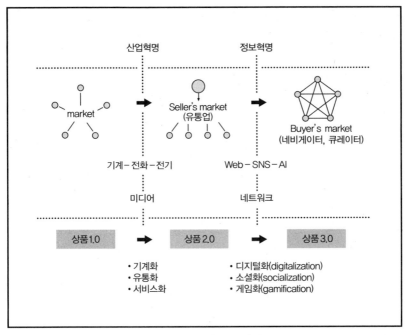

〈도표 2-13〉 상품3.0 시대

상품의 정의를 다시 내리고 관점을 전환하고 시야를 확대함으로써 단순히 상품을 파는 방식이 아니라 융합마케팅을 펼쳐야 한다. 융합마케팅이란 제휴와 네트워킹을 통해 융합화된 가치를 제공하는 비즈니스 패러다임이다. 과감히 트로이 목마를 불태우고 상품에 가치를 융합해서 3.0 차원으로 업그레이드시키라. 이것이 혁명의 시대를 헤쳐가야 할 경영자들의 도전과제다.

전환5.
PRICE :

가격을
정하지
말고
가치의
마술을
부려라

PRICE

가격전략의 변천

기존의 가격전략 모델들

소비자가 구매를 결정하는 결정적인 순간, 즉 MOT(Moment of Truth)에 영향을 주는 결정적인 요인은 가격이다. 아무리 상품이나 서비스가 매력적이라 하더라도 가격표를 보고 주저하는 경우가 많기 때문이다. 주저하는 경우는 크게 두 가지다. 예상보다 비싸거나 쌀 때다. 이제 똑똑해진 스마트 소비자들은 가격을 잘 알고 있다. 어느 정도 범위일 것이라고 예상하는데 벗어날 경우 인지부조화가 생기는 것이다.

가격이란 추상적인 가치를 현시적인 숫자로 표현한 것이다. 그런데, 눈에 보이지 않는 가치가 눈에 보이는 가격으로 나타나는 과정에서는 반드시 왜곡이 일어나게 마련이다. 가치는 큰데 가격은 낮다든지, 거꾸로 가치는 별 볼 일없는데 가격은 높은 경우가 발생하게 된다. 이유는 사람의 주관이 개입되기 때문이다.

소비자가 인정하는 가치는 크게 세 가지 포인트에서 나온다. 첫째는 품질, 성능 등 하드웨어고 둘째는 디자인, 유행성 등 소프트웨어다. 경쟁상품이나 대체재들과 비교해서, 또 인터넷에서 검색해 본 결과를 종합해서 머릿속에서 가격을 예감한다. 셋째는 그 브랜드의 상품을 가졌을 때 소비자가 느끼는 효용성이다. 즉, 사회적으로 소속감을 느끼거나 주위로부터 인정받는 심리적 효용과 같은 것인데, 사람들은 이 세 가지를 따져보고 '저 제품은 이런 정도 가치가 있어' 하고 지갑을 여는 것이다.

그렇지만 문제는 이 세 가지 요인은 계량화가 되지 않는다는 점이다. 그래서 가격을 매기고 변경하는 일은 매우 어려울 수밖에 없다. 또 가격정책은 한 회사의 운명을 좌우할 정도로 민감한 문제이기도 하다. 고가전략을 펼까 아니면 저가전략으로 나갈까 아니면 동일가격을 매길까 하는 가격결정정책(pricing)도 중요한 일이지만, 자칫 인상 또는 세일정책을 잘못 시행할 경우 돌이킬 수 없는 패착이 나올 수도 있는 문제다.

기존의 마케팅 가격이론에서는 주로 이러한 문제들에 초점을 맞추어 왔다. 산업시대에는 가격이 매출탄력성에 영향을 미치는 결정적인 요소였고, 또한 소비자들이 상품과 가격과 같은 기본적인 요인에서 가치를 느꼈기 때문이다. 그래서 기업들은 자신들의 원가를 계산한다든지(원가기준법: markup pricing), 수익률의 목표를 정하고 그에 따라 가격을 매긴다든지(목표수익률 기준법: target-return pricing), 유통점과의 관계를 고려하고 경쟁사들의 가격을 눈치 보면서 가격을 결정하기도 하고(경쟁사 기준

법: going-rate pricing), 고객들이 어느 정도의 가치를 느끼는가를 측정하여 (지각가치 기준법: perceived value pricing) 가격을 정하는 것 등이 전통적인 가격 결정방법들이었다.

산업화 초기만 해도 가격정책은 복잡하지 않았다. 대량생산, 대량 유통, 대량소비가 규모의 경제성을 확보해 주었고, 어느 정도는 예측 가능한 상황에서 가격정책을 펼 수 있었기 때문이다. 그러나 점차 시장이 분화되고 소비자도 다양한 양상을 띠게 되면서 비즈니스가 규모의 경제논리에서 벗어나게 되고, 또한 경쟁상황이 복잡한 구조로 변하면서 고객에 따라 상품에 따라 또는 시간의 흐름에 따라 가격을 차별화하는 유연한 가격전략들이 개발되어 왔다.

또한 브랜드의 중요성이 강조되고, 가격이 브랜드의 이미지를 형성하게 하는 통합적 커뮤니케이션의 중요한 요소라는 인식이 생겨나면서 가격결정에 있어서 상품/유통/프로모션 등의 다른 마케팅 믹스들과의 복합적인 관계를 고려할 수밖에 없게 되었다. 즉, 소비자들이 가격을 통해 그 브랜드의 가치를 가늠하게 되기 때문에 차별화, 이미지, 포지셔닝 등 기업의 마케팅 목표와 전략과의 관련성을 고려한 가격정책이 필요해졌던 것이다. 1990년대 삼성전자가 미국의 월마트에서 제품을 철수하면서 싸구려 이미지를 벗고 브랜드 가치를 높일 수 있었던 사례는 이러한 점을 고려한 정책이었다.

가치이동과 공짜경제학의 등장

이렇게 변천해 온 가격전략은 혁명의 시대에 맞는 전환을 요구받고 있다. 비즈니스 모델이 달라지면서 가격의 개념이 달라지고 있으며, 가격결정과 적용에 있어서도 새로운 모델이 필요하게 된 것이다.

가격 패러다임을 전환시키는 진원지 역시 디지털과 인터넷이다. 디지털화될 수 있는 텍스트나 그림이미지, 동영상과 음악 등은 모두 0과 1의 조합이다. 종이나 필름이나 인화지가 필요 없고 변형, 복제, 확산에 원가가 들지 않는다. 즉, 생산과 유통 코스트가 제로라는 얘기다. 여기서 '디지털은 공짜'라는 논리가 성립한다. 인터넷도 마찬가지다. 중앙에 호스트 컴퓨터도 없이 서버와 클라이언트만으로 연결되는 인터넷은 소유의 개념이 아니라 누구나 공유하는 플랫폼일 뿐이다. 디지털과 인터넷은 태생적으로 누구에게나 오픈되어 있는 무료재화다.

공짜경제학이라는 용어의 사용이 빈번해지는 것이 이러한 맥락이다. 향후 세계경제는 갈수록 침체의 늪에 빠져들 것이며, 사람들은 소비를 최소화해 갈 것이다. 스마트기기로 무장하고 SNS 등으로 연결되어 많은 정보와 사용경험을 공유할 수 있게 되면서 상품을 구매해서 소유하는 것보다는 필요할 때만 사용하는 공유경제(sharing economy) 사업모델은 갈수록 늘어나는 추세다.

또 똑똑한 소비자들은 더 이상 기업들이 연출하는 브랜드 이미지에 현혹되지 않으며, 적절한 마진 이상의 가격도 수용하지 않을 것이다. 이제 소비자들은 과거 정보가 부족하고 상품에 대한 지식이 없었던 때와는 확연히 달라졌다. 스마트 몹들은 원가도 잘 알고 있다. 블로거들이 모든 스마트폰의 원가를 분석해 놓은 자료들이 돌아다닌다는 사실은 무엇을 의미하는가? 100원짜리 상품의 제조원가가 20~30원 정도라는 것도 알고 있고, 중간의 판촉비용이나 유통비용을 빼면 보다 싸게 구입할 수 있다는 것도 알고 있고, 그 방법도 알고 있다. 또 가격을 스스로 매길 수도 있다.

가격결정이란 고객과의 비즈니스 게임이다. 조만간 기업들은 소비자 저항에 부딪힐 것이고, 가격을 내리지 않는다면 소비자들이 직접 만들어 쓰든지 중고 상품을 직거래하든지 공유하는 방식으로 문제를 해결하려 할 것이다. 상품을 소비자가 직접 만든다고? 그렇다. 자동차를 집단지성을 활용해서 자신이 원하는 것을 직접 조립 생산하는 미국의 로컬 모터스(Local Motors), 스마트폰을 레고처럼 조립하는 아라 프로젝트, 그리고 3D프린터의 미래를 생각해 보라. 이것은 절대 상상 속의 일이 아니다.

이러한 변화는 디지털과 인터넷이 경제의 중심축으로 이동하면서 사물에서 정보로의 가치이동이 일어나고 있음을 시사한다. 즉, 하드웨어의 가격은 제로로 수렴해 가고, 소프트웨어의 가치가 올라가고 있다. 또 개체(node)에서 가치가 만들어지는 것이 아니라 연결(link)에서 가치가 창출되는 구조로 패러다임이 달라지고 있다는 점을 인식해야 한다. 이제 소비자들은 상품이라는 사물을 원하는 것이 아니라 경험이라는 정보에서 더 큰 가치를 느낀다. 자동차라는 하드웨어는 공짜로 제공하고 소프트웨어나 링크를 통해 수익을 내는 사업모델이 나올 수도 있는 것이다. 집카나 우버와 같은 공유경제 모델이 링크에 과금하는 원리다.

사물의 거품이 점점 꺼지면서 사물의 가치가 하락하는 트렌드를 일찌감치 감지한 경영자는 유니클로의 창업자 야나이 타다시 회장이다. 그는 "옷은 패션이 아니다. 라면이나 비누처럼 그저 생필품일 뿐이다" 라는 생각을 하고 1984년 히로시마에 '유니크 클로딩 웨어하우스' (Unique Clothing Warehouse) 창고매장을 오픈한다. 그의 유연한 발상이 유니클로를 세계적인 SPA 브랜드로 발돋움할 수 있게 했는데, "옷을 바꾸고, 상식을 바꾸고, 세상을 바꾼다"는 그의 말이 실현된 셈이다.

또 소비자를 왕으로 모시지 않겠다고 선언하면서 DIY 방식을 도입한 이케아의 설립자 잉그바르 캄프라드 역시 가치이동의 트렌드를 통찰한 경영자다. 왜 비싼 가구를 사서 대물림하며 오래 써야 하는가? 역발상을 하면서 "가구 디자이너가 100만 원짜리 책상을 만드는 일은 쉬운 일이다. 하지만 실용적이고 좋은 품질의 책상을 5만원에 만드는 것은 최고의 디자이너만 할 수 있다"는 말을 했다. 그가 강조한 것은 '의미(meaning)'다. 즉, 비싸건 싸건 가격에는 의미가 담겨 있어야 소비자들이 진정성을 느낄 수 있다는 경영철학이 담겨 있는 것이다.

공짜경제학이란 모든 상품에 무료나 저가전략을 적용해야 한다는 의미가 아니다. 디지털 플랫폼이 발달하면서 소비자들이 유목민(nomad) 화되고 있고, 물리적 현실뿐 아니라 가상현실, 증강현실 등을 넘나드는 이동의 트렌드를 통찰해야 한다. 물리적 상품은 공짜나 저가로 제공하면서 가상상품이나 증강상품에서 더 큰 수익을 창출하는 사업모델도 가능해진 것이다. 사물과 정보를 분리해서 인식하고 사물에 정보와 관계를 융합하는 방식으로 사업모델을 전환해야 한다.

이제 상품을 잘 만들어 잘 팔면 성공하던 시대는 지나갔다. 마진 곱하기 판매수량이 이익이었던 사물의 경제논리는 구시대의 사상으로 변하고 콘텐츠나 연결 등을 통해 가치를 창출하는 새로운 정보의 경제논리가 등장하고 있는 것이다. 그것이 공짜경제학의 본질이다.

이와 같은 비즈니스 생태계의 근원적인 지각변동은 가격전략모델의 전환을 요구하고 있다. 가격은 산업화의 산물이다. 산업혁명 이전 시대에는 '에누리 없는 장사'가 없었다. 판매자와 구매자 간의 흥정으로 결정되었던 것이다. 제품이 상품으로 진화하면서 시장에서 가격이 결정되었고, 유통점에 진열되어 있는 상품에 정찰가격표가 붙게 되었다.

그러나 시장이 플랫폼으로 변해 가고, 상품이 3.0으로 진화하면서 가격은 공장에서 정해져 나오는 것이 아니라 시간과 공간에 따라 가변적으로 변해 가고 있고, 소비자에게로 힘이 이동하면서 기업이 가격결정의 주도권을 쥐던 데에서 소비자가 가격을 결정하거나 소비자를 참여시키고 상호 간 게임을 벌이는 방식의 창의적인 가격모델들이 시도되고 있다. 또 공짜경제학의 등장으로 관계기반의 수익모델의 비중도 커져가고 있다. 가격전략을 업그레이드하는데 있어 고려해야 할 두 가지 포인트는 유연성(flexibility)과 상호성(interaction)이다.

변화에 대응하는 가격전략모델

소비자 주도형 가격결정모델

복잡계와 불확실성의 시대에 필요한 첫째 덕목은 유연성이다. 고정관념의 틀을 깨고 끊임없이 발상을 전환해야 한다. 혁신적 사고, 깊은 통찰, 역발상, 이것이 혁명의 시대가 요구하는 철학이다. 이제는 기업이 상품을 생산해서 가격을 매기고 유통을 통해 판매하는 기존의 울타리 관념에 갇혀 있다가는 통째로 쓰나미에 휩쓸려 간다. 플랫폼의 생리를 이해하고 가격전략에 있어서도 개방, 참여, 공유라는 문법을 적용해야 한다.

가격결정권을 아예 고객에게 넘겨주는 가격정책의 성공사례들도 많다. 이베이나 옥션 등이 채택했던 경매방식, 프라이스라인(priceline)이 시작한 역경매 방식 등이 그 포문을 열었다고 할 수 있다. 또 무형의 콘텐츠나 소프트웨어 업종이라면 가격결정도 DIY(Decide It Yourself) 방

식으로 할 수 있다. 가격을 기업이 정하는 것이 아니라 사용 후 고객이

느끼는 가치와 만족도에 따라 임의대로 결제금액과 결제방법을 정하

는 방식이다(물론 무료를 선택할 수도 있다). 고객에게 가격결정에 대한 칼자루

를 쥐어 주는 것이다.

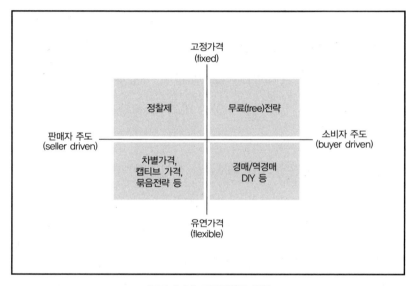

〈도표 2-14〉 가격정책의 유형

이는 당장의 판매수익보다 많은 고객을 확보하고, 지속적인 관계유

지를 통해 파생되는 사업모델들로부터 더 큰 수익을 기대하는 것이

다. 이제는 상품/서비스를 만들어서 가격을 어느 정도로 매길 것인가

하는 것에서 가치가 만들어지는 것이 아니라 고객을 참여시키고 관계

를 유지하고, 이를 사업모델화하는 융합 전략에서 가치가 만들어질

것이다.

온세일닷컴(onsale.com)의 창업자인 제리 카플란(Jerry Kaplan)이 언급한 "소매업이 수요에 따라 요동치는 가격결정체제로 이행해 감에 따라 미래에 갈수록 증권업과 거의 유사해질 것이다"라는 예측은 미래 가격결정 방식이 고객주도형으로 바뀌어 갈 것이라는 의미를 내포하고 있다.

공짜 수익모델의 4가지 유형

「와이어드」지에 '롱테일(long-tail) 법칙'의 개념을 소개했던 크리스 앤더슨은 그의 저서 『프리』에서 공짜 비즈니스모델을 4가지 유형으로 분류하고 있다.

첫 번째 공짜모델은 교차 보조금을 받는 방식이다. 스마트폰이 이런 경우인데, 비싼 스마트폰을 싸게 구입할 수 있는 것은 통신사로부터 보조금을 지원받기 때문이다. 이동통신 사업자들은 스마트폰 기기는 아주 싼 값에 제공하면서 서비스 이용료를 수익으로 하는 모델이라고 할 수 있다. 포털 사이트들이나 SNS 업체들의 경우에도 서비스는 공짜로 쓰게 하면서 정보와 관계를 기반으로 수익을 가져가는 사업모델 전략을 구사하고 있는 것이다.

제레미 리프킨의 표현대로 비즈니스 모델들이 단지 "상품을 판매하는 것에서 접근(access)을 제공하는 것으로 이동"하고 있다고 볼 수 있다. 이와 같은 통합모델이 계속 발달하다 보면 상품은 그저 서비스의 한 부분으로 제공되는 수익모델들이 등장하게 될 것이다.

두 번째는 광고스폰서로부터 돈을 받는 모델이다. 우리가 TV를 무료로 볼 수 있는 것은 방송사가 광고시간대를 판매해서 광고주들이 광고료를 내주기 때문이다. 또, 인터넷 포털사이트들도 이러한 경우인데, 메일을 무료로 쓰고 포털이 꾸며 놓은 울타리 정원에서 정보도 얻고 놀기도 하는 것은 배너광고에 노출되는 대가다. 또 페이스북이나 카톡 등 SNS도 주 수익원은 광고다.

구글 역시 수익의 90% 이상이 광고에서 나온다는 점에서 광고회사라 할 수 있다. 검색을 판매하지도 않았고, 인공위성을 띄워 지도를 만들어서 무료로 배포하면서 누구나 자신의 사이트에 구글맵을 매시업할 수 있게 했다. 또 스마트폰의 운영체제인 안드로이드도 공짜로 소스를 오픈했다. 또 구글은 검색이 끝났으면 다른 블로그나 사이트로 이동하라고 쫓아낸다. 구글 사이트에 머물라고 하지 않는다. 구글은 울타리가 없다. 그러면 구글은 뭐 먹고 사나? 구글은 어디서 수익이 나와 애플과 함께 기업가치 1, 2위를 다투는 글로벌 기업이 될 수 있었을까?

구글에는 크게 두 가지의 광고상품이 있다. 애드워즈와 애드센스인데, 애드워즈는 여느 포털사이트의 주 수익원인 검색어광고, 다른 말로 키워드광고다. 또 하나의 독특한 광고모델이 애드센스다. 애드센스는 구글 사이트 내에 광고를 붙이는 것이 아니라 다른 일반인들의 블로그나 사이트에 광고를 붙이는 것이다. 즉, 남의 집 담벼락에 광고를 게재하는 셈이다.

예를 들어, 구글에서 검색하면 관련 블로그나 사이트들이 죽 뜨는데, 그 중 한 블로그를 클릭하면 그 사이트로 이동하게 된다. 거기다

231

광고를 붙이는데, 광고유치와 게재는 모두 구글이 알아서 해 주고 블로거와 광고수익을 배분한다. 미국 USA 투데이가 "애드센스는 기본적으로 웹을 거대한 구글 광고판으로 전환했다. 그것은 실질적으로 구글이 모든 사람의 콘텐츠를 구글의 광고영역으로 바꾸어 놓았다는 뜻이다"라고 한 것이 이런 의미다. 슈퍼블로거들이 한 달에 수천만 원씩 벌 수 있는 것이 애드센스 덕분이고, 애드센스가 오늘날의 구글이 있게 만들어 준 효자상품이다. 이런 방식으로 광고스폰서들이 대신 내주는 것이 크리스 앤더슨이 얘기한 두 번째 공짜모델이다.

세 번째는 'freemium'이라 명명한 모델이다. 이것은 처음에는 공짜로 제공하다가 업그레이드 버전을 내면서 유료상품을 만드는 전략이다. 예를 들어 어도비에서 포토샵을 무료로 푸는데, 고급 버전을 사용하려면 유료프로그램을 사야 한다. 그러니까 처음에는 free, 그리고 일정 시간에 지나서 사용자들이 많아지면 유료의 고급 프리미엄(premium) 상품을 내는 것이다. 소프트웨어나 어플 회사들이 많이 쓰는 방법이 freemium 모델이다.

마윈은 1999년 알리바바를 창업하고 3년 간 무료정책을 고수했다. 처음 3년 간은 등록비와 제반 비용을 무료로 하다가 2002년부터 '중국공급상', '청신통', '골드 서플라이어' 등의 유료상품을 병행했는데, 공짜경제의 트렌드를 읽고 적용했던 것이 성공요인의 하나가 되었다. 2003년 타오바오를 오픈하고 이베이를 중국에서 쫓아냈을 때도 이 전략을 활용했다.

freemium 모델을 적용하려면 네트워크 효과가 발생해야 한다. 네트워크 효과란 회원 수가 많아지고 사용자가 늘어나면서 생기는 것인데, 예를 들어 카카오톡은 무료로 쓰기 시작했지만 다운받아 쓰는 사람들이 늘면서 네트워크 효과가 생긴 것이다. 페이스북 같은 SNS도 마찬가지다. 네트워크 효과가 생겨야 플랫폼으로서 인정받게 되는데, 거기에 부수적인 유료상품을 개발해서 수익모델을 만들 수 있다.

TED 역시 freemium 모델을 적용하고 있는데, TED는 원래 1년에 한 차례 5일간 열리는 오프라인 컨퍼런스였다. 크리스 앤더슨(『프리』 저자와 동명이인)이 2000년 TED를 인수하면서 일반인들도 강연 동영상을 무료로 볼 수 있도록 사이트를 오픈해 버렸다. 그렇다면 TED는 어떻게 돈을 벌까? TED 1년 매출은 수천만 달러에 이르는데, 그 중 절반 이상이 고가의 참가료를 받는 TED 콘퍼런스 행사에서 발생한다. 즉, 강의영상은 온라인에서 무료로 제공하면서 오프라인에서 버는 셈인데 이것이 개방, 공유의 문법이다. TED 콘퍼런스는 신청받자마자 1분 30초 만에 매진되는 기록이 있을 정도로 인기다. 또 인터넷 강연 영상이 끝나면 기업 광고나 기업의 고객 관련 커뮤니티에 연결시켜서 수익을 내기도 한다. 기업들의 기부금이 적지 않다. 그러니까 TED는 1번 교차지원금, 2번 광고수익, 3번 freemium 모델을 모두 적용하고 있는 셈이다. 이렇게 공짜경제학은 단순히 무료라는 것이 아니다. 무료에서 수익으로 전환하는 경영철학을 의미하는 것이다.

크리스 앤더슨이 말한 마지막 공짜모델은 무조건 공짜다. 즉, 금전적 대가를 기대하지 않는 것인데, 대표적인 것이 위키피디아다. 2001년 지미 웨일스가 시작한 위키피디아는 누구나 필진으로 참여해서 자신의 지식을 올릴 수 있는 집단지성형 백과사전이다. 위키피디아는 기업이 아니라 재단 형태로 운영되고 있는데, 직원 수도 몇 명 되지 않고 수익모델도 없이 재단의 기부금만으로 운영된다. 그런데도 위키피디아의 브랜드 가치는 엄청나고 창업자인 지미 웨일즈 역시 세계적인 유명인사가 되어 있다.

관계 기반의 수익모델

융합이 일어나면서 세상이 복잡계로 변하고 불확실성이 증가하는 상황에서 유연성은 무엇보다 강조되어야 할 덕목이다. 좁은 시야, 고정된 관념은 트로이 목마다. 유연성과 더불어 필요한 두 번째 덕목은 상호성(interaction)이다.

과거 산업시대 기업이 생산해서 가격을 결정하고 소비자는 구매해서 소비하던 일방향적(one way) 마케팅방식은 이젠 먹히지 않는다. 세상의 구조와 작동원리가 변했기 때문이다. 소비자와 함께 가치를 창출하는 경험을 만들어 가기 위해서는 끊임없이 상호소통하고 관계를 유지해 가는 인프라스트럭처를 구축해야 한다. 요람 제리윈드는 그것을 '관계기반의 수익모델(relationship-based revenue model)'이라고 표현했는데, 소비자들과 지속적으로 상호작용을 하면 "기업은 소유권보다는 접속을 위해 새로운 가격 모델들을 추진할 수 있고, 경험에 기초한 가격 결정은 한 번의 짧은 거래와는 반대로 연속적인 총수입의 흐름을 창출할 수 있다"면서 가격과 결정방식에 대해 기존과는 다른 관점을 제시했다.

이는 "상품을 판매하는 것에서 접근을 제공하는 것으로 이동"이라는 제레미 리프킨의 지적과 일맥상통하는 것이다. 즉, 얼마의 가격을 정하고 한 번의 거래로 끝나는 것이 아니라 소비자들과 지속적으로 상호작용하고 관계를 유지하면서 발생하는 "연속적인 총수입의 흐름"으로 관점을 전환해야 한다. 그래야 가격전략이 정태적이 아니라 동태적으로, 일방향에서 쌍방향으로 업그레이드될 수 있다.

사물의 가격은 점점 떨어진다. 이것은 사람들이 일회성 상품 거래에서 느끼는 가치는 점점 떨어지고 있다는 것과 동의어다. 사물의 가치는 하락하고 정보와 관계의 가치는 점점 올라간다. 자본의 가치는 떨어지고 사람과 지식의 가치가 올라간다. 이와 같은 가치이동이 정보와 관계를 융합하는 가격모델을 요구하는 것이다.

그렇기에 소비자에게 정보를 오픈하고 쌍방향으로 커뮤니케이션할 수 있는 구조를 만드는 것에 경영의 초점을 맞추어야 한다. 창의적인 가격전략모델은 리더십을 역전시킬 수 있는 승부수가 될 수도 있다.

또 한 가지 생각해야 할 점은 가격은 홀로 존재할 수 없다는 것이다. 상품, 유통, 프로모션 등 다른 마케팅 요소들과 밀접한 연관성을 갖는다. 가격을 기존의 비즈니스 방식처럼 상품을 만들고 가격을 얼마로 결정하고 하는 식으로 순차적이고 분리적으로 생각할 것이 아니라 가격을 전체 비즈니스 모델 속으로 융합시켜야 한다는 의미다. 요람 제리윈드도 이렇게 강조하고 있다.

"가격 결정 측면에서 진정한 도전 과제는 가격 결정 과정을 따로 떼어내 생각할 것이 아니라, 사업의 전체 수입 모델의 한 부분으로 이해해야 한다는 것이다." (컨버전스 마케팅, 371쪽)

가격도 이제는 사업모델의 한 요소로 보아야 한다. 사업모델은 고객에게 가치를 느끼게 하는 가치의 묶음이다. 그렇기에 창의적인 가격 결정방식은 가치를 제공할 수 있다. 소비자들은 가격에 대해 양면성을 가지고 있다. 가격에 대해 민감하다가도 어느 순간부터는 둔감해진다. 물리적인 상품 자체에 대해서는 가능한 싼 가격을 원하지만, 정보적 요소나 관계적 요소가 더해지면 가격에 둔감해지는 경향을 보인다. 시장가서 콩나물 살 때는 몇 백 원이라도 깎으려 하다가도 루이비통만 보면 몇 백만 원도 아깝지 않게 지르는 이유는 무엇일까? 명품들의 귀족 마케팅(VIP marketing)이 이런 원리다.

물리적인 상품만으로 가치를 올리는 것에는 한계가 있다. 제휴나 커뮤니티와 같은 관계적 요소들과 시간, 콘텐츠, 오락성 등의 정보적 요소를 융합해야 한다. 또 고객과 게임을 벌이는 방식의 가격모델도 늘고 있다. 가격을 흥정하는 게임을 기획하고, 특정상품을 내걸고 공동구매 신청자가 늘어나는 비율에 따라 가격인하율을 정하거나, SNS 상에서 고객에게 미션을 주고 수행하는 고객에게 리워드를 주는 방식 등도 시도되고 있다.

디지털화, 소셜화, 게임화를 통해 상품3.0으로 업그레이드되면 유연하고 상호적인 가격전략모델이 얼마든지 가능해진다. 물리적 현실뿐 아니라 증강현실, 가상현실 등을 넘나들며 고객들과 상호작용하고 관계를 유지함으로써 연속적인 총수입의 흐름을 만들 수 있는 것이다. 가격전략도 상품과 더불어 3.0모델로 진화해야 한다.

가치의 마술

마케팅은 마술이다

가격은 가치의 그림자다. 고객들이 가치를 느끼면 기업의 총수익은 올라갈 수밖에 없는 것이다. 이것이 'push'가 아니라 'pull', 즉 고객이 매력을 느끼고 스스로 다가오게 하는 마케팅의 원리다. 또 마술의 원리이기도 하다.

이런 예를 생각해 보자. 자, 여기 가방이 하나 있다. 재래시장에서 사온 5만 원짜리 가방이다. 그런데 이 가방을 500만 원짜리로 둔갑시킬 수 있는 방법이 있다. 마치 마술사가 콧기름 한번 스윽 바르면 다른 걸로 바뀌듯. 어떻게 하면 될까?

첫 번째 방법은 루이비통 라벨을 붙이는 것이다. 갑자기 달라 보일 것이다. 이게 브랜드의 힘이다. 또 다른 방법은? 이 가방이 별그대에서 전지현이 들었던 거라고 얘기해 주는 거다. "그래?" 하면서 사람들의 반응이 달라질 것이다. 또는? 이 가방을 명품들 전시되어 있는 중간에 슬그머니 끼어 넣는 것도 가방을 달라보이게 하는 방법이 될 수 있다.

생각해 보면 우습다. 똑같은 가방인데 브랜드라든지, 인물이든지, 스토리 등과 같은 정보적 요소가 융합되니까 가방의 가치가 달라 보이는 것이다. 이것이 신화의 힘이고, 마술의 원리다. 마술은 트릭이 아니냐고 반문할 것이다. 그렇다. 그런데, 대부분의 소비자들은 그것을 트릭이 아니라 당연한 현실로 받아들이고 있다. 수억을 호가하는 외제자동차에 사람들이 매력을 느끼는 것도, 똑같은 자재로 만든 아파트인데도 지역과 브랜드에 따라 엄청난 가격의 차이가 당연시되는 것도 사람들이 마술을 더 좋아하고 가치를 인정한다는 증거다.

가방이라는 사물 자체는 다르지 않은데 거기에 어떠한 무형의 요소가 달라붙는가에 따라 가치는 엄청나게 달라진다. 마케팅은 마술이다. 똑같은 상품에 무엇인가를 불어넣어서 가치를 높이는 작업을 마케팅이라고 정의할 수 있다.

마술의 원리는 오도(誤導, misdirection)에 있다. 즉, 사람들의 눈을 다른 곳으로 오도하면서 순간적으로 슬쩍 바꿔치기 하거나 꺼내는 것이다. 이제 하드웨어로서의 상품을 잘 만드는 것만으로는 가치를 인정받을 수 없다. 가치를 인정받으려면 사물로서의 상품에서 눈을 떼고 시선이 다른 곳으로 돌아가게 해야 한다.

또 이런 경우를 생각해 보자. 소비자가 매장에 들어와서 상품을 고르고 있을 때 어떤 말을 하고 무엇을 보여 줘야 구매를 결정할 수 있을까? 품질이나 성능의 우수성을 말해 주면 되겠는가? 경쟁사와 비교해서 기능이나 혜택점의 차이를 실감나게 설명해 주면 설득이 되겠는가? 애프터서비스나 고객관리의 강점이 위닝샷이 될 수 있다고 생각하는가? 가격을 인하해 주면 살까? 아직도 이러한 세일즈 메시지를 사용하고 있다면 기존 관념에서 벗어나지 못하는 것이다. 오히려 "둘러보고 오세요"라고 말하는 편이 솔직하다.

이제는 그러한 방식으로는 가치를 느끼게 할 수 없다. A와 B라는 두 개의 제품을 놓고 A가 B보다 품질, 성능, 혜택점, 서비스 등에서 어떤 점이 더 우수하다고 아무리 얘기하거나 가격을 깎아주겠다고 해 봐야 고객이 느끼는 가치의 차이는 미미할 뿐이다. 경쟁사 간의 사물로서의 차이는 점점 좁혀져 가고 있다. 신기능도 조금만 시간이 지나면 경쟁사들이 금방 따라잡는다.

소비자들이 상품이나 서비스를 비교해 보고 가격을 따져보게 해서는 안 된다. 눈을 오도시켜야 한다. 어디로? 가치의 원천인 정보와 관계로. 가치가 사물에서 정보로 옮겨가고 있음을 깨닫고 문화코드, 스토리, 역사, 경험, 감성, 제휴, 커뮤니티 등을 융합하는 혁신적인 아이디어를 발상해야 한다. 인공지능, 사물인터넷, 가상현실, 증강현실, 3D 프린팅 등을 활용할 수도 있다. 그러면 처음에는 별 볼 일 없어 보였던 상품이 달라져 보인다. 이것이 가치를 만드는 새로운 방정식, 융합마케팅(convergence marketing)의 개념이다.

융합을 모르고서는 브랜드의 가치를 높일 수 없는 시대가 되었다. 과거 4P 모델처럼 상품을 잘 만들고 가격정책을 잘 구사하고 유통전

략을 잘 펴고 프로모션, 광고나 판촉을 잘하면 성공하던 마케팅 방식
은 박물관 속으로 들어가고 있는 중이다.

가격을 정하려 하지 말고 가치의 마술을 부려라. 가격을 결정해야
한다는 생각은 소비자를 통제하고 소비자와의 관계를 소유하려는 산
업시대적 발상이다. 가격 곱하기 판매수량은 사물의 경제논리다. 구조
가 좋아지면 가치가 올라가고 총수익은 따라온다. 정보의 경제논리로
전환하고 가치에 경영의 초점을 집중해서 비즈니스 3.0구조로 업그레
이드하라. 좋은 나무는 좋은 열매를 맺는 법이다. 마케팅이란 상품을
파는 것이 아니라 가치를 만드는 경영행위임을 잊어서는 안 된다.

전환6.
PLACE :

유통의
경계를
허물고
끊이지
않는
고리를
만들라

PLACE

유통환경의 지각변동

시장의 지각변동에 대한 유통산업의 위기감

시장은 유통채널이 딛고 있는 땅이다. 그렇기에 시장이 사라지고 플랫폼화되는 지각변동에 유통산업은 당장 직격탄을 맞을 수밖에 없다. 채널이 다변화되고 복잡해졌다는 정도의 표현으로는 변화를 설명하기에 충분치 않다. 디지털 기술과 인터넷이 사람들이 살아가는 방식, 기업의 사업방식을 송두리째 바꿔가고 있다.

유통의 개념도 근본적으로 변하고 있다. 유통은 산업화의 산물이다. 산업혁명 이전에는 교환의 수준이었지 유통의 개념은 없었다. 유통채널은 생산자와 소비자 간 사물이 흘러가는 파이프라인의 병목을 잡고 막강한 권력을 가지게 되면서 유통업이 하나의 거대산업으로 자리 잡게 되었고, 산업시대가 무르익으면서 유통채널은 분화를 거듭해왔다. 초기의 재래시장에서 백화점, 슈퍼마켓, 할인점, 편의점 등으로 나뉘었고, 카탈로그 쇼핑, TV 홈쇼핑, 그리고 온라인/모바일 쇼핑까지 가세하면서 수많은 유통업태가 춘추전국시대를 이루고 있다. 또 유비쿼터스 환경으로 각 개인이 곧 유통채널이 될 수 있는 구조로 바뀌어 가면서 유통산업의 미래는 점점 불투명해져 가고 있다.

새로이 밀려오는 혁명의 물결은 비즈니스 패러다임을 변화시키고 있으며 소비자에게로 권력을 이동시키면서 가치사슬을 재편하고 있다. 또 시장의 구조가 달라지고 시장이 사라지는 변화가 일어나면서 유통의 기존 개념도 근본적으로 달라지고 있는 것이다.

프로슈머의 등장으로 생산자와 소비자 간의 경계가 허물어지고 융합되는 현상, 각 경제주체 간의 직거래 양상, 누구나(anybody) 언제나(anytime) 어디서나(anywhere) 시장이 되는 시장 패러다임의 변화 등은 순식간에 '유통'의 존재의 이유를 없애버릴 수도 있다. 유통산업들이 긴장하고 위기감을 느끼고 있는 것은 바로 이러한 이유다.

유통산업의 경우, 새로운 가치를 만들어 낼 수 있는 사업모델을 개발해 내지 못한다면 생존하기 어려워질 것이다. 소비자들의 정보와 지식의 증가는 중간의 유통마진을 더 이상 허용하지 않으려 할 것이기 때문이다. 지금까지 기꺼이 유통마진을 지불했던 이유는 유통이 촉진, 협상, 주문, 보관과 운송, 대금 결제, 반품 등의 위험부담, 관계 유지 및 정보 제공 등의 기능을 담당하면서 소비자들과 생산자들에게 가치를 제공하였기 때문이다.

그러나 이러한 유통의 기능을 생산자나 소비자가 직접, 또는 물류회사나 다른 네비게이터와 큐레이터들이 수행하게 되면서 기존 유통산업의 입지는 없어질 수 있으며, 가치사슬은 급속한 해체와 재편을 맞이할 수밖에 없다.

지각변동은 이미 시작되었다. 이를 경쟁이 치열해졌다든지, 유통구조가 복잡해졌다든지 하는 양(量)적인 변화 정도로 해석해서는 문제의 본질을 파악할 수 없다. 기존의 시장을 보는 패러다임으로는 이 변화가 보이지 않는다. 근원적인 구조가 바뀌는 질(質)적인 변화로 해석해야 하는 것이다.

복잡계에서의 유통채널관리

이것은 유통산업만의 문제일까? 아니다. 생산자들에게도 심각한 고민을 안겨줄 수밖에 없다. 왜냐 하면 과거에는 생산기업들이 눈에 보이는 유통채널들을 잘 관리하면 되었지만 관리 대상의 구조가 근본적으로 변하고 있으며, 예측불가능하게 변해 가고 있기 때문이다.

기존 유통론의 과제는 채널구조 설계와 채널 관리에 관한 것이었다. 유통의 범위(coverage)를 설정하고 어떤 경로구성원들을 참여시켜서 어떻게 기능을 분담할 것인가 하는 채널의 구조를 설계하는 문제와 채널구성원들에게 동기를 부여하고 갈등을 관리하는 문제에 초점이 맞추어져 있었다. 다른 말로 하면, 유통업체의 바이어들과 좋은 관계를 유지하고, 발생하는 문제를 해결하면 되는 것이었다. 소비자에게 가는 길목인 유통채널에서 리더십을 잃고서는 기업이 안정된 비즈니스를 펼쳐나갈 수 없고 유통리더십을 확보하는 것이 비즈니스의 성패를 좌우하기 때문이다.

지금까지는 유통채널과 영업조직을 잘 관리만 하면 수익이 발생했다. 유통채널만 좋은 구조로 세팅되어 있으면 그 다음에는 유통채널에서 알아서 팔기 때문이다. 그러나 유통업에 지각변동이 일어나고 있는 상황에서는 복잡한 양상으로 변해 간다.

두 가지로 나누어 볼 수 있는데, 첫째는 예기치 못했던 곳이 유통채널로 변할 수 있다는 점이다. 지금까지 유통채널이라고 하면, 재래시장, 백화점, 슈퍼마켓, 할인점, 편의점, 또 업종에 따라 대리점, 프랜차이즈, 방문판매원, 텔레마케팅, 홈쇼핑, 인터넷 쇼핑몰 등이었다. 그러나 이제는 전혀 생각지도 못했던 곳이 유통채널이 될 수 있다. 점차 네비게이터(navigator)들이 많아지고 있는 추세다. 가장 저렴한 가격을 네비게이션해 주는 것으로 시작된 가격비교 사이트들이 비중 있는 유통채널이 될 수 있고, 주거문화가 아파트 중심으로 바뀌다보면 아파트 관리사무소가 매우 중요한 유통채널로 변할 수도 있다. 또는 다른 업종의 회사나 소비자 커뮤니티도 유통채널로 변할 수 있다. SNS와 같은 소셜미디어들도 유통채널이 되었고, 게임업체들도 유통채널이 될 수 있다.

이것이 복잡계의 특징이다. 순서도 뒤죽박죽이고 변화도 심해서 불확실성이 높아지는 것이다. 원래 인터넷의 전송 프로토콜인 하이퍼텍스트(hypertext)의 개념이 텍스트들을 '마구잡이로 연결한다' 라는 뜻이다. 하이퍼텍스트는 두 가지 전환을 일으켰는데, 권력이동과 모호성이다. 즉, 순차적인 정보의 분류(indexing)체계를 개인들의 손가락에 맡겨 넘겨주었고, 누가 누구와 연결될지 모르고 어떻게 융합돼서 어떤 결과가 나올지 예측하기 어렵다. 순차적인 세계(world of sequence)를 모호함의 세계(world of blur)로 바꾼 것이다. 이것이 인터넷이 복잡계를 낳을 수밖에 없는 태생적 이유다.

지금까지 공급자-생산자-유통-소비자로 이어지던 가치사슬의 모습은 해체되어 가고 있으며, 가치고리의 형태로 진화하고 있다. 또한 다른 업종들과의 융합이 일어나고 있다. 그렇기 때문에 터널 시야에서 벗어나지 못하고 기존의 유통점들만 유통채널로 인식하는 것은 인식의 마이오피아다. 상품을 생산해서 유통으로 내보내는 비즈니스 관념에 고정되어 있어서는 이와 같은 지각변동을 볼 수 없다. 전혀 예기치 못했던 조직이나 개인들이 자신 비즈니스의 아킬레스를 칠 수 있음을 명심해야 하는 것이다.

두 번째 변화양상은 더 심각한 것인데, 모든 소비자가 유통채널이 될 수 있다는 점이다. 권력을 위임받은 소비자 개개인이 곧 시장이 되는 상황에서는 유통이라는 개념 자체가 아예 없어질 수도 있다는 말이다. 직구(直購)와 같은 생산자와 소비자 간, 그리고 P2P 형태의 소비자와 소비자 간의 직거래가 일어나고 있으며, 이러한 현상은 더욱 확산될 것이다.

예를 들어, 크라우드 소싱 플랫폼인 로컬 모터스의 사업모델에서 유통채널은 어디에 존재하는가? 거기에는 대리점이나 딜러가 없다. 소비자들이 직접 마이크로 팩토리에 가서 조립해서 운전해 가져간다. 이것은 기존 유통업체들의 존재의 기반을 흔드는 것이며, 유통업체들이 가치를 만들어 내는 새로운 사업모델을 개발해 내지 못할 경우 매우 심각한 상황에 처하게 될 것은 명약관화한 일이다. 이제는 정보와 관계에서 가치를 느끼는 상황으로 변해 가고 있음을 깨닫고 정보와 관계를 전략화하는 데에 경영의 초점을 맞추어야 한다.

또한 소비자들이 정보의 주체가 되고 권력의 중심이 된 변화에 관심을 기울여야 한다. 최첨단기기로 무장한 소비자들이 네트워크로 연결되면서 상품에 대한 평가, 경험, 구체적인 행동 등이 급속히 커뮤니케이션 될 수 있는 구조로 변해 가고 있음에 유념해야 한다. 소비자들이 상품의 운명을 결정짓고 기획과 생산까지 하는 상황에서 생산과 소비의 이분법 구도나 생산자로부터 소비자로의 일방향성은 더 이상 존립할 수 없는 구시대 관념이 되고 만 것이다.

이것은 기업에게 위기이면서 동시에 기회가 될 수 있다. 과거와 같이 유통채널을 확보하기 위해 많은 투자가 필요 없어질 수 있으며, 또한 적은 프로모션 예산으로도 폭발적인 효과를 올릴 수 있게 되었기 때문이다. 과거에는 누가 유통을 장악하는가 하는 것이 비즈니스의 성공에 중요한 요소였지만, 앞으로는 누가 소비자 커뮤니티와 네트워크의 병목(bottle neck)을 쥐느냐가 가치의 리더십을 결정하게 될 것이다.

변화에 대응하는 유통전략모델

옴니채널전략과 O2O

이제 기업들에게 유통에 관한 새로운 과제가 주어졌다. 첫째는 기존의 오프라인 유통채널뿐 아니라 온라인, 그리고 물리적 현실뿐 아니라 가상현실, 증강현실, 대체현실 등 소비자가 움직이는 모든 동선(動線)을 아우르는 융합화된 마케팅채널의 구축이다.

온라인과 오프라인의 경계도 없어졌다. 특히 스마트폰은 인터넷이 구분지어 놓았던 오프라인과 온라인의 경계를 교묘하게 융합시키면서 시공간을 또 한 번 재구성했다. 이런 현실적인 필요성 때문에 나온 개념이 옴니채널이다. '옴니(omni)'는 '모든, 전체'라는 뜻인데, 오프라인, 온라인, 모바일, 4가지 현실세계의 경계를 허물고 서로 넘나들 수 있는 시스템을 만들어서 전(全)방위적으로 대처하지 않고서는 안 되겠다는 위기감의 표출인 셈이다. O2O(Offline To Online)전략도 같은 맥락이다.

미국의 가전제품 유통업체인 베스트바이도 한때 '아마존의 쇼룸'이라는 놀림을 받았다. 구경은 베스트바이에서, 구매는 아마존에서 하는 쇼루밍(show rooming)족들이 늘기 때문이었다. 베스트바이는 고객이 매장에 와서 가격비교를 못 하게 하려고 자신들만의 고유 바코드 시스템을 도입했다가 봉변만 당했다. 매출 하락으로 폐쇄되는 매장이 늘어난 것이다.

베스트바이는 생각을 바꿨다. "사람들이 우리 매장을 쇼룸으로 본다? 쿨 하게 인정하자. 그게 현실이고, 막을 수 없는 추세인데 그걸 억지로 막다가는 오히려 역효과가 난다"는 것을 경험했기 때문이다. 베스트바이는 '프라이스 매칭' 프로그램을 도입했다. 아마존과 같은 온라인 쇼핑몰 가격과 비교해 주고 최저가격을 보장하겠다는 것인데, 거기다 한술 더 떠서 고객들이 상품을 오프라인 매장에서 직접 체험할 수 있는 공간을 조성하고 전문상담원도 배치해서 쇼핑을 즐길 수 있도록 전략을 바꿨다. 또 교보문고의 '바로드림' 서비스처럼 온라인으로 주문 후 오프라인 매장에서 픽업할 수 있는 'store pick up' 'warehouse pick up' 등을 실시하면서 고객이 상품을 받아볼 수 있는 시간을 대폭 줄이고, 반품도 더 쉽고 빠르게 이루어질 수 있는 O2O 시스템을 구축했다(O2O 사례는 김형택 著, 「O2O 어떻게 할 것인가?」 참조).

백화점 업계들의 사정도 마찬가지다. 오프라인 유통업의 매출 비중은 축소되고 온라인 쇼핑몰 특히 모바일의 약진이 두드러지는 상황에서 고급 백화점들도 쇼룸으로 전락할 수밖에 없다. 영국의 존 루이스 백화점은 매장 내에 인터랙티브 키오스크와 스크린 등을 설치한 '디지털 스토어'를 제공해서 쇼루밍족들에게 상품 구매 가이드와 상품 추천 등을 해 주는 전략으로 바꿨고, 미국 메이시스 백화점도 옴니채널 전담 임원을 채용하면서 '클릭 앤 콜렉트(click & collect)' '서치 앤 센드(search & send)' '매직 피팅룸' 등의 서비스뿐 아니라 비콘 기술을 활용해서 고객이 서 있는 위치로 상품 정보를 쏴주고 각종 혜택을 제공해 주는 '샵킥(shop kick)', 그리고 기존 구매고객의 정보를 토대로 개인맞춤 서비스를 해 주는 '트루핏(true fit)' 등의 프로그램을 운영하고 있다.

아마존의 융합의 노력은 항상 시대를 선도한다. 2014년 사물인터넷을 적용한 대시(Dash)를 만들어 오프라인과 온라인을 통합하는 시도를 하는가 하면 오프라인 서점(Amazon Books)과 아마존고(Amazon Go) 등 오프라인 매장도 오픈했다. 형태는 오프라인이지만 온라인과 통합되어 있고, 온갖 IT기술의 복합체다.

옴니채널은 유통업체들만의 과제일까? 그렇지 않다. 스마트 팩토리의 좋은 사례를 보여 준 아디다스는 매장에도 가상 진열대(virtual wall)를 만들었는데, 실제 물리적 상품이 진열되어 있는 것이 아니라 가상의 상품들이 디스플레이 되어 있어서 상품들을 회전시켜 볼 뿐만 아니라, 그 신발을 신고 있는 스타플레이어들의 경기 장면 영상을 볼 수도 있고, 또 클릭하면 사이즈별 재고도 파악되면서 결제까지 이루어질 수 있는 방식이다.

제조업체들도 소비자들의 동선을 놓쳐서는 안 된다. 시장이 플랫폼으로 변하면서 그들이 있는 곳이 구매 장소가 되었기 때문이다. 상품을 디지털화, 소셜화, 게임화하고, 가상상품, 증강상품, 대체상품으로 확대하는 것이 옴니채널전략이 될 수 있다. 옴니채널이란 고객이 오프라인 매장이나 온라인 또는 모바일 몰을 이용할 때 하나의 매장인 것처럼 느낄 수 있도록 쇼핑 환경과 고객 경험을 융합하는 것이라고 정의할 수 있다.

끊이지 않는 고리, N스크린 전략

두 번째 도전과제는 끊이지 않는(seamless) 고리를 만드는 일이다. 소비자는 이제 마케팅의 대상이 아니다. 더 이상 기업이 연출하는 브랜드 이미지 창출의 관객도 아니고, 만들어 주면 사서 쓰던 수동적인 대중도 아니다. 스스로 만들고 스스로 판매하고 알아서 퍼뜨리는 진정한 스마트 몹으로 변신 중이고 그들이 움직이는 곳이 곧 유통현장이다.

사람들이 인터넷과 모바일로 연결되고 소셜미디어 플랫폼으로 모여드는 변화가 일어나면서 전에는 소비자들이 상품을 구매하기 위해서 판매자들이 모여 있는 시장으로 나갔었지만, 이제는 내가 필요한 상품정보를 내 눈 앞에 갖다 바치기도 하고 굳이 시장에 가지 않더라도 언제 어디서나 클릭만으로 구매할 수 있게 되었다. 즉, 판매자 중심 시장(seller's market)에서 구매자 중심 시장(buyer's market)으로 중심이동이 일어난 것이다.

그렇기에 'seamless'는 핵심적인 개념이 되어 버렸다. 유목민 소비자들이 24시간 이동하다 보니 놓치지 말고 동선을 끊임없이 추적해야 할 필요성에 직면하게 된 것이다. 한동안 3스크린이라는 용어가 회자됐었다. 사람들의 눈과 귀를 잡아두는 세 개의 스크린(three screens)이 있는데, 스마트폰, PC, TV가 그것이다. 하루 중 대부분의 시간을 스크린과 함께 보낸다고 해도 과언이 아닌데, 곳곳에 스크린들이 많아지면서 무한대를 의미하는 N스크린이라는 용어로 대체된 것이다.

N스크린은 고객들의 눈과 귀가 있는 곳이다. 그렇기에 N스크린은 마케팅의 중요한 터전이며, 기업들은 고객들의 눈과 귀의 궤적을 추적해 가야 한다. 그리고 오프라인 매장뿐 아니라 온라인과 모바일 등 모든 고객접점(MOT)이 끊이지 않도록(seamless) 링크를 걸어야 한다. 즉, 소셜 플랫폼으로 나가서 N스크린의 동선을 쫓아가야 한다는 말이다. 왜냐? 그곳이 구매장소이기 때문이다.

그러기 위해서는 블로그와 페이스북과 유튜브, 그리고 인스타그램 등 SNS를 통합적으로 운영해야 하고, 소셜미디어들이 만들어 놓은 소셜 그래프(social graph)를 잘 활용해서 유기적으로, 또 끊임없이 흐르고 넘나들 수 있는 장치를 고안해 넣는 것이 중요하다.

홈페이지는 베이스캠프와 같은 곳이다. 베이스캠프에 모든 자원과 콘텐츠들을 모아놓고 거기에 머물러 있지 말고 고객들의 눈과 귀가 머무는 곳으로 원정을 나가야 한다. 가야 할 곳은 블로그 생태계(blogsphere)다. 카페나 블로그는 고객들이 모여 있는 커뮤니티인데, 커뮤니티를 놓쳐서는 비즈니스가 불가능하기 때문이다.

카페나 블로그, SNS 등을 구름 위에 올려놓고(clouding) 서로 하이퍼링크를 걸어 줌으로써 고객들이 돌아다닐 수 있는 동선의 로드맵을 만들어 주어야 한다. 이것이 고객의 눈과 귀가 다니는 모든 접점들을 놓치지 않는 N스크린 전략의 요체다. 링크를 통해 끊이지 않는 동선을 이어 주는 것이다. 또 대중매체 광고와도 유기적이고 통합적으로 연결되어야 한다. 상품의 소셜화(socialization), 즉 뜰 수 있도록 소셜 날개를 단다는 의미가 이것이다.

또 유통플랫폼으로 변한 SNS 등의 소셜미디어를 통해 고객들과 실시간 소통할 수 있는 시스템을 구축해야 한다. 게토레이는 '미션 콘트롤 센터'를 만들어 24시간 빅데이터를 분석하고 소비자들의 실시간 움직임과 커뮤니케이션을 관장하는 업무를 수행하게 했다. NASA 우주관제센터에서나 볼 수 있던 장면이 기업에서도 늘어나고 있는 중이다. 위치기반 마케팅의 중요성이 부각되는 이유도 바로 여기에 있다.

강조하건대, N스크린전략의 핵심은 끊임이 없어야 한다는 점이다. 그것을 요람 제리윈드는 "소비자와 공급망 속에 존재하는 수많은 공급자들 사이의 끊어지지 않는 고리를 만들어야 한다는 사실도 하나의 과제"라고 표현하고 있다. 즉, 소비자들을 가치고리(value loop)에 포함시켜서 함께 가치를 창출하는 방식이 옴니채널과 N스크린전략의 본질이고, 시장에서의 유통이 아니라 플랫폼에서의 유통방정식인 것이다. 비즈니스 생태계가 울타리 정원이 아니라 오픈 플랫폼으로 변했음을 절대 잊어서는 안 된다.

소비자를 참여시키는 큐레이션

소비자를 가치고리에 참여시키는 방법 중 하나는 소비자를 큐레이터로 활용하는 것이다. 큐레이터는 미술관이나 박물관 등에서 전시할 품목을 선정하고 전시, 해설도 해 주는 기획자를 의미하는데, 이 개념이 유통에 접목되고 있다.

빅데이터(big data)의 시대, 정보의 양이 많아지다 보니 이제 고객들은 정보의 홍수에 시달린다. 어떤 상품을 검색해 보면 수도 없이 많은 정보들이 쏟아지고, SNS 등 소셜미디어를 통해서도 갖가지 상품정보에 노출된다. 홍수가 났을 때 정작 가장 부족한 것이 먹을 물이듯, 막상 고객들은 자신에게 필요한 상품정보를 찾는 것이 오히려 어려워진 것이다. 그 역할을 해 주는 것이 큐레이션이다.

예를 들어, 미국의 오픈스카이(OpenSky)에 접속하면 큐레이터들을 만날 수 있다. 카테고리는 음식, 스타일, 패션, 인테리어 등 다양한데, 자신이 마음에 들고 취향이 맞는 큐레이터를 팔로우하는 방식이다. 큐레이터가 여기저기서 수집해 편집해 놓은 상품정보들을 보다가 구매하고 싶은 것이 있으면 구매까지 연결될 수 있다.

여기에 새로운 사업의 기회도 있다. 의류 상품을 예로 들어 보자. 만일 패션 감각이 뛰어난 어떤 사람이 자신의 SNS 계정에 의류 이미지를 올려놓았는데 다른 사람들이 '저 사람 안목이 있는데', 또는 '내 취향과 비슷한데' 하면서 팔로우할 수 있다. 그러다가 마음에 드는 의류 상품 이미지를 클릭하면 그 상품을 판매하는 쇼핑몰로 연결된다. 거기서 구매까지 일어난다면 큐레이터(curator)에게 수익을 배분해 준다. 마치 미술관의 큐레이터처럼 자신의 SNS 계정에 이미지를 전시해 놓고 팔로우하는 다른 사람들의 안내자 역할을 하는 것이다. 일종의 오피니언 리더인 셈이다.

큐레이션은 새로운 비즈니스 모델로 자리 잡아 가고 있다. 온라인

배너광고나 검색어광고의 과금 방식은 대부분 CPC(Cost Per Click), 즉 고객이 그 광고를 클릭해서 광고주의 사이트에 링크할 때마다 1회당 정해진 금액을 광고비로 지급하는 방식이다. 같은 방식으로 SNS에 올려져 있는 멋진 이미지를 클릭해서 어느 회사 사이트에 링크되면 광고효과가 날 수 있고, 거기서 구매까지 이어진다면 개인이 매출수수료를 받을 수 있는 것이다. 큐레이터는 구글의 애드센스 블로거처럼 SNS만 열심히 해도 돈을 벌 수 있다.

이렇게 SNS를 중심으로 큐레이션 사업이 성장하고 있는데, 스토리파이(storify), 더팬시 등도 유사한 개념이다. 대중이 큐레이터가 되고 상품유통의 중심에 서는 이동이 일어나고 있는 것이다. 즉, 과거에는 유통업이 생산자와 소비자의 중간에서 비즈니스의 길목을 장악하고 있었지만, 이젠 일반개인이 비즈니스의 맥점이 되는 변화가 일어나고 있다.

영국의 인디밴드 카이저 치프(Kaiser Chief)의 사례도 재미있다. 'The Future is Medieval' 앨범을 출시하면서 자신들의 팬을 유통자로 만드는 재미있는 시도를 했다. 팬들로 하여금 개개인의 온라인 앨범을 직접 만들 수 있게 한 것인데, 20개 노래 중 10곡을 7.5파운드에 다운로드하고 자신이 디자인한 표지를 만들면 카이저 치프 웹사이트에서 그 곡들을 다른 사람들에게 판매할 수 있게 해 준 것이다. 판매자는 한 곡당 1파운드의 마진을 올릴 수 있다. 대중을 큐레이터로, 또 판매자로 세운 셈이다.

유통의 미래

경험경제와 유통3.0

유통의 미래는 어떤 모습일까? 결론부터 말하자면, 유통은 따로 존재하지 못한다. 생산 따로, 유통 따로, 광고 따로 식의 비즈니스 방식은 플랫폼 환경에 적합성을 갖기 어렵고, 이것들이 유기적으로 융합된 비즈니스 모델로 진화할 것이기 때문이다.

'I부 가치이동'에서 거래양식이 산업혁명의 결과 교환(exchange)에서 유통(distribution)으로, 그리고 정보혁명이 일어나면서 온디멘드(on demand)로 달라지고 있다고 언급했음을 기억할 것이다. 소비자의 요청에 따라 원하는 시점과 장소에 개인맞춤화된 형태로 응답되는 것이다.

유통도 3.0시대로 들어섰다. 생산자가 소비자에게 일방향적으로 판매하던 방식을 유통1.0, 그리고 유통채널이 세분화되고 다양해진 형태를 유통2.0이라 한다면, 생산자와 유통채널과 소비자 간의 경계를 넘나들며 실시간 요청하고 응답하는 유통3.0으로 진화하고 있는 것이다.

유통3.0으로 진화하지 못하는 기업은 도태된다. 그러려면 유통에도 디지털화, 소셜화, 게임화의 원리가 적용되어야 한다. 좋은 본보기가 스타벅스다. 스타벅스는 디지털 트랜스포메이션에 매우 도전적인데, 소셜미디어와 오프라인 매장을 넘나들며 게임식 마케팅도 펼치고 있다.

유통의 진화는 당연히 경제의 진화와 밀접한 연관이 있다. 조셉 파인과 제임스 길모어는 『경험경제』에서 커피를 예로 들어 상품의 발전 단계를 다음 〈도표 2-15〉와 같이 설명했다. 초기 경제단계에서는 'commodity'였는데 자연에서 채취한(extract) 형태다. 이것이 발전해서 제조(make)한 'goods'가 된다. 비유하자면, 커피 원두는 'commodity'이고, 그것을 포장해서 유통할 수 있는 형태로 만든 것이 'goods'다. 경제가 진화되면서 'goods'에 서비스가 붙는다. 즉, 커피를 끓여서 제공(deliver)하는 형태다. 경제 단계가 올라가 경험경제시대로 진입하면서 'experience', 즉 경험이 연출되는 형태로 상품이 진화한다. 그들은 이것을 'stage'라고 표현했는데, 무대에 올린다는 의미다. 대표적인 사례로 스타벅스를 들 수 있다.

스타벅스는 물리적 커피를 파는 것이 아니라 커피의 경험(Starbucks experience)을 판다고 말한다. 고객들에게 새로운 라이프스타일과 트렌드를 제시하고 새로운 경험을 제공한다는 뜻이다. 본사의 상품개발팀

에는 커피를 연구 개발하는 인력보다 디자인이나 라이프스타일, 디지
털과 IT를 연구하는 인력이 더 많다. 그들의 핵심 상품은 경험과 문화
이기 때문이다.

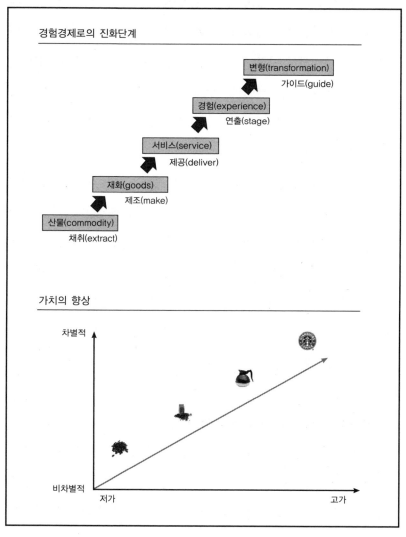

〈도표 2-15〉 경험경제 상품의 진화 단계

조셉 파인이 지적한 경험의 다음 단계가 'transformation', 형태 (form)가 바뀌는 융합이다. 융합은 커피와 다른 요소가 이종교배를 일으켜서 다른 상품형태로 바뀌는 것을 의미하는데, 업종 구분이 없어지고 다른 업종의 상품들과 DNA가 섞이면서 다른 모습으로 변하는 단계로 경제가 진화할 것이다. 가까운 미래 스타벅스는 커피숍이 아니라 지금과는 전혀 다른 형태의 비즈니스를 할 수도 있다. 예를 들어, 스타벅스는 놀이동산이 될 수도 있고, 여행사가 될지도 모른다. 이는 커피기업이 아니라 거대한 소비자 커뮤니티가 되어야 한다는 말과 동의어다.

상품3.0과 유통3.0은 경험경제와 톱니바퀴처럼 맞물려 있다. 경험은 결코 1차원이나 2차원적인 것이 아니다. 경험경제시대, 더 본질적인 마케팅3.0의 핵심은 소비자와 함께 경험을 공동 창출하는 데에 있다. 함께 채널을 넘나들며 끊이지 않는 실시간 소통의 고리를 만들어 공동가치창출 경험을 쌓아가는 방식으로 마케팅을 펼쳐야 하는 것이다. 그래야 기업과 소비자 한 사람 한 사람 간에 은밀한 공범의식이 생기고, 개인맞춤화된 평생가치(lifetime value)가 만들어질 수 있다.

브랜드의 미래 : 개인브랜드 시대가 온다

개인화된 경험을 창출해야 하는 경험경제에서는 기업들의 브랜드 전략이 수정되어야 한다. 브랜드는 산업시대 들어 생산자가 힘을 갖게 되면서 본격적으로 생겨난 개념이다. 그런데, 가치사슬의 해체, 그리고 생산자로부터 소비자에게로의 권력이동은 기존 브랜드의 개념도 흔들고 있다.

산업화 이전, 즉 상품이 아니라 제품의 차원이었을 때에는 누가 제조했는가는 그리 중요한 관심의 대상이 아니었다. 예를 들어, 한 기업인이 26억 원에 낙찰 받아 화제가 되었던 나폴레옹 모자는 누가 만들었는가는 알려지지 않고 그냥 나폴레옹이라는 사용자 이름으로 불린다. 명품브랜드 루이비통도 마찬가지다. 고객이 왕실이나 귀족들이었던 시절, 루이비통이 만든 트렁크에는 '루이비통'이라는 브랜드가 붙어 있지 않았다. 리포베츠키가 "고객이 주인이고 장인은 그 그림자다"라고 한 말이 이런 의미다.

브랜드는 고객이 주인이 아니라 생산자가 주인이 되는 개념이며, 그렇기에 산업혁명 이후 권력이 사용자에게서 생산자로 이동하면서, 또 시장으로 대량유통 되면서 지금 우리가 알고 있는 브랜드라는 개념이 생겨났던 것이다. 그런 의미에서 브랜드의 역사는 200년도 되지 않는다.

그런데, 이제 생산자에서 소비자로 힘이 이동하고 가치사슬이 해체되고 가치고리로 변하면서 브랜드의 개념과 전략도 달라져야 할 필요성에 당면한 것이다. 에반스와 워스터는 "브랜드는 가치사슬을 반영하기 때문에 분해에 대응하는 새로운 브랜드 전략이 필요하다"고 역설한다. 돈 탭스콧은 소유의 축이 이동하고 있는 상황에서 "브랜드는 예전보다 더 강해질 것이지만 이미지로서가 아니라 관계로서 그렇게 될 것이다"라며 이미지 메이킹보다는 소비자와의 관계를 강조한다. 프라할라드 교수도 "기업들은 기업 중심의 브랜드 연출에서 벗어나 소비

261

자 커뮤니티와 협력하여 개인 중심의 공동가치 창출 경험을 통해 브랜드를 구축해야만 할 것이다. 공동 가치창출경험이 브랜드다"라는 말로 아예 브랜드를 공동 가치창출경험이라고 정의 내린다.

미래 연구자들의 얘기를 요약하면 브랜드란 관계이고 경험이라는 것이고, 모두 한 목소리로 광고나 다른 마케팅 커뮤니케이션을 통해 브랜드 이미지를 연출하던 방식으로는 변화에 대응할 수 없음을 강조한다.

지금까지의 브랜드전략이란 고객 머릿속에 포지션을 구축하고 이미지를 창출하는 것이었다. 그러나 이미지는 거품처럼 한순간에 사라질 수 있다. 지금 엄청난 가치를 구가하는 브랜드라 하더라도 순식간에 땅속으로 꺼질 수 있는 것이다. 혁명은 그렇게 무서운 것이다. 자고 일어나 보니 다른 세상으로 변해 있는 것이 혁명이다. 경험이라는 '정보'와 소비자와의 협업이라는 '관계'에 초점을 맞춘 브랜드전략으로 전환해야 한다. 정보와 관계가 가치의 새로운 원천임을 절대 잊지 말아야 한다.

명품 브랜드인 '보테가 베네타' 가방에는 로고가 붙어 있지 않다. 로고가 없어도 사람들은 보테가 베네타라는 것을 안다. 인트레 차토라 불리는, 바느질 없이 가죽 줄을 꼬아 만드는 이탈리아 전통 공예 기법으로 만들어서 딱 봐도 여느 가방과는 다르기 때문이다. 미국의 조사기관 '럭셔리 인스티튜트'가 명품브랜드의 인지도를 조사한 적이 있는데, 놀랍게도 브랜드 로고가 붙어 있지 않는 보테가 베네타가 에르메스와 조지오 아르마니를 제치고 1위에 올랐다는 결과가 나와 세계

명품 업계에 충격을 주기도 했었다.

보테가 베네타 CEO인 마르코 비차리는 "사람들이 점점 더 '개인적인 명품'을 갖고 싶어 한 덕분"이라고 얘기한다. 또 앞으로 이런 경향이 갈수록 늘 것이라고 주장한다. 과거에는 자기만족이나 과시를 위해 명품백을 드는 사람들이 많았지만 점점 개인적인 것을 찾는 트렌드로 변하고 있다. 남들과 비슷한 명품로고를 붙이는 것을 피하고, 매우 개인화되어서 세상에서 나만의 유일한 것이 진정한 명품이라 생각하는 추세로 가고 있는 것이다.

보테가 베네타의 모토는 '나 스스로도 충분할 때(when your own initials are enough)'다. 남의 브랜드가 아니라 나의 브랜드를 원하는 추세, 그리고 생산자 브랜드 로고가 붙어 있는 상품이 아니라 내 이름이나 아이디, 캐릭터가 로고처럼 새겨진 제품을 요청할 것이다. 이제 생산자 브랜드 시대는 가고 개인브랜드 시대가 오고 있는 것이다.

루이비통이 'Mon Damier Graphite'라는 서비스를 하는 이유도 여기에 있다. 다미에 라인 제품에 루이비통 모노그램 대신에 고객의 이름 이니셜을 제품에 새겨 주는 것인데, 개인화된 명품을 원하는 사람들에게 호응을 얻고 있다.

버버리는 한 단계 더 나아가 비스포크(bespoke) 서비스를 시작했다. 비스포크는 고객이 온라인에서 자신이 원하는 스타일의 트렌치코트를 디자인하고 주문할 수 있도록 한 것인데, 실루엣, 직물, 컬러, 디자인 등을 고객이 직접 선택할 수 있는 개인맞춤형 서비스다. 이렇게 주문된 상품은 영국에서 제작하여 8주 안에 고객에게 배송된다. 360도 비디오 뷰로 미리 입체적 체험을 해 볼 수도 있다.

이런 사례들이 고객과 좋은 관계를 유지하며 공동 가치창출경험을 만드는 방법을 보여 준다. 3D 프린터가 활성화되면 거의 모든 상품에 생산자 로고 대신 소비자 개인의 로고가 새겨지게 될 수 있다. 생필품이나 품질의 차이가 중요하지 않은 상품군에는 아예 로고가 붙지 않을 수도 있다. 브랜드가 없는 브랜드라는 역발상으로 유명해진 일본의 무인양품(無印良品, MUJI)이 그런 가능성을 보여 주고 있다.

경험경제와 개인브랜드 시대, 유통은 어떻게 달라져야 할까? 개인 맞춤화 시스템을 갖추지 않고서는 생존할 수 없다. 인공지능, 사물인터넷, 3D프린팅 등의 기술을 적극 활용한다면 어려운 일만은 아니다. 소비자 개개인이 유통채널로 돌변하고 생산자 브랜드가 아니라 소비자 브랜드로 중심 이동하는 변화를 통찰하고, 소비자와 함께 실시간 소통하며 공동으로 가치를 창출하는 경험의 플랫폼으로 진화시켜가야 한다. 그것이 입체적이고 역동적인 유통3.0의 핵심이다.

기업이 상품(product)을 기획/생산해서 가격(price)을 정하고 유통(place)으로 내보내고 프로모션(promotion)하는 선형적이고 일방향적이고 순차적인 방식은 플랫폼 변화에 어울리지 못한다. 더불어 마케팅의 4P모델의 유통기한도 지났다. 시장이 사라지고 플랫폼으로 변하면서 상품, 가격, 유통, 프로모션의 의미도 퇴색될 것이고 융합모델이 나타날 것이다. 더 이상 유통은 정태적이고 울타리가 처진 유형의 장터가 아니다. 근시안적인 좁은 시야, 그리고 고정관념에 갇혀서는 안 된다.

특히 유통은 디지털 기술의 접목을 통해 당장 큰 지렛대 효과를 낼 수 있는 분야다. 고객에게 발견의 기쁨, 뜻밖의 놀라움, 예상 밖의 만족, 꿈같은 경험을 제공해 주려면 디지털화, 소셜화, 게임화를 서두르고 QR코드, RFID, NFC, 비콘, 홀로그램, 가상현실/증강현실 기법, 사물인터넷, 인공지능, 3D 프린팅 등 디지털기술과 IT를 적극 활용해야 한다.

전쟁에 비유해 보자. 13세기 칭기즈칸 군대와 19세기 나폴레옹 군대가 싸운다면 누가 이길까? 글쎄? 붙어 볼 만하다. 그렇다면 21세기 군대와 그들의 연합군이 붙는다면? 시작하기도 전에 끝난다. 왜? 무기 때문이다. 20세기 과학기술의 놀라운 발전과 두 차례의 세계대전을 거치면서 무기가 획기적으로 발달했고, 전쟁의 양상도 바뀌었다. 21세기 마케팅에 있어서도 무기가 성패를 좌우하는 결정적 요인(critical factor)이다. 인공위성 띄우고 디지털화된 첨단무기들이 날아다니는 판에 돌도끼 들고 덤빌 수는 없는 노릇 아닌가?

이 시대 경영자라면 대학전공이 무엇이건 디지털 공부는 반드시 해야 한다. 이젠 기술을 모르고서는 경영이 불가능한 환경으로 변하고 있기 때문이다. 계속 움직이면서 알을 깨고 나오는 몸짓을 쉬지 말아야 한다. 생각의 경계를 허물고 끊임없이 넘나들라. 트로이 목마로는 21세기를 이길 수 없다.

전환7.
PROMOTION :
스스로
미디어가
되어
플랫폼
게임을
하라

PROMOTION

광고, 그 이후

광고의 역사

기업이 판매를 촉진시키기 위해 활용 가능한 수단들은 광고(advertising), PR(Public Relations), SP(Sales Promotion), 인적 판매(personal selling) 등이 있다. 이러한 수단들을 적절히 배합해서 목표를 달성한다는 의미에서 이 네 가지를 프로모션 믹스(promotion mix)라고 지칭했다. 또한 각 수단들의 속성에 따라 각각 미션과 역할을 할당하고, 그것들을 상황 전개의 시나리오에 따라 시간대별/장소별/예산별로 조직화함으로써 마케팅 커뮤니케이션 효과를 극대화할 수 있다는 점에서 통합화된 마케팅 커뮤니케이션(IMC: Integrated Marketing Communication)의 중요성을 강조해 왔다.

가장 비중 있는 것은 광고였다. 광고는 산업혁명의 산물이다. 산업혁명은 대량생산과 대량유통을 촉진했고, 인쇄, 통신, 운송, 전파 등 커뮤니케이션 도구들이 발달되면서 대량 커뮤니케이션(mass communication)도 가능하게 되었다. 매스컴의 발달은 광고를 낳았고, 광고 산업이 형성되었으며, 광고 산업은 산업화 토양에서 성장을 향유할 수 있었다.

그런데, 광고의 효과가 갈수록 떨어지고 있다. 우리나라의 경우 1980~90년대가 광고의 전성시기였다. 특히 한국 경제가 가파르게 성장세에 있었던 1980년대 광고주들은 뉴스데스크에 광고 한번 걸려고 몇 달씩 대기하고 있었고, 말도 안 되는 KOBACO의 갑질에도 침묵해야 했었다. 광고대행사들이 우후죽순 생겨났고, 1인당 국민소득이 1만 불을 넘는 1990년대 중반까지 한국광고 산업은 폭발적으로 성장했다.

그러다 광고의 매출탄력성이 떨어지기 시작한다. 광고 카피 하나로 매출을 좌지우지하는 사례들도 현격히 줄어들었고, 광고주들도 광고를 끊으면 매출 떨어질까 봐 유지하는 차원에서 하는 것이지 큰 기대하기 어려운 상황으로 변해 버렸다. 신제품 나오면 광고하고 매출 떨어지면 광고해야 한다는 관념이 굳어져 버려 관성으로 하는 것이다.

1990년대는 TV 미디어도 다양해지고 특히 인터넷이 확산되던 시절이다. 잘 먹히던 방식의 약발이 떨어지고, 비용 대비 효과도 현격하게 낮아졌다. 거기다 1997년 IMF 사태를 맞으면서 광고시장은 급속하게 위축되었다.

21세기 들어 광고시장이 회복되기는 했지만, 성장세는 둔화될 수밖에 없었다. 광고주들의 광고에 대한 기대감은 식었고, 언론 눈치 보느라 또 안 했다가 매출 떨어지면 마케팅부서 책임이니까 하는 정도가 되어 버렸다. 광고뿐 아니다. PR의 패러다임도 달라졌다. 전에는 신문이나 방송에 기사가 실리면 큰 효과가 있었는데, 파워가 예전 같지 않은 변화가 감지된다. 작동원리에 이상이 생긴 것이다. 이렇게 기업들이 체감하는 광고효과가 떨어지는 이유는 무엇인가?

광고탄력성이 떨어지는 세 가지 원인

첫째, 매스컴 이외의 다른 커뮤니케이션 대안들이 많아졌다는 데서 그 원인을 찾을 수 있다. 즉, 소비자들이 선택할 수 있는 채널이 매우 다양화되었다. 특히 TV의 경우 1990년대 초반까지만 하더라도 5개에 불과했던 채널이 케이블TV, 위성방송, 그리고 종편까지 가세하면서 수백 개로 늘어났다. 특히 인터넷의 확산은 미디어의 지각판을 흔들었고, 21세기 들어 블로그와 SNS, 그리고 스마트폰 시장이 열리면서 사람들의 눈과 귀가 매스미디어에서 소셜미디어로 이동했고, 매스미디어를 통한 광고 산업도 위기에 봉착한 것이다. 이와 같은 커뮤니케이션 수단의 분화와 급속한 확산은 기존 광고방식의 효과를 급감시키고 있다.

두 번째의 원인은 소비자에게로 권력이 이동되고 있는 데에 있다. 과거에는 기업이 정보의 주도권을 가지고 있었지만 이제는 소비자들의 경험과 지식이 많아지면서 소비자들이 힘을 가질 수 있게 된 것이다. 과거에는 소비자들이 정보를 얻을 수 있는 수단이 광고나 기업이 나눠주는 카탈로그 등이 전부였다. 또한, 기업들이 광고를 통해 메시지를 전달하면 옳고 그름을 판단할 수 없었던 소비자들은 그냥 받아들일 수밖에 없었다. 그러나 이제는 상품에 대한 경험도 많아졌고 사용

후기 등을 공유할 수 있는 수단들이 늘어나면서 스스로 판단을 내릴 수 있는 상황으로 변해 가고 있는 것이다.

미래 연구가들의 공통된 의견이 기업의 메시지를 일방적으로 전하는 광고는 당분간 영향력을 가질 것이나 결국은 소멸될 것이라는 점이다. 프라할라드 교수는 『경쟁의 미래』에서 예전엔 커뮤니케이션이 기업에서 소비자에게 거의 일방적으로 이루어졌지만 이제 소비자의 피드백이 기업의 목소리를 능가하기 시작했고, 적극적인 소비자 커뮤니티는 기업이 하는 일을 연구하고 논의하고 평가하며 그들이 보고 듣는 사항에 대해서 독자적인 판단을 내리게 되면서 광고의 힘이 줄고 있다고 강조한다.

"오늘날, 적극적인 소비자의 출현으로 인하여 오래된 기업 중심의 브랜드 창출 모델은 흔들리게 되었다. 광고 대신 오늘날의 웹과 연결된 소비자 커뮤니티가 몰고 온 입소문이 소비자 태도를 결정짓는 주요 요소가 되었다. 이제 소비자들은 그들이 현명한 의사결정을 내리고, 자신에게 돌아오는 가치를 평가하고, 다른 소비자들의 기대사항에 영향을 미치고, 자신이 기업과 거래하는 방식을 결정하기 위해 필요한 정보를 확보하게 되었다. 그 결과, 제품과 기업의 이미지를 만들고 유지하는 광고의 힘은 점차 줄어들고 있다."(경쟁의 미래, 205쪽)

『소셜노믹스(Socialnomics)』의 저자 에릭 퀄먼도 지난 몇 세기를 지배해 온 마케팅 이론은 거대한 사회경제적 변화인 소셜노믹스에 걸맞게 다른 양상으로 변해야 하며 "원하지 않는 대중에게 상품을 계속 강요하는 기업은 구시대적 유물과 함께 시장에서 퇴출될 것이다"라고 강조한다.

앞으로 브랜드 이미지를 연출하던 방송식 브랜드전략도 수정되어야 한다. 전에는 기업이 내보내는 광고나 기타 커뮤니케이션 도구들을 통해서 일방적으로 연출하는 이미지 형성을 요구 당했지만 이제는 다른 정보들을 취합하면서 소비자 스스로 의사결정하기 때문이다. 무대 위에서 일방적으로 연출하는 광고는 소멸될 수밖에 없다.

세 번째, 더욱 근원적인 요인은 비즈니스 패러다임이 변하고 있다는 데에 있다. 상품을 생산해서 유통채널로 내보내고 광고로 알려서 판매를 촉진하는 사업모델에 있어서는 광고가 매우 중요한 기능을 했다. 그러나 그런 방식은 먹히지 않는 시대로 변하고 있다. 향후 '광고'는 별도로 존재하는 것이 아니라 전체 사업모델 속으로 융합될 것이고, 기존의 '광고'와는 전혀 다른 모습을 띨 것이며, 다른 논리와 다른 문법을 가지게 된다.

광고의 시대는 얼마 지나지 않아 종말을 맞이하는 운명에 처할 것이다. 이미 광고 이후(next advertising)를 준비해야 한다는 목소리들이 높다. 광고의 미래는 어떻게 될까? 광고는 홀로 존재하지 못하고 다른 형태로 융합이 일어날 것이다. 광고는 어떻게 진화할까? 크게 두 가지 방향으로 변하고 있는데, 하나는 브랜드 저널리즘이고 또 하나는 플랫폼 게임화다.

브랜드 저널리즘과 콘텐츠전략

브랜드 저널리즘의 등장

'브랜드 저널리즘'이라는 용어는 맥도날드의 글로벌 마케팅총괄을 역임한 래리 라이트가 2004년 뉴욕 광고 컨퍼런스에서 쓰면서 회자되기 시작했는데, 기존 브랜드 스토리텔링(Brand Storytelling)과 유사한 개념이지만, 언론매체 기자들의 전문성을 더한 것이라 할 수 있다. 즉, 기업이 직접 저널을 만들어 운영하는 형태다.

광고란 방송, 신문이나 잡지, 또는 포털과 같은 온라인/모바일 사이트 등 미디어에 비용을 지급하고(paid media) 메시지를 전달하는 것이다. 이러한 가치사슬에서는 광고주, 광고대행사, 미디어회사 등이 존재했다. 그런데 브랜드 저널리즘은 광고주가 아예 미디어회사가 되는 개념이다. 달리 표현하면 메시지와 메신저(미디어), 콘텐츠(contents)와 컨테이너(container)의 경계가 없어지고 융합되는 것이라 할 수 있다.

지금까지 미디어라고 하면 방송이나 신문잡지 등의 업종을 의미하는 것이었지만, 인터넷과 블로그, SNS 등의 인프라스트럭처가 구축되면서 누구나 글을 쓸 수 있고, 사진이나 영상도 올릴 수 있고, 통신망을 활용하여 방송할 수 있게 되었다. 일반인들도 기자가 될 수 있고 방송 앵커가 될 수 있는 1인 방송, 1인 미디어, 1인 비즈니스의 시대로 변한 것이다.

2004년 케빈 로즈가 창업해서 구글에 인수된 딕닷컴(digg.com)은 일반인들이 기자, 즉 뉴스의 생산자로 활동할 수 있도록 기획된 위키 웹사이트다. 허핑턴 포스트나 위키트리 등도 이러한 트렌드에 재빨리 올라탄 성공사례였고, 슈퍼블로거들이나 팟캐스트, 유튜브, 아프리카TV의 유명 BJ들의 월수입이 수천만 원을 넘어서는 사례들이 속속 나타나면서 MCN(Multi Channel Network) 사업이 유망사업으로 부상하고 있다. 매스 미디어의 영향력은 갈수록 떨어지고 소셜미디어로, 그리고 1인 미디어로의 권력이동이 가속화되고 있는 중이다.

개인도 미디어가 될 수 있는 상황인데 왜 일반기업이라고 미디어회사가 될 수 없겠는가? 현대자동차그룹은 2017년 2월 HMG 저널과 HMG TV를 오픈했다. 자체적으로 저널을 운영하고 TV방송을 하는 것이다. 신문잡지에 광고를 게재하는 대신 스스로 콘텐츠를 만들고, TV 드라마에 CF 방영과 PPL을 하는 대신에 그 예산으로 드라마를 만들면 된다. 광고의 예산을 전용하는 셈이다.

더구나 제작한 콘텐츠를 활용해서 수익을 올릴 수도 있다. 미국 넷플릭스는 2013년 1억 불의 비용을 들여 '하우스 오브 카드'라는 26회의 정치드라마를 제작했다. 그러고는 기존 방송사가 일주일에 보통 1편씩 방영하는 것과 달리 1시즌 13화를 한꺼번에 폭풍공개하면서 화제를 불러일으켰다. 자체 제작한 드라마는 넷플릭스 회원으로 등록되어야만 볼 수 있는데, 정액제 회원 수도 급증하는 결과를 낳았다. 넷플릭스는 하우스 오브 카드를 통해 홍보효과를 봤을 뿐 아니라 매출 증대와 콘텐츠 판매수익이라는 실리까지 함께 챙겼다. 돈 벌면서 광고한 셈이다.

하우스 오브 카드는 미국의 지상파와 케이블에게 충격적인 일이었다. 기존의 드라마 유통 방식을 뒤흔들며 온라인 스트리밍 업체가 자체 제작한 드라마도 시장에서 성공할 수 있다는 선례를 남겼기 때문인데, 미국 언론들은 "이제 지상파와 위성방송 등을 통하지 않고도 좋은 드라마를 기다림 없이 마음껏 볼 수 있다는 새로운 경험을 선물했다"고 평가했고, 2013년 9월 열린 미국 에미상 시상식장에서 하우스 오브 카드가 감독상, 촬영상, 캐스팅상 등 3관왕을 차지한다. 「월스트리트 저널」도 "넷플릭스가 역사를 썼다"며 "할리우드가 이제 넷플릭스를 진지하게 받아들이기 시작했다"고 보도했다. 하우스 오브 카드는 면밀한 빅데이터 분석을 통해 만든 작품이다. 여기서 끝이 아니다. 하우스 오브 카드의 성공에 힘입어 자체 제작 드라마를 지속적으로 발표할 뿐 아니라 디즈니나 엔터테인먼트 스튜디오 등과의 제휴 계약에도 매우 적극적이다.

아마존의 행보도 심상치 않다. 영화감독 우디 앨런을 영입하고 사내에 '아마존 스튜디오'를 만들어 '알파 하우스'라는 시리즈물을 제작했다. 우리나라에서도 옥션이나 윈저, 카스 등이 브랜디드 드라마를 제작했었는데, 이러한 추세는 계속 확산될 것이다.

브랜드 저널리즘의 성공 원칙

드라마나 영화 제작은 큰돈이 들지만 온라인 저널을 만드는 것은 적은 예산으로도 얼마든지 가능한 일이어서 많은 기업들이 시도하고 있다. '코카콜라 저니'와 HSBC의 '국경없는 비즈니스(Business without borders)' 등 브랜드 저널은 사외보와 웹진이 진화하고 있는 형태인데, 과거에는 일방적인 홍보의 느낌이 강했지만 브랜드 저널은 무조건 자사의 상품이나 서비스가 좋다는 식의 콘텐츠를 지양하면서, 독립적인 잡지사와 같은 객관적인 입장에서 고객들에게 잡지가 해 주던 정보 제공 역할을 하는 것이다.

아메리칸 익스프레스 카드의 '오픈 포럼'은 기존 브랜드 저널보다 좀 더 확장된 형태다. 소규모 사업자들에게 도움을 주기 위한 사이트로 시작되었는데, 소규모 사업자들이 사업하는데 필요한 전문가 팁과 정보를 담은 블로그 포스트, 토론방, 동영상 등이 업데이트되고 있다. 그러면서 '오픈 포럼'은 사업의 아이디어 허브로 포지셔닝 됐고, 기업 고객 혹은 비즈니스 파트너를 찾고 있는 소기업들의 네트워크 연결을 도와주는 역할을 하고 있다.

이렇게 기업들이 미디어회사가 되어 가고 있다. 과거에는 기업은 방송국이나 신문, 잡지 등 언론에 종속적일 수밖에 없었고 상품에 대한 정보나 메시지를 커뮤니케이션하려면 광고라는 수단을 활용할 수밖에 없었다. 소비자의 눈과 귀로 가는 파이프라인의 병목을 미디어가 쥐고 있었기 때문이다. 그러나 인터넷과 모바일은 정보의 민주화를 가능케 했고, 정보의 유통에 들어가는 코스트가 제로로 수렴하면서 브랜드 저널리즘이 등장하게 된 것이다. 또한 여기에는 기존 매스미디어들의 영향력이 약해지고 소셜미디어로 권력이동(power shift)이 일어난 것도 한 요인이 되었다. 즉, 과거에는 매스미디어를 통해 광고나 홍보 메시지를 융단 폭격하는 마케팅방식이 먹혔었지만, 이제 스마트해진 소비자들에게 그런 일방향적이고 무차별적인 커뮤니케이션 방식은 외면당할 수밖에 없게 된 변화가 일어난 것이다.

그런데, 브랜드 저널리즘이 성공하기 위해서는 몇 가지 원칙을 지켜야 한다. 첫째는 기업의 페이지가 아닌 독립적인 미디어로 기능해야 한다는 점이다. 객관성, 투명성, 진정성을 잃고 회사 홍보용이라는 느낌을 주는 순간 생명력을 잃을 수 있기 때문이다. 닥터 페퍼는 슈퍼블로거와 제휴해서 여행일기를 블로그에 올린 적이 있는데, 그것이 닥터 페퍼의 홍보블로그라는 사실이 알려지면서 역풍을 맞고 폐쇄된 적이 있다. 홍보와 객관성 사이의 균형을 잡는 것이 중요하다. 광고와 콘텐츠의 경계가 없어지는 네이티브 광고(native ad)의 본질도 그런 것인데, '광고인 듯 광고 아닌 광고 같은 광고'라 정의할 수 있다.

둘째, 기업이 운영하는 블로그나 소셜미디어들과 유기적으로 연결해서 통합적으로 운영해야 한다. 웹 저널 사이트만 단편적으로 운영하는 것은 무인도에 홀로 앉아 사람들이 찾아와 주기 바라는 것과 같은 것이다.

276

셋째, 웹2.0 패러다임에 맞도록 참여, 공유, 개방의 원칙을 유지해야 한다. 이제 고객이 원하는 것은 설교가 아니라 대화다. 가능한 많은 사람들이 참여할 수 있는 수평적인 플랫폼을 만들 필요가 있다. 예를 들어, 고객들이 참여하여 스토리를 완성해 가는 열린 스토리구조도 좋은 방법론이 될 수 있다. 또 모든 정보를 숨기지 말고 투명하게 오픈하고 공유하는 것은 필수다. 점점 세상은 '벌거벗은 사회(naked society)'로 변하고 있음을 명심해야 한다.

넷째, 재미와 전문성 사이에서 균형을 유지해야 한다. 너무 재미로 흘러서도 안 되고, 또 너무 전문적이다 보면 흥미를 잡을 수 없게 된다.

소셜미디어 사용설명서

브랜드 저널리즘이 성공하기 위한 마지막 조건은 다른 미디어와의 융합에 있다. 알티미터 그룹은 미디어를 크게 3가지로 분류하여 구매된 미디어(Paid Media), 소유하는 미디어(Owned Media), 그리고 주어진 미디어(Earned Media)라는 표현을 썼는데, 광고는 'paid media', 홈페이지나 블로그, 그리고 브랜드 저널 등은 'owned media'라 할 수 있고, SNS나 커뮤니티 등 사회적으로 연결되어 있는 소셜미디어는 'earned media'다. 즉, 소셜미디어는 누구도 소유권이 없는 유기적인(organic) 플랫폼이고, 공짜로 주어진 것이다.

브랜드 저널이 성공하려면 다른 미디어들과 유기적으로 연결되어야 한다. 특히 소셜미디어들이 만들어 놓은 링크의 인프라 구조, 즉 소셜 그래프를 활용하는 것은 상품에 날개를 달아 플랫폼으로 날아가게 하는 매우 중요한 방법이다.

이제는 소셜미디어를 활용하지 않는 기업이 별로 없다. 그런데 많은 기업들이 소셜미디어를 잘못 사용하고 있는 점이 한 가지 있다. 그것은 소셜미디어를 광고의 수단으로 생각하는 것이다. 소셜미디어를 매스미디어를 통한 광고와 동일한 맥락으로 보아서는 안 된다. 매스미디어와 소셜미디어는 그 뿌리가 다르고, DNA 구조도 전혀 다르기 때문이다. 그런데도 소셜미디어를 광고의 미디어믹스(media mix)의 추가적하나로 인식하고, 기존 광고의 문법을 그대로 적용하려는 기업들이 많다는 것은 안타까운 일이다. 이는 마치 남자와 여자가 다른데, 차이점을 이해하지 못하는 것과 같은 이치다.

그렇다면 매스미디어와 소셜미디어는 어떻게 다른가? 한 마디로 매스미디어는 광고(tell)를 하는 곳이고, 소셜미디어는 수다(talk)를 떠는 곳이다. 광고는 미디어의 시간과 공간을 유료로 구매해서 기업이 전달하고자 하는 메시지를 일방향적, 그리고 순차적으로 반복하는 것이기 때문에 여기에는 방송식 사고방식이 적용된다. 즉, 연출을 통해 브랜드이미지를 창출하는 원리다. 반면 talk는 여러 사람들이 같은 시간과 공간에 모여서 쌍방향적으로, 그리고 동시간적으로 대화하는 것이다. 연출도 필요 없고, 그냥 일상적인 이야기들을 친구와 대화 나누듯 수평적으로 해야 한다. 소셜미디어의 콘텐츠전략은 기존 광고 메시지전략과는 달라야 한다는 말이다.

소셜미디어를 통해 고객들과 잡담하면서 뇌의 사각지대에 있어서 기업이 미처 생각하지 못했던 좋은 아이디어들을 얻을 수도 있고, 고객들과 공모의식이 생겨서 스스럼없이 친한 친구가 될 수 있다. 이러한 비공식적인 만남의 공간으로 소셜미디어를 활용해야 하는 것이다. "비공식적인 만남을 만들려면 어떻게 해야 하는가?"라는 매경 기자의 질문에 『생각의 빅뱅』 저자 에릭 헤즐타인은 이런 대답을 했다.

"구성원들을 모아 놓기는 하되 멍석은 깔지 말아야 한다. 멍석을 깔면 그전까지 활발하게 정보를 교환하던 사람들도 갑자기 입을 다물게 된다. 클럽에 처녀·총각들을 풀어놓으면 자연스럽게 눈이 맞아서 서로 사귀게 된다. 반면 '여기 결혼 안 한 남자와 여자가 있으니 서로 짝을 찾아서 결혼하고 아기를 낳으라'고 말하면 질려서 클럽을 나가 버릴 것이다." (매경, 2012.11.30.)

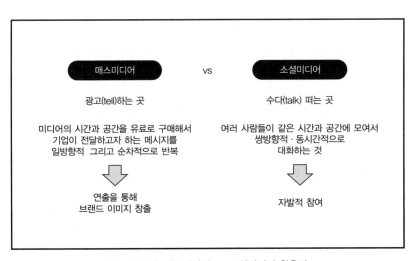

〈도표 2-16〉 매스미디어 vs 소셜미디어 활용법

소셜미디어의 원리에 부합되도록 운영한다면 그들이 구축해 놓은 인맥 플랫폼에 무임승차해서 매스미디어를 통한 공식적인 커뮤니케이션으로는 얻을 수 없는 의외의 성과를 얻을 수 있다. 소셜미디어는 폭발적인 파급력과 친화력을 가지고 있기 때문이다. 그런데도, 소셜미디어를 BTL(Below The Line) 프로모션의 하나로 인식하거나, 소셜미디어를 활용하는 마케팅성과를 광고효과 측정하듯이 재려는 것은 소비자와의 관계를 소유하고 그것을 통제하려는 기존 마케팅의 관성이 아직 남아 있기 때문이다. 소셜미디어는 그냥 공짜로 주어진(earned) 사회적 플랫폼이라는 점을 잊어서는 안 된다. 놀이터에 가서는 놀아야지 거기서 장사하려 하다가는 "여기서 이러시면 안 됩니다"라며 쫓겨난다. 플랫폼은 빈 캔버스와 같다. 고객에게 칼자루를 쥐어 주고 고객과 함께 빈 캔버스를 채워가겠다는 생각을 가져야 한다. 그것이 소셜 플랫폼의 문법이다.

브랜드 저널은 반드시 소셜미디어와 또 매스미디어와도 유기적으로 연결되고 융합되어야 한다. 그래야 플랫폼으로 나갈 수 있고 날개를 달아 날아갈 수 있다. 또 경우에 따라서는 예산을 들여 별도의 저널을 만들지 않고 그냥 SNS를 활용하는 것이 유리할 수도 있다. 얼굴책(facebook)도 책이기 때문이다.

루이비통의 브랜디드 콘텐츠전략

이제 모든 기업은 미디어회사로 거듭 나서 브랜디드 콘텐츠를 만들고 다른 업체들과 연결하는 제휴와 협업마케팅을 적극적으로 펼쳐가야 한다. 브랜디드 콘텐츠란 자사의 브랜드가치가 녹아 있는 콘텐츠를 의미하는데, 잡지 저널, 드라마나 영화뿐 아니라 책이나 음악이 될 수도 있고, 게임이 될 수도 있고, 스마트폰 앱이 될 수도 있다.

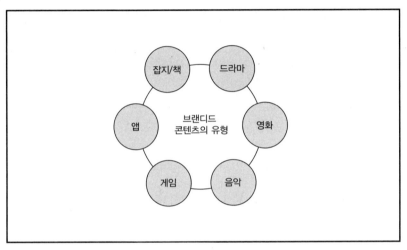

〈도표 2-17〉 브랜디드 콘텐츠 유형

명품 브랜드 루이비통은 매스미디어를 통한 대중광고보다는 브랜디드 콘텐츠 마케팅에 적극적이다. 루이비통은 19세기 왕실과 귀족들이 여행할 때 팩킹에서 시작했고, 철도나 운송수단의 발달로 여행문화가 활성화되면서 성장한 브랜드다 보니, 고객에게 제공하는 가치의 테마를 '여행'으로 잡고 있다. 루이비통 광고의 일관된 콘셉트도 관광(trip)이 아니라 여행(journey)이다.

1998년에는 '씨티 가이드'라는 세계 각 도시를 소개하는 책자를 발행했고, 사람들의 휴대폰 사용이 늘어나면서는 '사운드 워크(sound walk'라는 mp3 파일을 제공해서 유명인이 도시를 여행하는 루트를 소개해 주기도 했다. 말 그대로 소리를 들으며 걷는 여행을 할 수 있는 것인데 예를 들어, 사운드 워크를 들으면서 영화배우 서기(舒淇)가 홍콩을 여행하는 루트를 따라갈 수 있다. 루이비통 사이트에는 사운드 워크를 따라가는 여행 지도가 있고, 주요 장소에서는 서기의 나레이션이 나온다. 일반적인 명소 소개가 아니라 추억이 깃든 시장, 서기의 헤어진 연인, 자신만의 비밀정원 등 개인적인 추억 이야기를 들려주는 것인데, 고객들은 유명배우들과 함께 홍콩을 여행하는 기분을 느낄 수 있는 것이다.

스마트폰이 활성화되자 2011년에는 이전 것들을 통합하는 '앰블(amble)' 앱을 개발해서 보급했다. 'amble'은 '천천히 여유 있게 걷다'는 뜻인데, 이전의 사운드 워크는 mp3이기 때문에 일방적으로 유명인의 이야기를 전해 들어야만 했고, 자신의 기록을 남기거나 공유할 수 없었다. 또 지도는 따로 챙겨야 했고, 코스 또한 일정하게 정해져 있었다.

앰블은 이것을 스마트폰의 특성에 맞게 쌍방향적으로, 그리고 소셜 기능을 추가해서 플랫폼화한 것이다. 즉, 앰블은 유명인의 여행 장소마다 자신의 생각을 업로드해서 앰블 사용자끼리 정보를 공유할 수 있게도 하고, 자신만의 여행 코스를 기록할 수도 있게 했다. 물론 '사운드 워크'에 있었던 루이비통의 뮤즈들의 여행 루트도 참고할 수 있다. 텍스트 메모 외에도 사진, 비디오 등 다양한 형태가 가능하고, 자신의 트위터, 페이스북은 물론 이메일로도 공유할 수 있도록 소셜미디어와도 연동시켜서 소셜 날개를 붙인 것이다.

또 2014년 루이비통이 속해 있는 LVMH는 한국 YG에 800억 원을 투자했다. 패션브랜드가 엔터테인먼트 브랜드와 손잡은 것인데, 만약 여행이나 루이비통의 브랜드 콘셉트가 깃들어 있는 음악, 뮤직 비디오 등을 제작하고 그것이 히트한다면, 루이비통을 직접적으로 홍보하는 것은 아니지만, 광고와는 비교할 수 없을 만큼의 엄청난 효과를 가져올 수 있을 것이다. YG가 제작했던 '강남 스타일'을 생각해 보면 가능성을 짐작할 수 있는 일이다.

일방적이고 평면적인 매스미디어를 통한 광고의 수명주기 사이클이 꺾이고 있다. 광고는 브랜디드 콘텐츠를 만들고 연결하고 제휴하고 협업하는 입체적인 브랜드 저널리즘의 형태로 진화할 것이다. 광고 산업의 가치사슬은 해체되고 제작사와 콘텐츠 제공사와 소셜미디어, 그리고 일반인들이 서로 고리로 연결되는 가치고리(value loop)가 형성되고 있다. 광고대행업은 존속될 수 있을까? 대행업이란 정보의 비대칭 때문에 생겨난 것이었는데, 인터넷이 비대칭 문제를 해소하면서 존재의 이유가 사라져가고 있다. 광고 에이전시에서 광고 플랫폼으로의 가치 이동이 일어나고 있는 중이다.

플랫폼 게임과 ARG

대체현실게임을 아십니까?

광고 진화의 두 번째 방향 축은 플랫폼 게임화다. 여기서 게임이란 인터넷/모바일 게임을 의미하는 것이 아니다. "This is not a game" 이 말은 2001년 영화 A.I.를 홍보하기 위한 대체현실게임(ARG) 기법을 사용했을 때 한 말이었는데, 일반적인 게임의 개념보다 포괄적이다.

먼저 대체현실게임이 무엇인지에 대해 살펴보자. 대체현실게임 기법은 2001년 개봉된 스필버그 감독의 영화 A.I.를 홍보하기 위해 만든 '비스트(The Beast)' 라는 ARG가 대성공을 거두면서부터 관심을 받기 시작했다. A.I. 스태프들이 모여 영화를 어떤 식으로 마케팅 할까 회의하다가 대중매체를 통한 전통적인 방법은 진부하니 새로운 방식을 찾자는 데에 동의한다. 그러고는 광고대행사가 아닌 게임 디자이너에게 맡겨서 고객들을 참여시키는 MMORPG(Massively Multiplayer Online Role Playing

Game, 다중접속 역할수행게임)의 원리를 적용하는 소셜 게임을 기획했다.

대체현실게임은 간단히 말하자면, 덫(trailhead)을 놓고 사람들을 토끼굴에 빠지게 한다. 즉, 물리적 현실세계(physical reality)에서 대체현실(alternate reality)로 빠뜨리는 것인데, 거기다가 보물을 숨기기도 하고 퍼즐 조각을 뿌려놓기도 하면서 사람들이 집단지성을 활용해 현실세계와 대체현실을 넘나들면서 암호를 풀고 미션을 수행해 가는 구조를 가지고 있다.

예를 들어, 2000년도에 '선영아 사랑해' 라는 포스터가 곳곳에 붙은 적이 있었다. 사람들은 "저게 뭘까?" 요즘 같으면 실시간 검색어 1위에 올랐을 것이다. '선영아 사랑해' 포스터와 같은 것이 덫(trailhead)이다. 만약 사람들이 검색을 해서 어떤 사이트에 접속이 되었다? 이렇게 사람들을 토끼굴(rabbit hole)에 빠지게 만드는데, 토끼굴 속 세상이 대체현실이다. 거기서부터 본격적인 게임이 시작되는 것이다.

미션이 주어지고 게임에 참여하는 사람들은 대체현실과 현실세계를 넘나들면서 퍼즐도 풀고 암호를 해독하고 보물찾기를 하는 방식이다. A.I.는 영화 예고 트레일러와 포스터에 덫을 놓고 사람들을 미래공간인 2142년 셀라가 근무하는 대학교의 홈페이지로 빠지게 했다. 그곳은 에반 첸의 살인사건이 일어난 대체현실인데, 미리 기획된 캐릭터들이 대기하고 있고 곳곳에 퍼즐과 지령, 그리고 단서들을 숨겨놓고 함께 형사놀이를 한 것이다.

이렇게 ARG는 덫(trailhead), 토끼굴(rabbit hole), 캐릭터(character), 분산된 이야기 조각(deconstructed narrative) 등의 요소로 구성되어 있다. 플레이어

(일반인)들이 캐릭터들의 도움과 집단지성을 활용해서 분산된 이야기 조각들을 다시 조합하고 과제를 수행하는 방식이다.

대체현실게임은 1990년대부터 시도되어 왔던 기법이지만, 인터넷 전용선 등 인프라가 구비되지 않았던 1990년대에는 크게 빛을 못 보다가 2001년 A.I.의 성공 이후 '대체현실게임'이라는 용어와 장르가 사회적 주목을 받고 수많은 마케팅 성공사례들이 이어지게 된다.

2001년 미국 NBC방송도 이중스파이 스토리인 'Alias' 드라마에서 ARG를 시도한 바 있었고, 2004년에 출시한 마이크로소프트의 게임 'Halo2'를 마케팅하기 위해 'I Love Bees'가 기획되었는데, 릴레이 전화를 받으려고 허리케인이 오는 것도 무릅쓰고 지정된 GPS 위치의 공중전화기 앞에서 기다리는 사람이 뉴스에 나왔을 정도로 큰 반향을 일으켰다.

또, 아우디에서는 신차 A3 모델이 나왔을 때 'The Art of the Heist(절도의 기술)'라는 탐정게임식의 ARG로 기존의 1/3 예산으로 큰 성공을 거두었고, 한국에서도 인기를 끌었던 TV 드라마 '로스트(Lost)'의 ARG 'The Lost Experience' 역시 숱한 화제를 뿌렸으며, 나인 인치 네일즈는 콘셉트 음악앨범인 'Year Zero'를 내면서 ARG 기법을 활용한 마케팅 전개로 전 세계적인 성공을 거두었다.

2008년 미국에서 개봉된 배트맨 영화 '다크나이트(The Dark Knight)'를 홍보하기 위해 1년 반 전부터 진행되었던 'why so serious' ARG는 당시 수십 개의 웹사이트들이 만들어졌고, 벽화와 포스터, 이메일, 광고, 플래쉬 몹(flashmob), 휴대폰, 웹사이트, 블로그 등의 경계를 넘나들면서(trans-media) 고객들과 함께 소셜 게임을 벌인 것이었다.

미국 언론들은 "whysoserious.com은 곧 개봉될 새 배트맨 영화 다크나이트와 관련해 기묘한 일들이 벌어지는 사이트로 알려졌다. … 최종적으로 전 세계에서 1,000만 명이 넘는 사람들이 수수께끼와 퍼즐, 보물찾기 등이 연이어 쏟아지는 배트맨이라는 69년이나 된 스토리의 새로운 장에 빨려 들었다"며 찬사를 아끼지 않았는데, 『콘텐츠의 미래』(원제: The Art of Immersion)의 저자 프랭크 로즈는 와이소시어리어스 ARG를 이렇게 평가한다.

> "새로운 형태의 쌍방향 픽션으로서 허구와 현실뿐 아니라 엔터테인먼트와 광고의 경계도 모호하게 만들었다. … 대체현실게임으로 알려진 이런 경험은 게임과 스토리가 한데 어우러진 혼합물이다. … 한 사람이 해결하기에는 워낙 복잡한 작업이다. 하지만 웹의 응집력 덕분에 집단이성이 출현하고 그 조각들을 조립해 미스터리를 해결하며, 온라인을 통해 스토리를 퍼뜨리고 재생산하는 과정이 되풀이된다. 궁극적으로 관객은 스토리의 주인이 된다. 영화만으로는 불가능한 방식이다." (콘텐츠의 미래, 30~31쪽)

대체현실게임의 적용 사례들

대체현실게임은 이렇게 고객들을 참여시켜서 함께 TV, 웹사이트, 스마트폰, SNS, 오프라인 등의 경계를 넘나들면서 게임의 스토리 전개가 이루어지는 형태다. ARG의 핵심원리는 위키(wiki)와 트랜스미디어(trans-media)다. 그래야, 집단지성이 발현되고 현실세계와 대체현실의 경계가 모호해지면서 그 효과가 증폭될 수 있는 것이다. 대체현실게임을 마케팅에 접목한 사례는 갈수록 늘어나고 있다. 미국이나 유럽 등에서는 ARG 대회가 광고대회처럼 정기적으로 열리고, 계속 진화해 가고 있는 실정이다.

대체현실게임은 광고의 미래를 엿보게 해 준다. 앞으로 광고는 홀로 존재하지 못하고 영화나 드라마, 스토리, 소셜미디어, 게임 등과 융합될 수밖에 없다. 그리고 미디어 안에 갇힌 메시지 형태가 아니라 오픈 플랫폼에서 고객들과 함께 벌이는 게임 형태로 변할 것이다.

또 대체현실게임의 원리는 광고뿐 아니라 출판이나 교육, 방송, 제조업 등 모든 사업 분야에 적용된다. ARG를 염두에 두고 기획된 소설책 『캐시스북(Cathy' s Book)』은 종이책 안에서만 스토리텔링 하는 것이 아니었다. '전환4'에서 언급하였듯이 웹과 모바일, SNS 등을 넘나들며 오픈 플랫폼에서 이루어지는 입체적인 구성을 한 것이다. 『캐시스북』은 책의 미래 모습을 제시해 주었다.

교육도 학교 안에서만 하는 것이 아니다. 앞으로 그런 지식은 박제화된다. '석유 없는 세상(world without oil)' ARG는 학생들의 자발적인 참여와 여러 미디어를 넘나드는 학습을 통해 에너지 절약의 학습목표를 달성했던 좋은 사례다.

방송은 어떻게 진화할까? 드라마가 스튜디오 안에서 만들어지는 것만이 아님을 보여 준 좋은 사례가 미국 NBC방송의 '오피스(The Office)'였다. 'TV 360' 정책을 선포했던 미국 NBC 방송이 보여 준 실험은 스크린을 깨고 나온다는 의미가 어떤 것인지를 보여 주었는데, '오피스'는 던더 미플린이라는 가상의 제지회사에서 일어나는 에피소드들을 다룬 시트콤이었다.

드라마 속의 던더 미플린 회사는 펜실바니아주 스크랜턴에 소재하는데, 실제로는 사무실이 없다. 그런데 스크랜턴에 가면 거리에 던더 미플린의 깃발과 광고물들을 걸어놓아 마치 존재하는 회사인 듯한 인상을 받게 했다. 또 재미있는 사실은 던더 미플린이 실제 회사처럼 운영된다는 점이다. 100개의 지사가 있고, 던더 미플린의 홈페이지에서 신청을 하면 직원으로 입사할 수 있다. 물론 가상직원이지만 부서 배치도 받고 출근부(사이버스페이스)도 있고, 성과급 제도나 승진 규정도 매뉴얼화되어 있다. 직원들은 매주 과제를 부여받고 대가로 슈루트(극중 인물) 보상금을 지급받는다. 그 돈으로 도요타, 마스터카드 등의 가상상품을 구매할 수도 있고, 성과가 좋으면 최우수 지점, 최우수 직원으로 선정되기도 했다. 극중에서 2010년 던더 미플린은 세이버(Sabre)와 합병되었는데, 그때 가상 직원의 수가 무려 26만 명이나 되었다고 한다.

더 기발한 아이디어는 2010년 던더 미플린 브랜드를 미국의 유명 문구회사인 스테이플(Staples)에 일정의 로열티를 받고 라이선싱을 주었다는 것이다. 즉, 드라마 속 던더 미플린 가상브랜드의 상품이 현실세계에서 실제로 판매된 것이다.

드라마는 방송국의 스튜디오 안에서 제작된다. 그러나 경험은 거기서 만들어지지 않는다. 스크린을 깨고 플랫폼으로 나와 고객들과 함께 게임을 벌이는 데에서 경험가치가 창출되는 것이다. 사물로서의 드라마에 '경험'이라는 정보적 요소, 그리고 '고객과 함께'라는 관계적 요소가 융합되지 않는다면 아무런 가치도 인정받지 못하게 될 것이다.

미디어나 교육사업은 가능하다 해도 일반상품 생산에 대체현실게임이 활용될 수 있을까? 본디 비즈니스는 게임이다. 물리적 상품을 생산하는 제조업도 마찬가지 원리다. 상품은 공장 안에서 만들어지는 것이 아니라 소비자와 함께 광장(open platform)에서 완성된다. 위키와 트랜스미디어의 원리에 따라 상품에 정보적 요소와 관계적 요소를 융합하지 못하는 기업은 레드오션에서 침몰될 수밖에 없다. 이것이 플랫폼적 경영, 그리고 융합마케팅의 함의다.

마케팅3.0 시대

미디어의 변천과 광고3.0

결론적으로, 광고의 힘은 당분간 유지되겠지만 그리 오래가진 못할 것이다. 개인들이 네트워크로 연결된 플랫폼 생태계에 적합한 구조가 아니기 때문이다. 산업시대 시장경영에서 힘을 발휘하던 광고는 메시지(contents)와 메신저(container)의 경계가 허물어지는 브랜드 저널리즘, 그리고 집단지성을 활용하여 여러 미디어들을 넘나드는 플랫폼게임, 이렇게 크게 두 가지 방향으로 진화가 일어나고 있다.

본디 광고란 미디어의 역사와 궤를 같이 한다. 미디어는 산업혁명의 산물이다. 이전에는 미디어라는 용어가 존재하지 않았다. 소통을 위해 기호나 기록 등을 사용하거나 면대면(face to face) 커뮤니케이션이 대부분이었다. 산업혁명은 신문과 잡지 산업을 가능하게 했고, 20세기 들어 라디오, TV 등이 등장하면서 매개체로서의 미디어의 개념이 형성되고 매스미디어 시대가 시작되었다. 그 결과 광고 산업도 형성되었고, 매스미디어의 부상과 함께 광고 산업도 호황을 누릴 수 있었다. 이를 미디어1.0, 광고1.0 시대라 할 수 있다.

광고1.0 시대에는 매스미디어의 시간대와 지면을 구매해서 메시지를 전달하는 선형적이고 일방적 형태였다. 그러다가 1990년대 들어 다양한 매체들이 등장하고 결정적으로 인터넷이 보급되기 시작하면서 뉴미디어(new media)라는 용어가 널리 쓰이기 시작했고, 21세기 들어 블로그와 SNS, 그리고 스마트폰 시장이 불붙으면서 본격적인 모바일 시대가 열렸다. 기업들은 기존의 4대 매체를 ATL(Above The Line), 그리고 온라인과 모바일 등 기타 매체를 BTL(Below The Line)으로 분류하면서 미디어 믹스전략을 다시 짜고 예산을 배분했다. 또 고객들과 쌍방향적 소통의 중요성을 느끼면서 블로그나 SNS 등 소셜미디어를 통해 상호작용하기 시작했다. 이렇게 미디어가 선형에서 평면적으로 확대하고 일방적 전달에서 쌍방향 대화가 가능해지면서 광고2.0 시대로 접어들었던 것이다.

그러나 시장이 플랫폼으로 변하고 인공지능, 가상/증강/대체현실, 사물인터넷 등의 기술이 접목되면서 미디어가 개인맞춤화되고 경계선도 없어지는 미디어3.0 환경에서는 그런 방식만으로는 적합성을 갖기 어렵다. 미디어도 네트워크 형태로 변하고 있는 상황에서 미디어와 동일한 DNA를 가지고 있는 광고라는 스토리텔링의 구조와 형태도 입체적으로 달라져야 할 당위성에 직면한 것이다. 광고3.0으로 진화해야 한다. 〈도표 2-18〉은 미디어의 변천과 광고의 진화를 보여 준다.

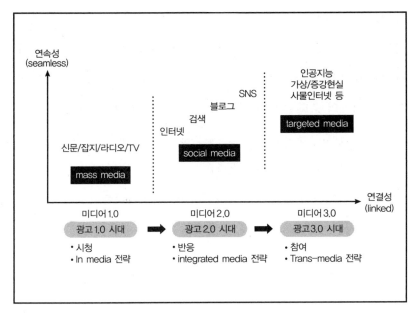

〈도표 2-18〉 미디어의 역사와 광고의 진화

　미디어는 크게 두 가지 축을 따라 진화해 왔다. 그것은 연결성(linked)과 연속성(seamless)을 높이는 것이다. 즉, 더 많은 사람들이 연결되고 끊이지 않고 커뮤니케이션할 수 있는 방향으로 발전되어 온 것이다. 이와 같은 진화의 방향 축은 입체적인 광고3.0 시대로 이행되면서 위키와 트랜스 미디어의 개념으로 계승되고 있다.

　첫째는 위키(wiki), 즉 집단지성화되고 있다. 과거 대중매체를 통한 광고1.0은 시청의 개념이었고 수동적이고 일방향이다. 그러다 21세기 들어 웹2.0 환경으로 변하면서 인터랙티브한 반응, 즉 쌍방향성으로 진화하기 시작했다. 실제 2000년대 들어 많은 반응형 광고들이 시도되었다. 버거킹의 '복종하는 닭'(subservient chicken), 도브의 '리얼 뷰티

(Real Beauty)' 캠페인, 그리고 유튜브를 활용한 티펙스(Tipp-Ex)의 '티펙스 피어리언스(Tippexperience)' 는 사냥꾼과 곰의 재미있는 에피소드로 커다란 화제를 일으킨 사례였고, 2010년 소셜미디어를 뜨겁게 달구면서 유튜브 최고의 조회 수를 기록했던 P&G의 '낯선 남자에게서 내 남자의 향기가 난다' (The Man Your Man Could Smell Like) 캠페인 등은 시청에서 반응으로의 진화를 보여 주었다.

많은 미디어 플랫폼들이 발달하면서 또 다시 다방향적으로 변해 가고 있다. 많은 사람들이 동시간에 플랫폼에 모여서 집단지성을 만드는 것이 가능한 환경이 된 것이다. 이제는 플랫폼에 모여 함께 집단지성을 발현하면서 스토리를 완성해 가는 방식으로 진화해 가고 있다. 이 것이 광고3.0의 개념이다. 이렇게 일방향적 '시청'에서 쌍방향적 '반응' 으로, 이젠 다방향적 '참여' 로 진화하고 있는 것이다.

또 하나의 축은 트랜스 미디어(trans-media)다. 트랜스 미디어란 미디어 간의 경계가 없어지면서 여기저기 마구 넘나드는 것이다. 하이퍼텍스트처럼. 초창기 매스미디어를 활용해서 메시지를 전달하는 광고1.0은 각각의 미디어 안(in media)에 메시지를 담는 방식이었다. 여기서 중요한 것은 크리에이티브 전략이었다. USP전략, 포지셔닝 전략, 이미지전략 등이 그것이다.

그러다 점차 미디어의 종류가 다양해지고 세분화하면서 미디어 믹스 전략이 중요해지게 되었고, 그래서 나온 개념이 IMC(Integrated Marketing Communication)다. 특히 1990년대 웹이 태동하면서 온라인 미디어들이 많아졌고, 블로그나 SNS 등의 소셜미디어가 확산되면서 미디어 간의 역할조정과 통합이 중요한 과제가 되었던 것이다. 통합적인 미디어(integrated media)전략이 광고2.0 시대의 특징이다.

그러나 스마트폰은 오프라인과 온라인의 경계를 허물었고, 융합의 쓰나미가 덮치면서 미디어 간의 울타리도 사라지고 있다. 또 미디어와 메시지의 경계도 불분명해지면서 미디어의 개념도 사라지고 플랫폼으로 변하고 있는 것이다. 이젠 미디어를 구매해서 미디어 안(in media)에 모든 메시지를 담아 보내는 것이 아니라 분산된 이야기 조각들을 플랫폼 곳곳에 산재시키고, 소비자들이 주도적으로 여러 미디어들을 입체적으로 넘나들면서(trans media) 이야기 조각의 퍼즐을 맞출 수 있는 동선을 만들어 주어야 한다. 이것이 광고3.0의 개념이다. 다시 말해, 광고3.0은 미디어에 고정된 메시지 형태가 아니라 오픈 플랫폼에서 미디어를 넘나들며 고객들과 함께 벌이는 입체적인(3D) 게임형태가 될 것이다.

광고 역시 3.0으로 진화시키려면 디지털화, 소셜화, 게임화의 문법을 따라야 하고, 클라우드, 인공지능, 가상현실, 증강현실, 대체현실, 사물인터넷 등 디지털 기술과 IT와의 협업이 필요한 것이다.

광고에 대한 관점의 전환

광고에 대한 생각을 근원적으로 전환해야 한다. 광고를 판매를 촉진하는 수단으로 생각하는 마이오피아에서 벗어나서 광고는 소비자에게 제공되는 가치의 묶음인 전체 사업모델의 하나라는 폭넓은 시야를 가져야 한다. 즉, 상품 따로 유통 따로 광고 따로가 아니라는 말이다.

유통과 미디어 간, 또 미디어와 메시지 간의 경계도 무너지고 있다. 앞으로 미디어 안에 갇혀 있는 광고는 돈을 낭비하는 주범이 될 것이다. 그러한 트로이 목마는 불태워야 한다.

재차 강조하건대, 산업시대에 하던 관성에 따라 상품을 생산해서 유통에 내보내고 광고하는 순차적/단속적/선형적 방식으로는 절대 혁명의 파고를 견뎌내지 못한다. 유효기간이 지난 4P모델에 얽매이지 말고, 광고를 상품과 융합해야 한다. 광고를 일련의 비즈니스 과정상에 있는 하나의 단계로만 볼 것이 아니라 비즈니스의 다른 요소들 - 유통, 판매, 다른 프로모션의 수단들, 가격, 정보, 관계 등과 융합되는 개념으로 인식을 바꾸어야 하는 것이다. 광고는 결국 지금과는 전혀 다른 융합된 형태(transform)로 변할 것이다.

플랫폼은 블랙홀처럼 모든 것을 빨아들이고 있다. 지각판을 흔들면서 경계 지어놓았던 많은 울타리들을 무너뜨리고 융합의 쓰나미를 일으키고 있는 것이다. 그러면서 시장, 상품, 소비자, 유통, 미디어, 광고 등 산업시대 용어들을 지우는 중이다. 비즈니스 패러다임도 근원적으로 전환되고 있다. 이제 여기에 인공지능, 사물인터넷, 가상현실, 3D 프린팅 등이 얹어지면서 변화는 입체적인 모습으로 급물살을 탈 것이다.

우리 기업들의 마케팅이 3.0수준으로 업그레이드되어야 한다. 마케팅3.0의 개념을 〈도표 2-19〉로 정리할 수 있다.

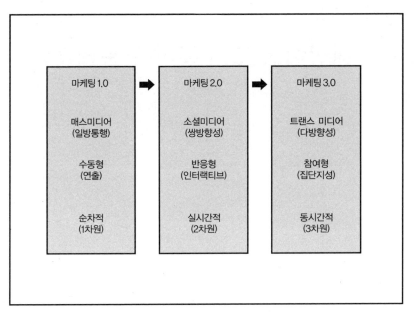

〈도표 2-19〉 마케팅3.0의 개념

　자, 당신의 마케팅에 점수를 매긴다면 1.0부터 3.0 중에서 어디쯤인
가? 시간이 얼마 남지 않았다.

에필로그 :
블록체인이 트로이 목마를 불태운다

    지난 20여 년 간의 변화는 비즈니스 생태계를 요동치게 만들었다. 특히 애플, 구글, 알리바바, 페이스북, 아마존, 우버, 에어비앤비 등은 변화의 소용돌이에 올라타면서 순식간에 세계 최고의 기업들로 떠올랐다. 지금 가장 높은 가치를 인정받고 있는 이 기업들의 공통점이 있다. 당신은 그것이 무엇이라고 생각하시는가?

    그것은 이들 모두, 고객에게 돈을 벌게 해 주고 있다는 점이다. 검색엔진으로 시작한 구글은 애드센스를 통해 슈퍼블로거들과 유튜버들이 수익을 낼 수 있는 플랫폼을 제공한다. 애플은 단순히 아이폰과 같은 상품을 판매만 하는 기업이 아니다. 앱스토어라는 일반인들도 돈을 벌 수 있는 콘텐츠장터를 만든 것이 스마트폰 시장을 터뜨린 한방이 되었다. 알리바바는 자체적으로는 재고상품을 보유하지 않으면서 판매자와 구매자를 연결시켜 양쪽 모두 경제적 이익을 윈윈할 수 있게 해 주는 플랫폼이다. 페이스북과 같은 SNS 기업들은 어떤가? 그들은 스스로 콘텐츠를 생산하지 않는다. 페이스북에 올라오는 콘텐츠와 정보들은 모두 대중들이 생산하고 자발적으로 유통시킨다. 에어비앤비나 우버 등 흔히 공유경제 모델이라 부르는 회사들 역시 소비자들을 생산자로 세워 돈을 벌 수 있게 멍석을 깔아주는 벼룩시장이다.

이 판 위에서 이기적 유전자를 가진 소비자는 자신의 경제적 이익을 위해서 스스로 사업가가 되고 홍보맨이 된다. 결과적으로 네트워크 효과(network effect)가 생겨서 이 기업들은 플랫폼으로 진화하게 되었다.

이들은 소비자에게 권력을 이양해서 그들과 함께 커뮤니티를 형성하고 가치를 창출하고 공유한다. 이들은 산업문명의 가치사슬 안으로 들어가서 경쟁사 대비 차별화하고 포지셔닝한 것이 아니라 기존 가치사슬을 붕괴시켜 가면서 순환하는 가치의 고리를 만들어 냈다. 또 이들은 사물의 경제논리에 갇혀 있지 않고 발 빠르게 정보의 경제논리로 전환함으로써 경계를 허무는 혁신을 이루어 냈다. 이것이 플랫폼 비즈니스의 요체이며, 이 책에서 언급한 7가지 전환의 실체다.

안타깝게도 한국에는 아직 플랫폼기업의 기미가 별로 보이지 않는다. 경영자들의 머릿속에는 '사업이란 제품을 잘 만들어 소비자에게 판매함으로써 수익을 창출하는 경영행위'라는 관념이 아주 견고하게 자리 잡고 있다. 그러나 그것은 지난 200년 간의 산업시대적 발상일 뿐이다. 이전 2만 년 이상을 인류는 그런 식으로 경제행위를 하지 않았다.

나는 블록체인(block-chain)이 몰고 올 미래충격에 대해 주목하고 있다. 가상암호화폐(crypto currency)인 비트코인을 만드는 알고리즘, 일종의 프로토콜이라 할 수 있는 블록체인은 2009년 모습을 드러냈다.

비트코인은 사토시 나카모토라는 익명의 개발자가 2008년 10월 31일 암호화 기술 커뮤니티 메인에 「Bitcoin ; A Peer-to-Peer

Electronic Cash System」이라는 논문을 올리는 데서 역사가 시작된다. 이 논문에서 비트코인을 "전적으로 거래 당사자 사이에서만 오가는 전자화폐"라고 소개하고 "P2P 네트워크를 이용해 이중지불을 막는다"라고 설명했는데, 여기서 이중지불을 막기 위해 쓰이는 원천기술이 바로 블록체인이었다.

혁신적인 개념이었지만 당시에는 아무도 거들떠보지 않았다. 사토시 나카모토가 두 달쯤 지난 2009년 1월 3일 논문 속 내용을 직접 구현해서 블록체인 기반으로 비트코인을 만들어 보이자 이때부터 사람들이 몰리기 시작했고 비트코인 채굴도 시작되었던 것이다.

'블록'과 '체인'의 합성어인 블록체인이란 블록들이 체인처럼 서로 연결되어 있다는 의미로 붙여진 명칭이다. '비잔틴 장군들의 문제 (Byzantine Generals Problem)'를 푸는 과정에서 고안된 블록체인의 요체는 누군가가 중앙에서 통제하고 관리하는 시스템이 아니라 탈(脫)중앙화되어 P2P 네트워크상에서 운영되는 분산된(decentralized) 집단지성이다. 다시 말해 집단지능의 힘으로 해킹도 막고 사회적 신뢰도 구축하는 것이다.

블록체인이 사회적 관심을 끌게 된 것은 2013년 1비트코인의 가격이 1,000달러를 넘으면서였다. 이후 국내에서도 기사화되고 관련 책들도 출판되었지만, 처음에 해킹이나 조작 등 금융거래의 보안 문제를 해결하기 위한 알고리즘으로 고안되었다 보니 금융업에 국한된 기술로만 인식되었었고, 심지어 비트코인과 블록체인을 혼동하는 사람들도 많았다.

블록체인은 알고리즘(정보)이고, 비트코인은 결과물(사물)이다. 즉, 화폐인 비트코인은 금융 용어지만 블록체인은 모든 업종에 적용될 수 있는 패러다임인 것이다. 블록체인의 요체는 권력의 분산화다. 다른 말로 표현하면, 생산자로부터 소비자에게로의 권력이동이고, 플랫폼을 만드는 원천기술이라 할 수 있다. 즉, 시장을 플랫폼으로 바꿔서 기존 가치사슬을 해체하고 새로운 가치의 순환고리(value loop)를 만드는 것을 의미한다. 결과적으로 상품, 가격, 유통, 프로모션 등 기존의 비즈니스 패러다임은 무의미해진다. 이처럼 트로이 목마를 불태우고 있는 블록체인의 원리는 이 책의 주제인 7가지 전환과도 일맥상통하는 것이다.

블록체인은 4차 산업혁명의 핵심 알고리즘이다. 4차 산업혁명하면 단골메뉴로 나오는 인공지능, 빅데이터, 클라우드, 사물인터넷, 3D 프린팅 등은 기술 용어이지 원리가 아니다. 기술의 심층에 흐르는 원리가 블록체인인 것이다.

블록체인이 금융업에 적용된 것이 비트코인, 이더리움, 리플 등과 같은 가상암호화폐와 핀테크이고, 제조업에 적용되는 것이 3D 프린팅이나 사물인터넷이고, 서비스에 적용된 것이 에어비앤비와 우버 등과 같은 공유경제 모델이다. 그렇기 때문에 블록체인을 사물의 경제논리로 이해해서는 핵심원리를 이해할 수 없고, 지금 벌어지고 있는 혁명의 본질을 통찰할 수 없다.

나는 요즘 회자되는 4차 산업혁명을 집단지능과 인공지능의 융합이라 정의한다. 이 두 지능이 충돌하고 융합될 때 나오는 에너지는 핵폭발로 이어지고, 비즈니스 생태계뿐 아니라 문명을 이동시키면서 호모사피엔스의 삶의 양식도 바꿔놓을 것이다.

문명의 이동 현상이 뚜렷하다. 산업시대에는 생산을 통해 가치를 만들어 냈다. 산업혁명 이전은 절대적으로 물자가 부족했던 시기였다. 굶어죽는 사람들도 많았고 위생상태가 형편없어 전염병이 돌면 속수무책이었다. 산업혁명이 일어나면서 공장에서 대량생산 되어 쏟아져 나온 상품들은 시장으로 흘러들어 갔고 마른 스펀지가 물 빨아들이듯 상품들은 쭉쭉 팔려가던 시절이었다. 특히 20세기는 과학기술의 발달로 수많은 발명품들이 이어졌고 공장에서는 쉴 새 없이 기계를 돌려야 했다. 그래야 성장을 유지할 수 있으니까. 이것이 산업시대의 비즈니스였다. 계속 매출이 늘어나야 회사가 유지되고 성장할 수 있고, 그것이 지금까지의 사업의 상식이고 사회적 통념이다.

그런데, 이제 과잉사회가 되어 가고 있다. 우리는 인류 역사상 가장 풍족한 시대를 살고 있다. 산업시대 대량생산된 상품들은 이젠 포화상태를 넘어 넘쳐나게 되었고 집이나 창고에는 쓰지 않는 물건들로 꽉 차 있고 쓰레기통은 버리는 물건들로 몸살을 앓는다. 과잉과 잉여의 시대, 기업들의 설비가동률은 떨어질 수밖에 없다. 과잉투자 되어 있기 때문이다. 창고에는 잉여재고가 넘치고 유통점에 진열되어 있는 상품들도 과잉상태다. 계속 밀어내다 보니 소비자들의 생활공간까지 상품들이 넘치고 과잉이 되어 버렸다. 파이프라인은 녹슬어가고 잔뜩 거품까지 끼어 있는 형국이다.

이제 모든 업종의 라이프 사이클은 포화기를 넘어 쇠퇴기에 접어들었다. 기업들이 만들어 내는 부가가치는 갈수록 하락할 수밖에 없고, 사물로서의 상품의 가치 역시 떨어질 수밖에 없다. 사물로부터 정보로 가치가 이동하는 원인이 여기에 있다.

지금 비즈니스 생태계는 폭풍전야다. 피의 순환이 원활치 않고 과체중이 되면 건강에 이상이 생기고, 바닷물의 온도가 오르면 태풍이 발생하는 것이 자연의 이치다. 대량생산과 효율성을 추구하던 사물 위주의 산업문명은 쇠락하고 연결과 융합을 추구하는 인간 중심의 정보문명으로 이동하고 있다.

200여 년 전 산업화가 시작되고 자본주의가 득세하면서 인간은 소외되었었다. 자본과 사물이 중심이 되는 가치사슬이 경제성장의 엔진이었고, 인간은 기업이 생산하는 상품을 구매해서 소비하는 무대 아래 구경꾼에 불과했다. 그러나 오늘날의 자본주의 경제는 설 자리를 잃어가고 있다. 일자리 창출은 수요를 충족시키기에 부족하며, 전 세계 청년들은 졸업 후 일자리를 찾지 못해 힘겨워 하고 있다. 또 경제적 이득은 상위 1%에게로 돌아간다. 집카의 창업자 로빈 체이스는 『공유경제의 시대(Peers Inc)』에서 이렇게 일갈한다.

"지난 200년 동안, 산업경제 하에서는 특정 유형의 자본가만 이득을 취했다. 살아남고 번창하기 위해서는 규제를 피하면서 시장을 통제하는 독점이나 다름없는 상태를 유지해야 했으며 시장을 통제하기 위해서는 지적재산권, 영업 비밀, 저작권, 장비, 직원 등을 독점적으로 소유해야 했다. 공장, 도구를 비롯해 기타 값비싼 생산도구의 잠재력을 전부 활용할 수 있는 것은 상당히 큰 기관뿐이었다. 제품과 서비스는 표준화됐다."

정보혁명은 인간성의 르네상스 운동이고, 거스를 수 없는 시대적 변화의 큰 물결이다. 이 시대 경영자라면 문명이 이동하면서 비즈니스 패러다임, 즉 가치창출양식도 근원적으로 바뀌고 있음을 통찰해야 한다.

경영이란 무엇인가? 경영의 본질은 세상에 대한 호기심이고, 인간에 대한 사랑이다.

참고문헌

갤러거, 레이. 『에어비앤비 스토리』. 유정식 譯, 서울: 다산북스, 2017.

갤로, 카민. 『스티브 잡스, 무한혁신의 비밀』. 박세연 譯, 서울: 비즈니스북스, 2010.

거스너, 루이스. 『코끼리를 춤추게 하라』. 이무열 譯, 서울: 북@북스, 2003.

김기찬·송창석·임일 공저. 『플랫폼의 눈으로 세상을 보라』. 서울: 성안북스, 2015.

김형택. 『옴니채널 & O2O 어떻게 할 것인가?』. 서울: e비즈북스, 2015.

뉴마이어, 마티. 『브랜드 갭』. 김한모 譯, 서울: 시공사, 2004.

레빗, 테오도르. 『마케팅 상상력』. 새미래 연구회 譯, 서울: 21세기북스, 1994.

로즈, 프랭크. 『콘텐츠의 미래』. 최완규 역, 서울: 책읽는수요일, 2011.

비어세마, 프레드. 『새로운 시장의 리더』. 권춘오 譯, 서울: 한숲, 2001.

앤더슨, 크리스. 『프리』. 정준희 譯, 서울: 랜덤하우스, 2009.

앨드리치, 더글라스. 『디지털 시장의 지배』. 유한수 譯, 서울: 물푸레, 2000.

앨스타인, 마셜 밴 외. 『플랫폼 레볼루션』. 이현경 譯, 서울: 부키, 2017.

에번스, 필립·워스터, 토마스 공저. 『기업해체와 인터넷 혁명』. 보스톤컨설팅그룹 譯, 서울: 세종서적, 2000.

에이드리언 J. 슬라이워츠키. 『가치이동』. 황건 譯, 서울: 세종서적, 2000.

올레타, 켄. 『구글드』. 김우열 譯, 서울: 타임비즈, 2010.

웰스, 스튜어트. 『전략적 사고』. 이순영 譯, 서울: 현대미디어, 2001.

윈드, 요람 외. 『컨버전스 마케팅』. 김병국 譯, 서울: KCCL, 2003.

이동철. 『한 덩이 고기도 루이비통처럼 팔아라』. 서울: 오우아, 2014.

장샤오헝. 『마윈처럼 생각하라』. 이정은 譯, 서울: 갈대상자, 2015.

장용·옌추진 공저. 『양쯔강의 악어』. 이지은 외 譯, 서울: 강단, 2015.

체이스, 로빈. 『공유경제의 시대』. 이지민 譯, 서울: 신밧드 프레스, 2015년.

탭스콧, 돈 외. 『블록체인 혁명』. 박지훈 譯, 서울: 을유문화사, 2017.

탭스콧, 돈 편저. 『넷경제의 가치』. 심상민 譯, 서울: 물푸레, 2000.

텔리스, 제러드·골더 피터 공저. 『마켓리더의 조건』. 최종옥 譯, 서울: 시아, 2002.

토플러, 앨빈. 『권력이동』. 이규행 譯, 서울: 한국경제신문사, 1992년.

파인, 조지프·길모어, 제임스 공저. 『체험의 경제학』. 김미옥 譯, 서울: 21세기북스, 2010.

C. K. 프라할라드 외. 『경쟁의 미래』. 김성수 譯, 서울: 세종서적, 2004.